Jonathan Edwards é mais conhecido entre o público brasileiro como o teólogo do avivamento ou de sermões impactantes como *Pecadores nas Mãos de um Deus Irado*, mas poucos o conhecem como expositor bíblico, como pastor de igreja local, como eticista cristão. *Caridade e seus Frutos* tem um pouco dos três. Primeiramente, dá-nos um exemplo do que era o sermão de Jonathan Edwards, seguindo a tradição puritana, ao expor uma passagem bíblica sequencialmente. Começava com a breve explicação do texto bíblico recortado, seguido de exposição da doutrina extraída do texto sagrado, terminando com as aplicações resultantes da doutrina. Não havia tricotomia entre teologia exegética, teologia sistemática e teologia pastoral. Em segundo lugar, *Caridade e seus Frutos* nos mostra a preocupação de um pastor de igreja que já experimentara um avivamento, mas cujo fervor parecia ter fenecido. Nesta série em 1 Coríntios 13 pregada em 1738, Edwards estava conclamando a comunidade que já experimentara o Avivamento do Vale de Connecticut (1734-1735) a ser conhecida pelo seus frutos, sendo o principal deles o amor. Em terceiro lugar, este livro nos proporciona uma descrição prática da principal virtude cristã, o amor, algo que seria desenvolvido mais filosoficamente no final da vida de Edwards com o livro *A Natureza da Verdadeira Virtude*. A descrição da virtude cristã produziu um dos sermões mais famosos de Jonathan Edwards, o último desta série: "O Céu: Universo de Caridade e Amor".

Ao menos por essas três razões – exposição bíblica, preocupação pastoral, e ética cristã – este livro vale a pena ser lido. Ele revela o anseio de um jovem e brilhante pastor por ver sua igreja refletindo ainda mais a glória do nosso Deus Amoroso.

Heber Carlos de Campos Jr., Professor de Teologia Histórica no Centro Presbiteriano de Pós Graduação Andrew Jumper; Diretor do Centro de Estudos Jonathan Edwards, da Universidade Mackenzie.

Jonathan Edwards, provavelmente o maior teólogo cristão que surgiu nos Estados Unidos, pregou esta série de dezesseis sermões em 1 Coríntios 13 em 1738, para sua congregação em Northampton, que resultou neste livro mais de cem anos depois. "Caridade e seus Frutos" oferece uma compreensão de sua pregação, mas também revela como Edwards foi um talentoso expositor das Escrituras. Seguindo a homilética puritana, estes sermões são estruturados em termos de proposições doutrinárias e instrução prática, explicando o texto e aplicando-o. Esta obra é leitura obrigatória para quem almeja crescer em amor ao Deus trino. Este amor exigirá tudo, mas se ganhará tudo em troca.

Franklin Ferreira, Diretor e professor de Teologia Sistemática e História da Igreja do Seminário Martin Bucer, São José dos Campos-SP

Em seus escritos, Edwards nos fala sobre a atuação do Espírito Santo, concedendo grande atenção à experiência pessoal. Ele esforçou-se por diferenciar a experiência religiosa genuína da inautêntica, no contexto de avivamento em que ministrou. "Caridade e seus Frutos" é uma obra clássica, que resultou de um esforço exaustivo de Edwards ao considerar 1Coríntios 13. Sua proposição essencial é que "toda virtude salvífica, e que distingue os cristãos genuínos dos demais, está sumariada no amor cristão". Um livro que estimulará o leitor a nutrir e crescer nesta que é a principal virtude da fé cristã, *o amor*.

Gilson Carlos de Souza Santos, Pastor da Igreja Batista da Graça; Professor de Homilética, Ministério Pastoral e Aconselhamento Cristão no Seminário Martin Bucer em São José dos Campos, SP.

Caridade e seus Frutos representa com fidelidade a multifacetada riqueza da genialidade de Jonathan Edwards. Nesta belíssima obra, que é o compêndio de uma série de sermões pregados por Edwards à sua congregação, pode-se perceber a forte influência da tradição puritana em sua pregação, a robustez de sua teologia, a engenhosidade de sua filosofia, o seu evidente cuidado pastoral e, sobretudo, sua paixão pela glória de Deus. O valor desta obra e a razão porque é tão relevante à presente geração de leitores está na ênfase que Edwards dá ao amor como sendo *a* verdadeira virtude cristã, da qual todas as demais fluem e "a própria vida e essência da fé genuína". Examinar cuidadosamente esta obra é uma verdadeira jornada no ensino bíblico sobre o amor e um desafio a todo cristão, o qual ele mesmo lança, indagando: "você ama a Deus? Que obras de amor você tem praticado?"

Tiago J. Santos Filho. Editor-chefe, Editora Fiel.
Professor de Ética Cristã no Seminário Martin Bucer.

FIEL
Editora

Jonathan Edwards
CARIDADE E SEUS FRUTOS

Um estudo sobre o amor em 1Coríntios 13

TRADUZIDO POR VALTER GRACIANO MARTINS

E26c   Edwards, Jonathan, 1703-1758
    Caridade e seus frutos : um estudo sobre o amor em 1 Coríntios 13 / Jonathan Edwards ; traduzido por Walter Graciano Martins. – São José dos Campos, SP : Fiel, 2015.

    412 p. ; 23cm.
    Tradução de: Charity and its fruits.
    Inclui índice.
    ISBN 978-85-8132-280-3

    1. Igrejas congregacionais – Sermões – Obras anteriores a 1800. 2. Sermões americanos. I. Título.
    CDD: 241/.4

Catalogação na publicação: Mariana C. de Melo – CRB07/6477

Caridade e seus Frutos

Traduzido do original em inglês
Charity and its Fruits
Jonathan Edwards
Publicado por The Banner of Truth Trust
© Copyright 1969

Registro da série de mensagens pregadas pelo Rev. Jonathan Edwards em 1738.

■

Publicado por
The Banner of Truth Trust
Faverdale North Industrial Estate,
Darlington, DL3 0PH England

Copyright © Editora Fiel 2015
Primeira Edição em Português: 2015

Todos os direitos em língua portuguesa reservados por Editora Fiel da Missão Evangélica Literária
PROIBIDA A REPRODUÇÃO DESTE LIVRO POR QUAISQUER MEIOS, SEM A PERMISSÃO ESCRITA DOS EDITORES, SALVO EM BREVES CITAÇÕES, COM INDICAÇÃO DA FONTE.

Versão bíblica utilizada Almeida Revista e Atualizada da Sociedade Bíblica do Brasil

■

Diretor: Tiago J. Santos Filho
Editor: Tiago J. Santos Filho
Tradução: Valter Graciano Martins
Revisão: Marilene Paschoal
Diagramação: Rubner Durais
Capa: Rubner Durais
ISBN: 978-85-8132-280-3

FIEL Editora
Caixa Postal 1601
CEP: 12230-971
São José dos Campos, SP
PABX: (12) 3919-9999
www.editorafiel.com.br

SUMÁRIO

Apresentação à edição em português: *Jonas Madureira*.......... 11

1. Caridade ou amor, a suma de toda virtude................................ 21

2. A caridade é mais excelente do que os dons extraordinários do espírito.. 47

3. Sem a caridade, serão fúteis as maiores realizações e sofrimentos 71

4. A caridade nos dispõe a suportar mansa e pacientemente as injúrias recebidas de outros........................ 87

5. A caridade nos dispõe à prática do bem................................... 119

6. A caridade é incompatível com a inveja 135

7. A caridade é humilde 153

8. A caridade em oposição ao egoísmo... 183

9. A caridade se opõe à ira ou rancor.. 215

10. A caridade se opõe à censura.. 235

11. Toda graça genuinamente cristã no coração tende
a uma prática santa na vida 253

12. A caridade se dispõe a enfrentar todos os sofrimentos
no caminho do dever 285

13. Todas as graças do cristianismo estão conectadas 303

14. A caridade, ou a verdadeira graça, não será destruída
pela oposição 321

15. O Espírito Santo será comunicado para sempre aos santos,
na graça da caridade, ou no divino amor................................... 341

16. O céu: universo de caridade ou amor... 361

1 CORÍNTIOS 13

Ainda que eu fale as línguas dos homens e dos anjos, se não tiver amor, serei como o bronze que soa ou como o címbalo que retine. Ainda que eu tenha o dom de profetizar e conheça todos os mistérios e toda a ciência; ainda que eu tenha tamanha fé, a ponto de transportar montes, se não tiver amor, nada serei. E ainda que eu distribua todos os meus bens entre os pobres e ainda que entregue o meu próprio corpo para ser queimado, se não tiver amor, nada disso me aproveitará.

O amor é paciente, é benigno; o amor não arde em ciúmes, não se ufana, não se ensoberbece, não se conduz inconvenientemente, não procura os seus interesses, não se exaspera, não se ressente do mal; não se alegra com a injustiça, mas regozija-se com a verdade; tudo sofre, tudo crê, tudo espera, tudo suporta. O amor jamais acaba; mas, havendo profecias, desaparecerão; havendo línguas, cessarão; havendo ciência, passará; porque, em parte, conhecemos e, em parte, profetizamos. Quando, porém, vier o que é perfeito, então, o que é em parte será aniquilado. Quando eu era menino, falava como menino, sentia como menino, pensava como menino; quando cheguei a ser homem, desisti das coisas próprias de menino. Porque, agora, vemos como em espelho, obscuramente; então, veremos face a face. Agora, conheço em parte; então, conhecerei como também sou conhecido. Agora, pois, permanecem a fé, a esperança e o amor, estes três; porém o maior destes é o amor.

Paulo, apóstolo

APRESENTAÇÃO À EDIÇÃO EM PORTUGUÊS

JONAS MADUREIRA[1]

> Se você se denomina cristão, onde estão suas obras de amor? Você tem se esforçado em ser rico na prática delas? Se este divino e santo princípio está em você, e reina em você, ele não se manifestará em sua vida através das obras de amor? Pense bem: que obras de amor você tem praticado? Você ama a Deus? O que você tem feito por e para ele, para sua glória, para o avanço de seu reino no mundo? E quanto você tem se negado para a promoção dos interesses do Redentor entre os homens? De fato você ama seus semelhantes? O que você tem feito por eles?
> *Jonathan Edwards*

No Brasil, Jonathan Edwards (1703-1758) é bastante conhecido pelo famoso sermão *Pecadores nas mãos de um Deus irado*, por alguns livros, como *A vida*

---

[1] Jonas Madureira é bacharel em Teologia pela Universidade Presbiteriana Mackenzie; bacharel e mestre em Filosofia pela PUC-SP; doutor em Filosofia pela USP com estágio sanduíche no Thomas-Institut da Universidade de Colônia (Alemanha). Pastor Batista, Professor de Teologia e Filosofia no Seminário Martin Bucer e editor de Edições Vida Nova.

de David Brainerd e *A verdadeira obra do Espírito*, e por um resumo elaborado por James Houston de seu impressionante tratado sobre as "afeições religiosas", a saber, *Uma fé mais forte que as emoções*.¹

Por mais que essas publicações sirvam como uma boa porta de entrada para a teologia de Edwards, elas não são as únicas nem as melhores. Existem outras possibilidades igualmente interessantes e, do ponto de vista estratégico, talvez até mais relevantes para acessar as ideias do "teólogo do coração". Acredito que uma dessas portas é *Caridade e seus frutos* que, graças à Editora Fiel, agora se encontra disponível em português.²

Particularmente, penso que, levando em consideração o contexto e os temas teológicos mais efervescentes e envolventes na América Latina, *Caridade e seus frutos* não apenas é uma excelente porta de entrada para conhecer Edwards, como também é uma fonte bastante inspiradora para a reflexão sobre a missão e as obras do amor no contexto da igreja brasileira.

Caridade e seus frutos compreende dezesseis sermões de Edwards, proferidos em 1738, na congregação de Northampton. Apesar de esses sermões terem sido publicados postumamente, Kyle Strobel, especialista em *Caridade e seus frutos*, argumenta que há vários aspectos na redação dos sermões que indicam que o próprio Edwards os teria publicado

---

1 Jonathan Edwards, *Pecadores nas mãos de um Deus irado*, São Paulo: PES, 1993; *A vida de David Brainerd*, São José dos Campos: Editora Fiel, 2005; *A verdadeira obra do Espírito*, São Paulo: Vida Nova, 2010; *Uma fé mais forte que as emoções*, Brasília: Editora Palavra, 2008.

2 Como bem observa Kyle Strobel, "*Caridade e seus frutos* é uma das melhores portas de entrada para a teologia de Edwards. Enquanto obras como *Afeições religiosas* e o temível sermão *Pecadores nas mãos de um Deus irado* têm definido Edwards, *Caridade e seus frutos* é uma verdadeira obra de tapeçaria tramada em torno das várias percepções espirituais, teológicas e exegéticas de Edwards, o que possibilita aos leitores um quadro muito mais vasto do seu pensamento." Kyle Strobel (editor), "Introduction", in: Jonathan Edwards, *Charity and its fruits: living in the light of God's love*, Wheaton, Illinois: Crossway, 2012, p. 14.

em vida, se tivesse tido mais tempo.³ No entanto, apenas em 1852, quase cem anos depois da morte de Edwards, os sermões foram publicados pela primeira vez. A edição de 1852 foi estabelecida por Tyron Edwards, tataraneto de Edwards, e foi, até então, a versão *standard* usada em todas as outras edições de *Caridade e seus frutos*. Contudo, a edição mais recente encontra-se no volume oito de *The work of Jonathan Edwards*, edição de Yale (1989), que conta com a magistral introdução e edição de Paul Ramsey.

A finalidade desses sermões é definir "caridade" e aprofundar as implicações dessa definição com base em 1Coríntios 13. Logo no primeiro sermão, Edwards apresenta o que entende por "caridade". Vejamos.

> O que com frequência as pessoas têm em vista por *caridade*, em sua conversação cotidiana, é aquela disposição de esperar e pensar o máximo dos outros, e adquirir uma boa interpretação de suas palavras e comportamento; e algumas vezes a palavra é usada para uma disposição de se fazer doação aos pobres. Tais ideias, porém, não passam de ramos particulares, ou frutos daquela grande virtude da caridade que é tão enfatizada em todo o Novo Testamento. A palavra significa propriamente *amor*, ou *aquela disposição ou afeição pela qual alguém é amado por outro*; e o termo original, que aqui é traduzido por *caridade*, poderia ter sido traduzido bem melhor por *amor*, pois essa é nossa palavra para ele. De modo que, no Novo Testamento, por caridade está implícita a mesmíssima coisa que "amor cristão".[4]

---

3 Kyle Strobel, "Introduction", p. 15.
4 p. 22.

Como vimos, o primeiro e talvez mais importante movimento argumentativo de Edwards é definir "caridade", uma atitude, diga-se de passagem, tipicamente filosófica. Como é de se esperar, antes de explicar algum conceito, o filósofo primeiro se preocupa em desfazer os equívocos que podem favorecer uma falsa compreensão. Como um exímio filósofo, Edwards procura, em primeiro lugar, desfazer os equívocos que podem conduzir alguém a entender a "caridade" como mero altruísmo ou como uma simples prática de contribuição aos pobres. Em ambos os equívocos, é apenas necessária uma louvável disposição que pode ser encontrada nas mais diversas pessoas, não importa se elas são ateístas, gnósticas, panteístas, ou seja lá o que forem. Por exemplo, um ateu pode doar todos os seus bens aos pobres, assim como um agnóstico pode ser demasiadamente altruísta com o seu semelhante. Seriam, portanto, esses atos dignos de serem qualificados como obras de "caridade"?

Edwards entende que existe uma louvável disposição da parte de não cristãos que pode ser vista no altruísmo e na compaixão pelos pobres. Todavia, ele faz questão de enfatizar que a disposição da caridade é totalmente outra. A caridade é uma virtude exclusivamente cristã. Trata-se do "amor cristão". Em suas palavras, "O santo amor que há no coração do cristão não é o mesmo amor dos demais homens." Enquanto o altruísmo e as doações aos pobres podem ser disposições visíveis e louváveis em qualquer pessoa, a caridade, por outro lado, só pode ser encontrada entre os cristãos genuínos. A regra de ouro é, portanto, a de "que toda *virtude salvífica*, e que distingue os cristãos genuínos dos demais, está sumariada no amor cristão".

Seguindo *pari passu* 1Coríntios 13, Edwards explicita, ao longo dos sermões, o que o texto diz quando afirma que o fato de uma pessoa possuir o que bem quiser e fazer o bem que quiser, isso, sem a caridade, que é o "amor cristão", nada significará. A implicação lógica do argumento é a de que a caridade é a *conditio sine qua non* para todas as coisas, i.e., a condição sem a qual tudo nada será se não for tocado pela caridade, seja explícita ou implicitamente. Em suas palavras, "A caridade é a vida e a alma de toda a religião, sem a qual todas as coisas que levam o título de virtudes são vazias e fúteis." Assim, em vez de reduzirmos a caridade às obras do amor cristão, precisaríamos compreender que a caridade é, antes de tudo, uma "virtude salvífica". Ou seja, o amor cristão – seja para com Deus, seja para com o homem – é *operado no coração* por obra do Espírito. Nas palavras de Edwards,

> Não há duas obras do Espírito de Deus, uma a infundir um espírito de amor para com Deus, e a outra a infundir um espírito de amor para com os homens; mas, ao produzir uma, o Espírito produz também a outra. Na obra de conversão, o Espírito Santo renova o coração, dando-lhe uma disposição divina (Ef 4.23); assim, é uma e a mesma disposição divina que é operada no coração, a qual se manifesta em amor, seja para com Deus, seja para com o homem.[5]

Em nosso contexto brasileiro, há uma recorrente discussão, quase sempre calorosa, sobre a relação entre doutrina clássica da salvação e justiça social. Não são poucos aqueles

---
5 p. 26.

que entendem que a ideia de fazer justiça social está intimamente associada à depreciação da doutrina clássica da salvação. Em parte, há razões sérias e patentes para essa associação, pois há, de fato, quem defenda, com unhas e dentes, que a salvação e a justiça social são a mesma coisa! Entretanto, essa contrapartida não é suficiente para desistirmos do compromisso que devemos manter com as obras do amor, simplesmente por causa do medo de depreciarmos a doutrina clássica da salvação. Edwards, por exemplo, jamais precisou depreciar a doutrina clássica da salvação para advertir seus ouvintes quanto à prática das obras do amor. Pelo contrário, a doutrina da salvação é, para ele, a base da "justiça social" genuinamente cristã. Por outro lado, Edwards tampouco precisou justapor a doutrina da salvação e a justiça social. Como argumenta Timothy Keller, em seu livro *Justiça generosa*:

> Edwards argumentou que para ministrar aos pobres não precisamos mudar a clássica doutrina bíblica da salvação. Ao contrário, tal ministério jorra diretamente do ensino evangélico histórico. Para Edwards, havia um entrelaçamento indissolúvel entre envolvimento com os pobres e doutrina bíblica clássica. Essa correlação é um tanto rara hoje em dia, mas não deveria ser. Escrevo este livro para as pessoas que ainda não enxergaram o que Edwards enxergou, ou seja, que, quando o Espírito nos capacita a entender o que Cristo fez por nós, o resultado é uma vida dedicada a obras de justiça e compaixão pelos pobres.[6]

---

6 Timothy Keller, *Justiça generosa: a graça de Deus e a justiça social* (Edições Vida Nova, São Paulo, SP: 2013) p. 14.

APRESENTAÇÃO À EDIÇÃO EM PORTUGUÊS

Em outras palavras, não precisamos abandonar a doutrina clássica da salvação para despertarmos nossas igrejas para as obras do amor. Pelo contrário, como o próprio Edwards afirma,

> O amor nos disporá a andarmos humildemente entre os homens; nos inclinará a nutrirmos pensamentos elevados acerca dos outros e a pensarmos que eles são melhores que nós. Ele disporá os homens a se honrarem reciprocamente, pois todos são naturalmente inclinados a pensar de modo sublime sobre aqueles a quem amam e a render-lhes honra; de modo que, pelo amor, se cumprem aqueles preceitos: "Tratai a todos com honra, amai aos irmãos" (1Pe 2.17); "Nada façais por partidarismo, ou vanglória, mas por humildade, considerando cada um os outros superiores a si mesmo" (Fp 2.3).[7]

> O amor disporá os homens a todos os atos de misericórdia para com seus semelhantes, quando estiverem enfrentando alguma aflição ou calamidade, pois somos naturalmente dispostos à piedade para com os que amamos, quando são afligidos. Ele disporá os homens a fazer doação aos pobres, a carregar as cargas alheias e a chorar com os que choram, tanto quanto a alegrar-se com os que se alegram. Ele disporá os homens aos deveres que devem uns para com os outros em seus diversos lugares e relações. Ele disporá um povo a todos os deveres para com seus governantes e a dar-lhes toda aquela honra e submissão que são parte de seu dever para com eles. E disporá os governantes a liderar o povo sobre o qual são postos, com justiça, seriedade e fidelidade, buscando seu bem, e não

---

[7] p. 29

por algum capricho pessoal. Ele disporá um povo a todo dever legítimo para com seus pastores, a atentar bem para seus conselhos e instruções, e a submeter-se a eles na casa de Deus, a sustentá-los com simpatia e a orar por eles, como aqueles por cujas almas eles velam; e disporá os ministros a buscarem fiel e incessante- mente o bem das almas de seu povo, a velar por eles como quem tem de prestar conta. O amor disporá ao bom relacionamento entre superiores e inferiores: disporá os filhos a honrarem seus pais, os empregados a serem obedientes a seus patrões, não por- que estejam olhando, mas com um coração singelo e sincero; e disporá os patrões ao exercício da brandura e bondade para com seus empregados.[8]

A caridade é, portanto, uma "virtude salvífica" que inevitavelmente gera uma disposição que, se bem desenvolvida *no coração*, sozinha será suficiente para produzir as obras do amor. Assim, toda a disposição correta para com Deus e para com o homem se acha, nas palavras de Edwards, "sumariada" na caridade e provém dela como o "fruto de uma árvore". Daí o título *Caridade e seus frutos* para o agrupamento desses sermões, dedicados a demonstrar, a partir de 1Coríntios 13, que a caridade é o "amor cristão", uma virtude salvífica, e que suas implicações ou frutos são as obras do amor.

Meu desejo é que estes sermões, entregues no século 18, possam tocar mais uma vez os corações do século 21. Que os ensinos de Edwards nos ajudem a sermos cristãos que, em todo o tempo, se mantêm vigilantes contra tudo o que tende a subverter, corromper e enfraquecer a caridade. Se, como diz

---
[8] p. 29-30

APRESENTAÇÃO À EDIÇÃO EM PORTUGUÊS

Edwards, "a caridade é a suma do cristianismo", então, tudo o que subverte a caridade deve ser combatido pelos cristãos, pois "um cristão invejoso, malicioso, frio e obstinado é o maior dos absurdos e é uma contradição. É como se alguém falasse de uma iluminação escura ou de uma verdade falsa!".[9]

Aures caritas aperit![10]

São Paulo, SP
05 de Maio de 2015

---

9 p. 45
10 "A caridade abre os ouvidos." Agostinho de Hipona, *Confissões*, X.3.3.

MENSAGEM 1

CARIDADE OU AMOR, A SUMA DE TODA VIRTUDE

"Ainda que eu fale as línguas dos homens e dos anjos, se não tiver amor, serei como o bronze que soa, ou como o címbalo que retine. Ainda que eu tenha o dom de profetizar e conheça todos os mistérios e toda a ciência; ainda que eu tenha tamanha fé ao ponto de transportar montes, se não tiver amor, nada serei. E ainda que eu distribua todos os meus bens entre os pobres, e ainda que entregue meu próprio corpo para ser queimado, se não tiver amor, nada disso me aproveitará" (1Co 13.1-3).

O bservamos nestas palavras, em *primeiro* lugar, que aqui se expressa algo como sendo de especial importância e como peculiarmente essencial aos cristãos, ao qual o apóstolo denomina de *Caridade*[1]. E descobrimos que

---

[1] Nota do Editor: A versão em inglês utilizada pelo Rev. Jonathan Edwards, utilizava a palavra "caridade" ao invés de amor. Decidimos manter a expressão "caridade" tanto no conteúdo como no título do livro para preservar a importância histórica da obra e valorizar o labor exegético do autor.

esta *caridade* é, no Novo Testamento, enfatizada por Cristo e seus apóstolos – de fato enfatizada mais que qualquer outra virtude.

Assim a palavra *caridade*, como usada no Novo Testamento, é de significação muito mais extensa do que geralmente usada em discurso comum. O que com frequência as pessoas têm em vista por *caridade*, em sua conversação cotidiana, é aquela disposição de esperar e pensar o máximo dos outros, e adquirir uma boa interpretação de suas palavras e comportamento; e algumas vezes a palavra é usada para uma disposição de se fazer doação aos pobres. Tais ideias, porém, não passam de ramos particulares, ou frutos daquela grande virtude da caridade que é tão enfatizada em todo o Novo Testamento. A palavra significa propriamente *amor*, ou *aquela disposição ou afeição pela qual alguém é amado por outro*; e o termo original (ἀγάπη), que aqui é traduzido por *caridade*, poderia ter sido traduzido bem melhor por *amor*, pois essa é nossa palavra para ele. De modo que, no Novo Testamento, por caridade está implícita a mesmíssima coisa que amor cristão; e ainda que seja mais frequentemente usado para amor para com os homens, contudo, algumas vezes é usado para significar não só amor para com os homens, mas também amor para com Deus. Assim, o termo é claramente usado pelo apóstolo nesta epístola, quando ele o explica no capítulo 8.1: "O saber ensoberbece, mas o amor edifica". Aqui a comparação é entre conhecimento e amor – e dá-se ao amor a preferência, porque o conhecimento ensoberbece, mas o amor edifica. E então, nos próximos dois versículos, explica-se mais particularmente como em geral o conhecimento ensoberbece, e por que o amor edifica; de modo que, o que no primeiro versículo denomina-se de *caridade*, no terceiro denomina-se de *amor para com Deus*, pois, evidentemente, nos dois lugares expressa-se a mesmíssima coisa. E, sem dúvida, neste capítulo 13 o apóstolo tem em vista a mesma coisa que no capítulo 8 ele tem por caridade; pois aqui ele está comparando as mesmas duas coisas que citou ali, a saber, conhecimento e caridade. "Ainda que eu... conheça... toda a ciência,... se não tiver amor, nada serei"; e, outra vez, "o amor jamais acaba; mas,... havendo ciência, passará" (1Co 13.8). De modo que aqui, por caridade, sem dúvida, devemos entender o *amor cristão* em sua plena extensão, seja exercido para com Deus, seja para com nossos semelhantes.

Esta caridade é aqui expressa como sendo aquilo que é, de uma maneira distinta, a grande e essencial virtude; o que transparecerá mais plenamente quando observarmos, em *segundo* lugar, quais as coisas mencionadas como sendo fúteis sem ela, a saber, as coisas mui excelentes que jamais pertencem aos homens naturais; os mais excelentes privilégios e as mais excelentes realizações. *Primeiro*, os mais excelentes privilégios, tais como a pregação em línguas, o dom de profecia, o discernimento de todos os mistérios, a fé que remove montes etc.; e, *segundo*, as mais excelentes realizações, tais como dar alguém todos os seus bens para alimentar os pobres, e a entrega de seu corpo para ser queimado etc. Coisas maiores que essas, nenhum homem jamais teve ou fez, e são o tipo de coisas em que os homens são excessivamente propensos a confiar; e, no entanto, o apóstolo declara que, se possuirmos todas elas, e não tivermos caridade [amor], somos uma nulidade. Portanto, a doutrina ensinada é esta:

QUE TODA VIRTUDE SALVÍFICA, E QUE DISTINGUE OS CRISTÃOS GENUÍNOS DOS DEMAIS, ESTÁ SUMARIADA NO AMOR CRISTÃO.

Isto transparece das palavras do texto, porque ali se mencionam tantas outras coisas que os homens naturais podem possuir, e é possível que possuam as coisas mencionadas e que são do mais elevado gênero, quer o privilégio, quer a realização, e, no entanto, lemos que todas elas nada valem sem a caridade [ou amor]; considerando que, se alguma delas fosse salvífica, teria algum valor sem a caridade.

E quando o apóstolo menciona tantas e tão elevadas coisas, e então diz de todas elas que de nada valem sem a caridade, com razão podemos concluir que nada há, absolutamente, que valha algo sem ela. Que uma pessoa possua o que bem quiser, e faça o que quiser, isso, sem a caridade, nada significa; o que seguramente implica que a caridade é a grande coisa, e que tudo o que não contém a caridade, de alguma maneira contida ou implícita, nada é. A caridade é a vida e a alma de toda a religião, sem a qual todas as coisas consideradas como virtudes são vazias e fúteis.

Ao falar desta doutrina, eu gostaria, antes de tudo, de notar a natureza deste divino amor, e então mostrar a veracidade da doutrina a seu respeito.

1. *Eu gostaria de falar da natureza de um amor realmente cristão.* E aqui eu observaria

1.1. *Que todo o verdadeiro amor cristão é um e o mesmo em seu princípio.* Ele pode ser variado em suas formas e objetos, e pode ser exercido ou para com Deus ou para com os homens, mas é o mesmo princípio no coração que constitui o fundamento de todo o exercício de um amor realmente cristão, seja qual for seu objeto. O santo amor que há no coração do cristão não é o mesmo amor dos demais homens. O amor do homem natural para com os diferentes objetos pode proceder de diferentes princípios e motivos, e com algo diferente em vista; mas o amor cristão é mui distinto deste. Ele é um em seu princípio, seja qual for o objeto em favor do qual ele é exercido; ele procede do mesmo fluxo e fonte no coração, ainda que corra em diferentes canais e diversas direções, e, portanto, todo ele está propriamente compreendido no único nome, caridade, como se acha no texto. Que este amor cristão é único, sejam quais forem os objetos para os quais ele flua, transparece pelas seguintes coisas:

Primeira, todo ele procede *do mesmo Espírito* que influencia o coração. O genuíno amor cristão se origina do sopro do mesmo Espírito, seja para com Deus, seja para com o homem. O Espírito de Deus é o Espírito de amor, e quando ele adentra a alma, o amor também entra aí com ele. Deus é amor, e aquele que tem Deus habitando em si por meio de seu Espírito, também terá o amor habitando em si. A natureza do Espírito Santo é amor; e é por comunicar-se, em sua própria natureza, aos santos, que seus corações se enchem da caridade divina. Disto descobrimos que os santos são participantes da natureza divina, e o amor cristão é chamado de "amor do Espírito" (Rm 15.30) e "amor no Espírito" (Cl 1.8), e as próprias entranhas do amor e misericórdia parecem significar a mesma coisa que a comunhão do Espírito (Fp 2.1). É também o mesmo Espírito que infunde amor para com Deus (Rm 5.5); é pela habitação desse mesmo Espírito que a alma permanece no amor para com Deus e para com o homem (1Jo 3.23, 24; 4.12, 13).

Segunda, o amor cristão, seja para com Deus, seja para com o homem, *é operado no coração pela mesma obra do Espírito*. Não há duas obras do Espírito de Deus, uma a infundir um espírito de amor para com Deus, e a outra a infundir um espírito de amor para com os homens; mas, ao produzir uma, o Espírito produz também a outra. Na obra de conversão, o Espírito Santo renova o coração, dando-lhe uma disposição divina (Ef 4.23); assim, é uma e a mesma disposição divina que é operada no coração, a qual se manifesta em amor, seja para com Deus, seja para com o homem.

Terceira, quando Deus e o homem são amados com um amor realmente cristão, ambos são amados *com base nos mesmos motivos*. Quando Deus é amado de uma maneira correta, ele é amado por sua excelência e pela beleza de sua natureza, especialmente pela santidade de sua natureza; e é proveniente do mesmo motivo que os santos são amados – por causa da santidade. Todas as coisas que são amadas com um amor realmente cristão são amadas com base no mesmo respeito para com Deus. Amor para com Deus é o fundamento do gracioso amor para com os homens; e os homens são amados, ou porque em algum aspecto se assemelham a Deus, na posse de sua natureza e imagem espiritual, ou em razão da relação que mantêm com ele na capacidade de seus filhos ou criaturas – como aqueles que são abençoados por ele, ou a quem sua misericórdia é oferecida, ou de alguma outra maneira por consideração a ele. Observe-se apenas que, embora o amor cristão seja um em seu princípio, contudo é distinguido e denominado de duas maneiras: com respeito a seus objetos e os modos de seu exercício; como, por exemplo, seus graus etc. Então sigo em frente,

2. *Exibindo a veracidade da doutrina de que toda virtude salvífica, ou que distingue os verdadeiros cristãos, está sumariada no amor cristão.*

2.1. *Podemos demonstrar isto à luz do que a razão ensina sobre a natureza do amor.* E se considerarmos devidamente sua natureza, duas coisas se seguirão:

Primeira, que o amor *disporá o coração a todos os atos próprios de respeito, seja para com Deus, seja para com o homem.* Isto é evidente, visto que um genuíno respeito, seja para com Deus, ou seja para com o homem, *consiste* em amor. Se uma pessoa ama a Deus sinceramente, este amor a disporá a render-lhe todo o respeito próprio; e os homens não precisam de nenhum outro incentivo para mostrar, uns aos outros, todo o devido respeito, senão do amor. O amor para com Deus disporá uma pessoa a honrá-lo, a cultuá-lo e a adorá-lo, e sinceramente reconhecer sua grandeza, glória e domínio. E assim o amor disporá a todos os atos de obediência a Deus; pois o servo que ama a seu senhor, e o súdito que ama a seu soberano, se disporão à sujeição e obediência próprias. O amor disporá o cristão a portar-se para com Deus como um filho para com seu pai; em meio às dificuldades, recorre ao pai por auxílio e põe nele toda sua confiança; como também é natural, em caso de necessidade ou aflição, recorrermos a quem amamos em busca de compaixão e socorro. Ele nos levará também a dar crédito à sua palavra e a depositar nele nossa confiança; pois não podemos suspeitar da veracidade daqueles com quem mantemos plena amizade. Ele nos disporá a louvar a Deus pelas bênçãos que dele recebemos, assim como nos dispomos à gratidão por qualquer bondade que recebemos de nossos semelhantes a quem amamos. O amor ainda disporá nossos corações à submissão à vontade de Deus, pois somos mais dispostos a fazer a vontade dos que amamos do que a dos outros. Naturalmente, desejamos satisfazer e ser agradáveis aos que amamos; e a verdadeira afeição e amor para com Deus disporão o coração ao reconhecimento do direito que Deus tem de governar, e que ele é digno de fazê-lo, e assim esse coração se disporá à submissão. O amor para com Deus nos disporá a andar humildemente com ele, pois aquele que ama a Deus se disporá a reconhecer a vasta distância entre Deus e ele. A essa pessoa será agradável exaltar a Deus, a pô-lo acima de tudo mais e a encurvar-se diante dele. O verdadeiro cristão se deleita em exaltar a Deus com seu próprio aviltamento, porquanto ele o ama. Ele está pronto a reconhecer que Deus é digno disto, e se deleita em lançar-se ao pó diante do Altíssimo, movido de sincero amor por ele.

E assim uma devida consideração da natureza do amor mostrará que ele dispõe os homens a todos os seus deveres para com seus semelhantes. Se os homens nutrem um sincero amor por seus semelhantes, esse amor os disporá a todos os atos de justiça a esses semelhantes – pois o amor e amizade reais nos disporão a dar sempre aos que amamos o que lhes é devido e jamais agir errado com eles: "O amor não pratica o mal contra o próximo; de sorte que o cumprimento da lei é o amor" (Rm 13.10). O mesmo amor nos disporá a sermos verdadeiros para com nossos semelhantes e tenderá a impedir toda mentira, fraude e engano. Os homens não se dispõem à fraude e traição contra os que amam; pois tratar assim os homens equivale a tratá-los como inimigos; o amor, porém, destrói a inimizade. Assim o apóstolo faz uso da unidade que deve haver entre os cristãos, mediante o argumento de induzi-los à verdade que deve haver entre uma pessoa e outra (Ef 4.25). O amor nos disporá a andarmos humildemente entre os homens; pois um amor real e genuíno nos inclinará a nutrirmos pensamentos elevados acerca dos outros e a pensarmos que eles são melhores que nós. Ele disporá os homens a se honrarem reciprocamente, pois todos são naturalmente inclinados a pensar de modo sublime sobre aqueles a quem amam e a render-lhes honra; de modo que, pelo amor, se cumprem aqueles preceitos: "Tratai a todos com honra, amai aos irmãos" (1Pe 2.17); "Nada façais por partidarismo, ou vanglória, mas por humildade, considerando cada um os outros superiores a si mesmo" (Fp 2.3). O amor disporá ao contentamento na esfera em que Deus nos colocou, sem que cobicemos as coisas que nosso semelhante possui, ou o invejemos em razão de algo bom que porventura possua. Ele disporá os homens à mansidão e brandura em sua conduta para com seus semelhantes, e a não tratá-los com raiva ou violência, ou com um espírito acalorado, e sim com moderação, serenidade e mansidão. Ele refreará e restringirá todo espírito de amargura; pois no amor não existe amargura, e sim uma disposição e afeto da alma gentil e doce. Ele prevenirá as rixas e contendas, e disporá os homens a um comportamento pacifista, bem como a perdoar o tratamento injurioso recebido de outros; como lemos em Provérbios: "O ódio excita contendas, mas o amor cobre todas as transgressões" (Pv 10.12).

O amor disporá os homens a todos os atos de misericórdia para com seus semelhantes, quando estiverem enfrentando alguma aflição ou calamidade, pois somos naturalmente dispostos à piedade para com os que amamos, quando são afligidos.

Ele disporá os homens a fazer doação aos pobres, a carregar as cargas alheias e a chorar com os que choram, tanto quanto a alegrar-se com os que se alegram. Ele disporá os homens aos deveres que devem uns para com os outros em seus diversos lugares e relações. Ele disporá um povo a todos os deveres para com seus governantes e a dar-lhes toda aquela honra e submissão que são parte de seu dever para com eles. E disporá os governantes a liderar o povo sobre o qual são postos, com justiça, seriedade e fidelidade, buscando seu bem, e não por algum capricho pessoal. Ele disporá um povo a todo dever legítimo para com seus pastores, a atentar bem para seus conselhos e instruções, e a submeter-se a eles na casa de Deus, a sustentá-los com simpatia e a orar por eles, como aqueles por cujas almas eles velam; e disporá os ministros a buscarem fiel e incessantemente o bem das almas de seu povo, a velar por eles como quem tem de prestar conta. O amor disporá ao bom relacionamento entre superiores e inferiores: disporá os filhos a honrarem seus pais, os empregados a serem obedientes a seus patrões, não porque estejam olhando, mas com um coração singelo e sincero; e disporá os patrões ao exercício da brandura e bondade para com seus empregados.

Assim o amor deve dispor a todos os deveres, seja para com Deus, seja para com o homem. E se ele assim dispõe a todos os deveres, então, segue-se que ele é a raiz, a fonte e, por assim dizer, a abrangência de todas as virtudes. Ele é um princípio que, se bem implantado no coração, sozinho será suficiente para produzir toda a boa prática; e toda a disposição correta para com Deus e para com o homem se acha sumariada nele e provém dele como o fruto da árvore, ou a corrente da fonte.

Segunda, a razão ensina que *são infundadas e hipócritas todas as pretensas realizações ou virtudes que porventura existam sem o amor*. Se não houver amor no que o homem faz, então em sua conduta não há verdadeiro respeito para com Deus ou para com os homens; se é assim, então, certamente não existe sinceridade. Sem o legítimo respeito para com Deus, a religião equivale a nada. A própria noção de religião entre a raça humana é que ela é o exercício e expressão das criaturas desse respeito para com o Criador. Mas se não houver nenhum respeito ou amor genuíno, então não há no homem religião real, senão que ela é irreal e fútil. Assim, se a fé de uma pessoa for de tal espécie que não haja nela verdadeiro respeito para com Deus, a razão ensina que ela deve ser sem efeito; pois se nela não houver amor para com Deus, então não pode haver verdadeiro respeito para com ele. Disto transparece que o amor está sempre contido numa fé genuína e viva, e que ele é a vida e a alma genuínas e legítimas da fé, pois sem o amor a fé é tão morta quanto está morto o corpo sem a sua alma; sendo o amor o que distingue uma fé viva de todas as demais. Mais adiante falaremos disto com mais detalhes. Sem amor para com Deus, reiterando, não pode haver uma genuína honra para com ele. Uma pessoa jamais será cordial na honra que parece render àquele a quem não ama; de modo que, sem amor, a honra ou culto que alguém aparenta prestar é hipócrita. E assim a razão ensina que não há sinceridade na obediência que é rendida sem amor; pois, se não houver amor, nada do que é feito é espontâneo e livre, mas tudo parece ser forçado. Assim, sem amor, não pode haver submissão sincera à vontade de Deus, e não pode haver confiança e entrega real e cordial a ele. Aquele que não ama a Deus jamais confiará nele; jamais vai querer, com verdadeiro anelo da alma, lançar-se nas mãos de Deus, ou nos braços de sua misericórdia.

Assim, por mais que haja nos homens um bom relacionamento com seus semelhantes, contudo a razão ensina que o mesmo é totalmente inaceitável e fútil, se ao mesmo tempo não houver respeito real no coração para com esses semelhantes, se a conduta externa não for inspirada pelo amor íntimo. E destas duas coisas tomadas juntas, a saber, que o amor é de tal natureza que produzirá todas as virtudes, e ele dispõe ao cumprimento de todos os deveres para com Deus e para com os homens, e que sem ele não pode haver virtude sincera, e nenhum dever cumprido com propriedade, a veracidade da doutrina consiste em que toda verdadeira e distintiva virtude e graça cristãs podem ser sumariadas no amor.

2.2. *As Escrituras nos ensinam que o amor é a suma de tudo o que está contido na lei de Deus e de todos os deveres requeridos em sua Palavra.* As Escrituras ensinam isto a partir da lei, em geral, e de cada tábua da lei, em particular.

Primeiro, as Escrituras ensinam isto a partir *da lei e palavra de Deus, em geral*. Nas Escrituras, por lei algumas vezes está implícito a totalidade da palavra escrita de Deus, como em João 10.34: "Não está escrito na vossa lei: Eu disse: Sois deuses?" E, algumas vezes, por lei estão implícitos os cinco livros de Moisés, como em Atos 24.14, onde ela é chamada com a distinção de a "lei" e os "profetas". E, algumas vezes, por lei estão implícitos os dez mandamentos, como contendo a suma de todo o dever da humanidade e tudo o que se requer como uma obrigação universal e perpétua. Assim, se tomarmos a lei como significando somente os dez mandamentos, ou como incluindo toda a palavra escrita de Deus, as Escrituras nos ensinam que a suma de tudo o que se requer nela é o amor. Quando por lei entende-se os dez mandamentos, diz-se, como em Romanos 13.8: "Pois, quem ama ao próximo, tem cumprido a lei". E, portanto, reiteram-se vários dos mandamentos, e então se adiciona, no versículo 10, que "o cumprimento da lei é o amor" (que nos leva à obediência de todos os mandamentos). Ora, a menos que o amor fosse a suma do que a lei requer, esta não poderia ser totalmente cumprida no amor; pois só se cumpre uma lei pela obediência à suma ou totalidade do que ela contém e impõe. Assim o mesmo apóstolo declara outra vez: "Ora, o intuito da presente admoestação visa ao amor que procede de coração puro e de consciência boa e de fé sem hipocrisia" (1Tm 1.5). Ou, se tomarmos a lei num sentido ainda mais extenso, como a totalidade da palavra escrita de Deus, as Escrituras ainda nos ensinam que o amor é a suma de tudo o que se acha requerido nela. Em Mateus 22.40, Cristo ensina que dos dois preceitos de amar a Deus de todo o coração, e ao nosso semelhante como a nós mesmos, dependem toda a lei e os profetas, isto é, toda a palavra escrita de Deus; pois o que era chamado de "a lei e os profetas" era a totalidade da palavra escrita de Deus que, então, existia.

Segundo, as Escrituras ensinam a mesma coisa *de cada tábua da lei, em particular*. O mandamento, "amarás ao Senhor teu Deus de todo o teu coração", é declarado por Cristo (Mt 22.37,38) como sendo a suma da primeira tábua da lei, ou o primeiro grande mandamento; e, no versículo seguinte, amar ao próximo como a si mesmo é declarado como sendo a suma da segunda tábua; como se acha também em Romanos 13.9, onde os preceitos da segunda tábua da lei são particularmente especificados; e então se adiciona: "E se há qualquer outro mandamento, tudo nesta palavra se resume: Amarás ao teu próximo como a ti mesmo". E assim em Gálatas 5.14: "Porque toda a lei se cumpre em um só preceito, a saber: Amarás ao teu próximo como a ti mesmo". E a mesma coisa parece ser expressa por Tiago 2.8: "Se vós, contudo, observais a lei régia segundo a Escritura: Amarás ao teu próximo como a ti mesmo, fazeis bem". Daí o amor parece ser a suma de toda virtude e dever que Deus requer de nós, e, portanto, indubitavelmente deve ser a coisa mais essencial – a suma de toda a virtude que é essencial e distintiva no cristianismo real. Aquilo que é a suma de todo dever deve ser a suma de toda virtude real.

2.3. *A veracidade da doutrina, como mostrada pelas Escrituras, transparece do que o apóstolo nos ensina, a saber, "a fé que atua pelo amor"* (Gl 5.6). A fé realmente cristã é aquela que produz boas obras; mas todas as boas obras que ela produz provêm do amor. Por isto, duas coisas são evidentes ao presente propósito:

Primeira, que o verdadeiro amor *é um ingrediente da fé genuína e viva, sendo o mais essencial e distintivo que existe nela.* O amor não é um ingrediente de uma fé meramente especulativa, mas ele é a vida e alma de uma fé prática. A fé realmente prática ou salvífica é, concomitantemente, luz e calor; ou, melhor, luz e amor, enquanto a que não passa de uma fé especulativa, também não passa de luz sem calor; e, naquilo em que falta calor espiritual, ou amor divino, é bom para nada. Uma fé especulativa consiste apenas no assentimento do entendimento; mas numa fé salvífica há também o consentimento do coração; e aquela fé que consiste apenas do assentimento intelectual não é melhor que a fé dos demônios, pois eles têm fé até onde ela pode existir sem o amor, crendo enquanto tremem. Ora, o verdadeiro consenso espiritual do coração não pode ser distinto do amor do coração. Aquele cujo coração consente com Cristo como Salvador tem o verdadeiro amor para com ele como tal. Pois o coração, para consentir sinceramente com o caminho da salvação, por meio de Cristo, não pode ser distinto de amar esse caminho da salvação e descansar nele. Na verdadeira fé salvífica há um ato de escolha ou eleição, pelo qual a alma escolhe a Cristo como seu Salvador e porção, e o aceita e o abraça como tal; mas, como já se observou previamente, uma eleição ou escolha que assim escolhe a Deus e a Cristo é um ato de amor – o amor de uma alma que o abraça como seu mais querido amigo e porção. Fé é um dever que Deus requer de cada um. Temos o mandamento de crer, e a incredulidade é um pecado proibido por Deus. Fé é um dever requerido na primeira tábua da lei, e no primeiro mandamento da tábua; e, portanto, se seguirá que ela está compreendida no grande mandamento: "Amarás ao Senhor teu Deus de todo o teu coração" etc. E assim se seguirá que o amor é a coisa mais essencial numa fé genuína. Que o amor é a própria vida e espírito de uma fé genuína é especialmente evidente de uma comparação desta afirmativa do apóstolo, a saber, "a fé que atua pelo amor", e o último versículo do segundo capítulo da Epístola de Tiago, onde se declara que "assim como o corpo sem espírito é morto, assim também a fé sem obras é morta" (Tg 2.26). A natureza operativa, ativa e atuante de algo é a vida desse algo; e o que nos leva a chamar uma coisa de *viva* é que observamos nela uma natureza ativa. Esta natureza ativa e operante no homem é o espírito que ele possui em seu interior. E como seu corpo sem este espírito é morto, assim a fé sem obras é igualmente morta. E se quisermos saber qual é a coisa operante e ativa na verdadeira fé, o apóstolo, em Gálatas 5.6, nos informa: "A fé que atua pelo amor". Portanto, o amor é o espírito operante e ativo em toda a verdadeira fé. Ele é sua própria alma, sem o qual a fé está morta, conforme nos informa o texto, dizendo que a fé, sem a caridade, ou amor, nada é, ainda que exista num grau tal que possa remover montes. E ao dizer, no sétimo versículo do contexto, que a caridade "tudo crê, tudo espera e tudo suporta", provavelmente se refira às grandes virtudes de crer e esperar na verdade e graça de Deus, às quais o apóstolo compara a caridade em outras partes do capítulo, e particularmente no último versículo: "Agora, pois, permanecem a fé, a esperança e o amor, estes três; porém o maior destes é o amor". No sétimo versículo ele dá preferência à caridade ou amor, às outras virtudes de fé e esperança, visto que as inclui; pois ele diz: "o amor tudo crê, tudo espera"; de modo que este parece ser o significado, e não meramente, como vulgarmente se entende, que a caridade crê e espera o melhor com respeito aos nossos semelhantes. Que uma fé justificadora, como uma marca mui distintiva do cristianismo, está compreendida no grande mandamento de amor para com Deus, transparece também, mui claramente, do que Cristo diz aos judeus (Jo 5.40-43).

Segunda, desta declaração do apóstolo é mui manifesto que "a fé que atua pelo amor", a saber, *que todos os exercícios cristãos do coração, e as obras da vida, emanam do amor*; pois somos fartamente ensinados no Novo Testamento que toda a santidade cristã tem seu ponto de partida na fé em Jesus Cristo. Nas Escrituras, a obediência cristã é chamada de "a obediência por fé"; como em Romanos 16.26, onde lemos que o evangelho se faz conhecido "para a obediência por fé, entre todas as nações". A obediência aqui mencionada é sem dúvida a mesma expressa no versículo dezoito do capítulo anterior, onde Paulo fala de "conduzir os gentios à obediência, por palavra e obras". E, em Gálatas 2.20, ele nos informa que "e esse viver que agora tenho na carne, vivo pela fé no Filho de Deus, que me amou e a si mesmo se entregou por mim". E com frequência somos informados que os cristãos "vivem pela fé"; o que equivale dizer que todos os graciosos e santos exercícios e virtudes da vida espiritual são oriundos da fé. Mas, como a fé opera essas coisas? Por que neste texto de Gálatas lemos expressamente que ela opera tudo o que faz *por amor*. Disto segue a veracidade da doutrina, a saber, que tudo o que é salvífico e distintivo no cristianismo radicalmente é amor, e está compreendido sumariamente no amor.

Na aplicação deste tema, podemos usá-lo na forma de autoexame, instrução e exortação.

1. *À vista disto, examinemo-nos e vejamos se possuímos o espírito que o amor impõe.* Do amor para com Deus flui o amor para com o homem, no dizer do apóstolo: "Todo aquele que crê que Jesus é o Cristo é nascido de Deus; e todo aquele que ama ao que o gerou, também ama ao que dele é nascido" (1Jo 5.1). Porventura, possuímos este amor para com todos os filhos de Deus? Este amor também conduz os que o possuem a alegrarem-se em Deus e a adorá-lo e a engrandecê-lo. É disto que o céu é formado: "Vi como que um mar de vidro, mesclado de fogo, e os vencedores da besta, de sua imagem e do número de seu nome, que se achavam em pé no mar de vidro, tendo harpas de Deus; e entoavam o cântico de Moisés, servo de Deus, e o cântico do Cordeiro, dizendo: Grandes e admiráveis são as

tuas obras, Senhor Deus, Todo-Poderoso! Justos e verdadeiros são os teus caminhos, ó Rei das nações! Quem não temerá e não glorificará teu nome, ó Senhor? pois só tu és santo; por isso todas as nações virão e adorarão diante de ti, porque teus atos de justiça se fizeram manifestos" (Ap 15.2-4). Porventura, nos deleitamos em Deus e nos regozijamos em seu culto e em magnificar seu santo nome? Este amor leva ainda, aos que possuem este desejo, a aspirar sinceramente e diligenciar ardentemente em fazer o bem aos seus semelhantes: "Nisto conhecemos o amor, em que Cristo deu sua vida por nós; e devemos dar nossa vida pelos irmãos. Ora, aquele que possuir recursos deste mundo e vir a seu irmão padecer necessidade e fechar-lhe seu coração, como pode permanecer nele o amor de Deus? Filhinhos, não amemos de palavra, nem de língua, mas de fato e de verdade. E nisto conhecemos que somos da verdade, bem como perante ele tranquilizaremos nosso coração" (1Jo 3.16-19). Porventura é este espírito, o qual habita em Jesus Cristo, o espírito que reina em nossos corações e é visualizado em nossa vida diária? Pode-se ainda usar o tema

2. *Na forma de instrução.*

Primeiro, esta doutrina nos mostra *qual é o espírito cristão correto*. Quando os discípulos, de caminho para Jerusalém, desejaram que Cristo fizesse descer fogo do céu para consumir os samaritanos que não o receberam, ele lhes disse na forma de repreensão: "Vós não sabeis de que espírito sois" (Lc 9.55). Devendo nós entendermos por isso não que eles não conhecessem seus próprios corações, mas que não sabiam e realmente não sentiam que tipo de espírito era próprio e conveniente ao seu caráter e espírito como seus discípulos professos, conveniente àquela dispensação evangélica que ele veio estabelecer, e sob a qual ora estavam vivendo. De fato poderia ser verdade, e sem dúvida era, que em muitos aspectos eles não conheciam seus próprios corações. Aqui, porém, a referência de Cristo era não à falta de conhecimento próprio em geral, mas o espírito particular que eles manifestavam, desejando que ele fizesse descer fogo etc. – desejo que exibiram não tanto por não conhecerem o que eram seus próprios corações ou disposições, quanto em demonstrar que não sabiam que tipo de espírito e índole era indispensável à dispensação cristã que estava sendo estabelecida, e ao caráter cristão do qual eles deveriam ser exemplos. Exibiram sua ignorância da genuína natureza do reino de Cristo, que seria um reino de amor e paz; e não sabiam que um espírito vingativo não lhes ficava bem na qualidade de seus discípulos; foi justamente por isso que ele os repreendeu.

E, sem dúvida, hoje em dia há muitos que deveriam ser duramente repreendidos por isto; embora permaneçam por tanto tempo na escola de Cristo, e sob os ensinamentos do evangelho, contudo ainda continuam sob uma grande incompreensão sobre qual deve ser o espírito realmente cristão, e que espírito se ajusta bem nos seguidores de Cristo e à dispensação sob a qual vivem.

Este pode, à guisa de eminência, ser chamado *o* espírito cristão; pois no Novo Testamento se insiste muito mais sobre isso do que tudo o que diz respeito ou ao nosso dever ou à nossa condição moral. As palavras de Cristo pelas quais ele ensinou aos homens seu dever, e ministrou seus conselhos e mandamentos a seus discípulos e a outros, em grande medida foram expressas nos preceitos do amor; e como as palavras que procediam de sua boca estavam tão saturadas desta doce virtude divina, ele assim no-la recomenda enfaticamente.

E, após sua ascensão, os apóstolos foram cheios do mesmo espírito, recomendando sobejamente em suas epístolas o amor, a paz, a brandura, a bondade, o profundo senso de compaixão e benignidade, dirigindo-nos, por essas coisas, a expressarmos nosso amor para com Deus e para com Cristo, bem como para com os nossos semelhantes, e especialmente para com todos os que são seguidores de Cristo. Este espírito, sim, o espírito de amor, é o espírito ao qual Deus, no evangelho, revela maiores motivos para induzir-nos do que qualquer outra coisa. A obra redentiva que o evangelho faz conhecida, acima de todas as coisas, propicia motivos para a prática do amor; pois essa obra foi a mais gloriosa e maravilhosa exibição de amor que já se viu ou já se ouviu. O amor é a principal coisa sobre a qual o evangelho insiste quando fala de Deus e de Cristo. Ele traz à luz o amor eternamente existente entre o Pai e o Filho, e declara como esse mesmo amor se manifestou em muitas coisas; como Cristo é o mui amado Filho de Deus, em quem ele eternamente se compraz; como ele o amou de tal maneira que o fez assentar-se no trono do reino medianeiro, e o designou a que fosse o Juiz do mundo, e ordenou que toda a raça humana se pusesse em pé diante dele para juízo.

Ainda no evangelho revela-se o amor que Cristo tem para com o Pai, bem assim os maravilhosos frutos desse amor, particularmente em fazer ele tão grandes coisas, e em padecer tantas coisas em obediência à vontade do Pai e para a honra de sua justiça, lei e autoridade, como o grande governante moral. Ali se revela como o Pai e o Filho são um em amor, para que nos deixemos induzir, em semelhante espírito, a ser um com eles e uns com os outros, em concordância com a oração de Cristo em João 17.21-23: "A fim de que todos sejam um; e como és tu, ó Pai, em mim e eu em ti, também sejam eles em nós; para que o mundo creia que tu me enviaste. Eu lhes tenho transmitido a glória que me tens dado, para que sejam um, como nós o somos; eu neles e tu em mim, a fim de que sejam aperfeiçoados na unidade, para que o mundo conheça que tu me enviaste, e os amaste como também amaste a mim".

O evangelho nos declara ainda que o amor de Deus era eterno, e nos lembra que ele amou aos que são redimidos por Cristo desde a fundação do mundo; e que ele os deu ao Filho; e que o Filho os amou como seus. Ele revela ainda o maravilhoso amor do Pai e do Filho, respectivamente, para com os santos que estão na glória – que Cristo não só os amou enquanto no mundo, mas que os amou até o fim (Jo 13.1). E todo este amor é expresso como nos sendo outorgado enquanto errantes, proscritos, indignos, culpados e inclusive inimigos. Este é o amor que jamais foi conhecido em outro lugar, ou concebido: "Ninguém tem maior amor do que este: de dar alguém a própria vida em favor de seus amigos" (Jo 15.13); "Dificilmente alguém morreria por um justo; pois poderá ser que pelo bom alguém se anime a morrer. Mas Deus prova seu próprio amor para conosco, pelo fato de ter Cristo morrido por nós, sendo nós ainda pecadores. Porque se nós, quando inimigos, fomos reconciliados com Deus mediante a morte de seu Filho, muito mais estando já reconciliados, seremos salvos por sua vida" (Rm 5.7-10).

Deus e Cristo aparecem na revelação evangélica como estando vestidos com amor; como estando assentados, por assim dizer, em um trono de misericórdia e graça; um trono de caridade, cercado dos mais suaves raios de amor. O amor é a luz e glória que circundam o trono em que Deus se acha sentado. Isto parece estar implícito na visão de Deus na ilha de Patmos: "Esse que se acha assentado é semelhante no aspecto a pedra de jaspe e de sardônio, e ao redor do trono há um arco-íris semelhante, no aspecto, a esmeralda" (Ap 4.3); isto é, ao redor do trono no qual Deus estava sentado. De modo que Deus lhe apareceu enquanto estava sentado em seu trono, envolto por um círculo de uma luz excessivamente suave e agradável, como as belas cores do arco-íris, e como uma esmeralda, que é uma pedra preciosa de cores excessivamente agradáveis e belas – assim representando que a luz e glória com que Deus, no evangelho, aparece cercado é especialmente a glória de seu amor e de sua graça pactual, porquanto o arco-íris foi dado a Noé como um emblema de ambas. Portanto, é evidente que este espírito, sim, o espírito de amor, é o espírito sobre o qual a revelação evangélica especialmente expõe os motivos e os estímulos; e este é especial e eminentemente o espírito cristão – o espírito correto do evangelho.

Segundo, se de fato sucede que tudo o que é salvífico e distintivo no verdadeiro cristão está resumidamente compreendido no amor, *então os que professam o cristianismo nisto podem ser ensinados quanto às suas experiências, sejam elas ou não experiências realmente cristãs*. Caso o sejam, então o amor é a suma e substância de tais experiências. Se as pessoas possuem a verdadeira luz celestial, que em suas almas ela não seja uma luz sem calor. O conhecimento e o amor divinos vão sempre juntos. Uma visão espiritual das coisas divinas sempre estimula o amor na alma, e atrai o amor ao coração, em cada objeto próprio de ser amado. As genuínas descobertas do caráter divino nos dispõem a amar a Deus como o bem supremo; elas unem o coração a Cristo, em amor; inclinam a alma a transbordar de amor para com o povo de Deus e para com toda a humanidade. Quando as pessoas possuem uma verdadeira descoberta da excelência e suficiência de Cristo, o efeito é o amor. Quando experimentam uma convicção correta da verdade do evangelho, tal convicção é acompanhada do amor. Tais pessoas amam a Cristo, o Filho do Deus vivo. Quando se visualiza a veracidade das gloriosas doutrinas e promessas do evangelho, estas doutrinas e promessas se assemelham a tantos acordes que emanam do coração e o impulsionam a amar a Deus e a Cristo. Quando as pessoas experimentam uma genuína confiança e segurança em Cristo, elas confiam nele com amor, e assim sucede com a deleitosa e doce aquiescência da alma. A esposa se pôs assentada sob a sombra de Cristo com profundo deleite, e descansou suavemente sob sua proteção, porque ela o amava (Ct 2.3). Quando as pessoas experimentam o verdadeiro conforto e alegria espiritual, essa alegria provém da fé e do amor. Não se regozijam em si mesmas, mas em Deus que é sua insondável alegria.

Terceiro, esta doutrina mostra *a amabilidade de um espírito cristão*. Um espírito de amor é um espírito amorável. É o espírito de Jesus Cristo – é o espírito celestial.

Quarto, esta doutrina mostra *a suavidade da vida cristã*. A vida de amor é uma vida deleitosa. A razão e as Escrituras nos ensinam igualmente que "feliz o homem que acha a sabedoria", e que "seus caminhos são caminhos deliciosos" (Pv 3.13, 17).

Quinto, daí podemos aprender a razão *por que a contenda tende em grande medida à ruína da religião*. As Escrituras nos informam que ela tem esta tendência: "Onde há inveja e sentimento faccioso, aí há confusão e toda espécie de coisas ruins" (Tg 3.16). E descobrimos ser assim pela experiência. Quando a contenda toma lugar, é como se ela exterminasse todo bem. E se antes a religião era florescente, agora parece arrefecê-la e extingui-la; e tudo o que é ruim começa a vicejar. E, à luz de nossa doutrina, podemos ver claramente a razão de tudo isso; pois a contenda é diretamente contra aquilo que é a própria soma de tudo o que é essencial e distintivo no verdadeiro cristianismo; sim, um espírito de amor e paz. Não surpreende, pois, que o cristianismo não possa florescer em tempos de disputa e contenda entre os que o professam. Não surpreende que a religião e a contenda não possam viver juntas.

Sexto, daí, pois, *que vigilância e guarda devem refrear os cristãos contra a inveja, a malícia e todo gênero de amargura de espírito para com seus semelhantes*! Pois essas coisas são o próprio oposto da essência real do cristianismo. E cabe aos cristãos, por meio de sua vida prática, não contradizer diretamente sua profissão de fé, deixando de atentar bem para esta matéria. Devem suprimir os primeiros indícios de indisposição, amargura e inveja; velar estritamente para que não haja qualquer ocasião de tal espírito; esforçar e lutar ao máximo contra aquela índole que tende a esse caminho; e evitar, quanto possível, todas as tentações que porventura conduzam a ele. Um cristão deve, em todos os tempos, manter uma forte vigilância contra tudo o que tende a subverter, ou corromper, ou enfraquecer o espírito de amor. Aquilo que serve de empecilho ao amor para com os homens, também servirá de empecilho ao exercício do amor para com Deus; porque, como já se observou previamente, o princípio de amor realmente cristão é um só. Se o amor é a suma do cristianismo, seguramente aquelas coisas que o subvertem são excessivamente inconvenientes aos cristãos. Um cristão invejoso, malicioso, frio e obstinado, é o maior dos absurdos e é uma contradição. É como se alguém falasse de uma iluminação escura ou de uma verdade falsa!

Sétimo, daí não surpreende que o cristianismo requeira com tanta veemência que amemos aos nossos inimigos, inclusive o pior dos inimigos (Mt 5.44); pois amar é a própria índole e espírito de um cristão; o amor é a suma do cristianismo. E se considerarmos aqueles incentivos que temos diante nós, para amarmos nossos inimigos, no que o evangelho revela do amor de Deus e de Cristo para com nossos inimigos, não nos admiraremos da insistência de amarmos nossos inimigos, de abençoá-los, de fazer-lhes o bem e de orar por eles: "Para que vos torneis filhos do vosso Pai celeste, porque ele faz nascer o seu sol sobre maus e bons e vir chuvas sobre justos e injustos" (Mt 5.45).

3. *Nosso tema nos exorta a buscarmos o espírito de amor; a crescermos nele mais e mais; e em grande medida a transbordarmos em obras de amor*. Se o amor é algo tão imenso no cristianismo, tão essencial e distintivo, sim, a própria suma de toda virtude cristã, então, seguramente, os que se professam cristãos devem viver em amor e transbordar nas obras de amor, pois nenhuma obra é tão necessária como as do amor. Se você se denomina de *cristão*, onde estão suas obras de amor? Você tem se esforçado

em ser rico na prática delas? Se este divino e santo princípio está em você, e reina em você, ele não se manifestará em sua vida através das obras de amor? Pense bem: que obras de amor você tem praticado? Você ama a Deus? O que você tem feito por e para ele, para sua glória, para o avanço de seu reino no mundo? E quanto você tem se negado para a promoção dos interesses do Redentor entre os homens? De fato você ama seus semelhantes? O que você tem feito por eles? Considere seus defeitos anteriores, nestes aspectos, e quão necessário é que você, como cristão, seja mais rico em obras de amor. Não dê justificativas de que você não tem tido oportunidades de fazer algo para a glória de Deus, em prol dos interesses do reino do Redentor e pelo benefício espiritual de seus semelhantes. Se seu coração está cheio de amor, ele achará maneiras; você achará ou proverá meios suficientes para expressar seu amor em ações. Quando uma fonte é rica em água, ela jorrará correntes de água. Pondere bem que, como o princípio de amor é o primordial princípio no coração de um cristão real, assim a obra do amor é a primordial atividade da vida cristã. Que cada cristão pense bem nisso; e que o Senhor lhe dê entendimento em todas as coisas, e o torne sensível sobre o espírito que você deve cultivar, e o disponha a desenvolver esse espírito a fim de que você ame não só "de palavra, nem de língua, mas de fato e de verdade" (1Jo 3.18).

MENSAGEM 2

A CARIDADE É MAIS EXCELENTE DO QUE OS DONS EXTRAORDINÁRIOS DO ESPÍRITO

"Ainda que eu fale as línguas dos homens e dos anjos, se não tiver amor, serei como o bronze que soa, ou como o címbalo que retine. Ainda que eu tenha o dom de profetizar e conheça todos os mistérios e toda a ciência; ainda que eu tenha tamanha fé a ponto de transportar montes, se não tiver amor, nada serei" (1Co 13.1, 2).

Havendo mostrado na última preleção que toda virtude existente nos santos, que seja distintiva e salvífica, pode ser sumariada no amor cristão, eu passo agora a considerar, no texto, quais as coisas são comparadas com ele, e, das duas, à qual se dá preferência.

As coisas comparadas juntas, no texto, são de duas espécies: de um lado, os dons extraordinários e miraculosos do Espírito, tais como o dom de línguas, o dom de profecia etc., os quais eram frequentes naquela época, e particularmente na igreja de Corinto; e, do outro lado, o efeito das influências ordinárias do mesmo Espírito nos verdadeiros cristãos, a saber, a caridade, ou amor divino.

Aquele foi um tempo de milagres. Antes daquele tempo não era assim, como se deu entre os judeus, quando dois ou três, ou uns pouquíssimos dentre toda a nação possuíam o dom de profecia; ao contrário, era como se o desejo de Moisés, como registrado em Números 11.29, se cumprisse em grande medida: "Tens tu ciúmes por mim? Tomara todo o povo do Senhor fosse profeta, que o Senhor lhes desse o seu Espírito". Não apenas algumas determinadas pessoas de grande eminência foram dotadas com tais dons, mas eles eram comuns a todas as camadas sociais: velhos e jovens, homens e mulheres; em conformidade com a profecia do profeta Joel, o qual, pregando acerca daqueles dias, predisse aquele grande evento: "E acontecerá, depois, que derramarei o meu Espírito sobre toda a carne; vossos filhos e vossas filhas profetizarão, vossos velhos sonharão, e vossos jovens terão visões; até sobre os servos e sobre as servas derramarei o meu Espírito naqueles dias" (Jl 2.28, 29). Especialmente a igreja de Corinto foi mui eminente por esses dons. Todos os tipos de dons miraculosos foram, como transparece desta epístola, outorgados à igreja de Corinto; e não foi pequeno o número dos que usufruíram desses dons. "A um", diz o apóstolo, "é dada, mediante o Espírito, a palavra da sabedoria; e a outro, segundo o mesmo Espírito, a palavra do conhecimento; a outro, no mesmo Espírito, a fé; a outro, no mesmo Espírito, dons de curar; a outro, operações de milagres; a outro, profecia; a outro, discernimento de espíritos; a um, variedade de línguas; e a outro, capacidade para interpretá-las. Mas um só e o mesmo Espírito realiza todas estas coisas, distribuindo-as, como lhe apraz, a cada um, individualmente" (1Co 12.8-11). "Entretanto", diz o apóstolo, "procurai com zelo os melhores dons. E eu passo a mostrar-vos ainda um caminho sobremodo excelente" (1Co 12.31); isto é, algo mais excelente do que todos os dons juntos; sim, algo de tão grande importância, que todos esses dons sem ele redundam em nada. Pois "ainda que eu fale as línguas dos homens", como se deu no dia de Pentecostes, sim, "e dos anjos" também, "se não tiver amor", me tornarei algo sem valor, "como o bronze que soa, ou como o címbalo que retine". "E ainda que eu tenha", não só um, mas todos os dons extraordinários do Espírito, e venha a falar não só em línguas, e tiver "o dom de profetizar, e conheça todos os mistérios e toda a ciência", para contemplar todas as coisas profundas de Deus, mediante inspiração imediata; "e ainda que eu tenha tamanha fé" para a operação de todos os gêneros de milagres, sim, ainda que eu possa "transportar montes, se não tiver amor, nada serei". A caridade, pois, que é o fruto da influência santificadora e ordinária do Espírito Santo, é preferível, como sendo mais excelente do que qualquer dom, sim, do que todos os dons extraordinários do Espírito; sim, o amor cristão, o qual, como já se mostrou, é a suma de toda a graça salvífica. Sim, ele é tão preferível, que mesmo tendo todos os dons extraordinários do Espírito, sem ele, nada somos e de nada aproveitamos.

Portanto, a doutrina ensinada é que A INFLUÊNCIA ORDINÁRIA DO ESPÍRITO DE DEUS, OPERANDO NO CORAÇÃO A GRAÇA DA CARIDADE, É UMA BÊNÇÃO MAIS EXCELENTE DO QUE QUALQUER DOS DONS EXTRAORDINÁRIOS DO ESPÍRITO. Aqui eu gostaria de tentar mostrar, em *primeiro* lugar, o que está implícito pelos dons ordinários e extraordinários do Espírito; em *segundo* lugar, que os dons extraordinários do Espírito realmente constituem privilégios imensos; e ainda, em *terceiro* lugar, que a influência ordinária do Espírito, operando a graça da caridade ou o amor no coração, é uma bênção mui excelente.

1. *Eu gostaria de explicar o que está implícito pelos dons extraordinários do Espírito*; pois os dons e operações do Espírito de Deus são distinguidos, pelos teólogos, em *comuns* e *salvíficos*, e em *ordinários* e *extraordinários*.

1.1. Os dons e operações do Espírito de Deus são assim distinguidos: *os que são comuns e os que são salvíficos*. Por dons comuns do Espírito estão implícitos no fato de que são comuns tanto aos santos quanto aos ímpios. Há certos modos nos quais o Espírito de Deus influencia as mentes dos homens naturais, tanto quanto as mentes dos santos. Assim há convicções comuns de pecado, isto é, aquelas convicções que os santos e os ímpios igualmente podem ter. Assim há iluminações comuns, isto é, elas podem ser comuns tanto aos santos quanto aos ímpios. Assim há sentimentos religiosos comuns – gratidão comum, tristeza comum, e assim por diante. Mas há outros dons do Espírito que são peculiares aos santos, tais como fé e amor salvíficos, e todas as demais graças salvíficas do Espírito.

1.2. *Ordinários e extraordinários*. Os dons extraordinários do Espírito, tais como o dom de línguas, de milagres, de profecia etc., são chamados *extraordinários* porque, como tais, não são dados no curso ordinário da providência divina. Não são outorgados do modo comum e providencial de Deus tratar com seus filhos, mas só em ocasiões extraordinárias, como foram outorgados aos profetas e apóstolos, tal como a capacidade de revelar a mente e vontade de Deus antes que o cânon das Escrituras fossem completados, e assim à igreja primitiva, para sua fundação e estabelecimento no mundo. Mas, desde que o cânon das Escrituras se completou e estas foram estabelecidas, estes dons extraordinários cessaram. Mas os dons ordinários do Espírito, como tais, continuam na igreja de Deus ao longo dos séculos; estes dons são concedidos para convicção e conversão, e como tais se relacionam com a edificação dos santos em santidade e conforto.

Portanto, é possível observar que a distinção dos dons do Espírito em ordinários e extraordinários é bem diferente da outra distinção em comuns e especiais; pois alguns dos dons ordinários, tais como fé, esperança, caridade, não são dons comuns. São aqueles mesmos dons que ordinariamente Deus outorga à sua igreja em todos os tempos, porém não são comuns aos santos e aos ímpios; são peculiares aos santos. E os dons extraordinários do Espírito são dons comuns. O dom de línguas, de milagres, de profecia etc., ainda que não sejam ordinariamente outorgados à igreja cristã, mas só em ocasiões extraordinárias, contudo não são peculiares aos santos, porquanto muitos dentre os ímpios têm tido esses dons: "Muitos, naquele dia, hão de dizer-me: Senhor, Senhor! porventura não temos nós profetizado em teu nome, e em teu nome não expelimos demônios, e em teu nome não fizemos muitos milagres? Então lhes direi explicitamente: nunca vos conheci. Apartai-vos de mim, os que praticais a iniquidade" (Mt 7.22, 23). Havendo explicado esses termos, continuo mostrando

2. *Que os dons extraordinários do Espírito de Deus realmente são privilégios imensos.* Quando Deus dota alguém com o espíri-

to de profecia, o favorece com inspiração imediata ou lhe dá o poder de operar milagres, curar enfermos, expulsar demônios e coisas desse gênero, esse é um privilégio imenso; sim, este é um dos tipos mais elevados de privilégios que Deus costuma outorgar aos homens, que seguem a graça salvífica. É um grande privilégio viver no usufruto dos meios de graça externos, e pertencer à igreja visível; mas ser profeta e operador de milagres na igreja é um privilégio ainda maior. É um grande privilégio ouvir a palavra que foi falada pelos profetas e pessoas inspiradas; mas, muito maior é ser profeta, ensinar a palavra, ser inspirado por Deus a fazer conhecida a sua mente e vontade aos outros. Foi um grande privilégio Deus outorgar a Moisés a bênção de chamá-lo para ser um profeta e empregá-lo como instrumento para revelar a lei aos filhos de Israel e legar à igreja uma parte tão grande da palavra escrita de Deus, sim, a primeira revelação escrita que antes nunca lhe fora entregue; e também quando ele o usou como instrumento na operação de tantas maravilhas no Egito, no Mar Vermelho e no deserto. Grande foi o privilégio que Deus outorgou a Davi, inspirando-o e fazendo-o o escritor de uma parte tão imensa e excelente de sua palavra, para o uso da igreja em todos os tempos. Grande foi o privilégio que Deus concedeu àqueles dois profetas, Elias e Eliseu, capacitando-os a realizarem tantas obras miraculosas e maravilhosas. E foi muito grande o privilégio que Deus concedeu ao profeta Daniel, dando-lhe tantos dons extraordinários do Espírito, particularmente o discernimento das visões de Deus. Isto lhe granjeou grande honra entre os pagãos, e inclusive na corte do rei de Babilônia. Nabucodonosor, aquele grande, poderoso e arrogante monarca, se sentiu tão extasiado diante de Daniel, a tal ponto que certa vez se prontificou a adorá-lo como deus. Ele caiu de rosto em terra diante dele e ordenou que lhe fosse oferecida uma oblação de aroma suave (Dn 2.46). E Daniel foi contemplado por uma maior honra do que todos os sábios, mágicos, astrólogos e adivinhos de Babilônia, em consequência desses dons extraordinários que Deus lhe outorgara. Ouça como a rainha fala dele a Belsazar: "Há no teu reino um homem, que tem o espírito dos deuses santos; nos dias de teu pai se achou nele luz e inteligência, e sabedoria como a sabedoria dos deuses; teu pai, o rei Nabucodonosor, sim, teu pai, ó rei, o constituiu chefe dos magos, dos encantadores, dos caldeus e dos feiticeiros, porquanto espírito excelente, conhecimento e inteligência, interpretação de sonhos, declaração de enigmas e solução de casos difíceis se acharam neste Daniel, a quem o rei pusera o nome de Beltessazar; chame-se, pois, a Daniel, e ele dará a interpretação" (Dn 5.11, 12). Sem dúvida que por este excelente espírito estava, entre outras coisas, implícito o espírito de profecia e inspiração divina, pelo qual ele foi tão honrado pelos príncipes de Babilônia.

Foi um grande privilégio o que Cristo outorgou aos apóstolos, enchendo-os de tal modo com dons extraordinários do Espírito Santo, inspirando-os a ensinar a todas as nações, e fazendo-os, por assim dizer, tão semelhantes a ele mesmo, bem como para que fossem as doze pedras preciosas, que são consideradas os doze fundamentos da igreja: "A muralha da cidade tinha doze fundamentos, e estavam sobre estes os doze nomes dos doze apóstolos do Cordeiro" (Ap 21.14). "Edificados sobre o fundamento dos apóstolos e profetas, sendo ele mesmo, Cristo Jesus, a pedra angular" (Ef 2.20). E quão supremamente foi o apóstolo

João favorecido, quando se achou "em Espírito, no dia do Senhor" (Ap 1,10), e recebeu visões tão extraordinárias, representando os grandes eventos da providência de Deus em relação à igreja, em todos os tempos da igreja, até o fim do mundo.

Esses dons extraordinários do Espírito são expressos na Escritura como sendo privilégios incomensuráveis. Assim foi o privilégio que Deus concedeu a Moisés, falando-lhe por meio de revelação tão miraculosa e extraordinária – "face a face". E aquele derramamento do Espírito, em seus dons extraordinários, no dia de Pentecostes, o qual fora previsto e mencionado pelo profeta Joel como sendo um privilégio também incomensurável, naquelas palavras supracitadas de Joel 2.28, 29. E Cristo fala dos dons de milagres e de línguas, como sendo grandes privilégios que ele outorgaria aos que cressem nele (Mc 16.17,18).

Esses dons extraordinários do Espírito têm sido considerados como uma grande honra. Moisés e Arão foram alvos de inveja no acampamento, por causa da honra peculiar que Deus pusera sobre eles (Sl 106.16). E assim Josué estava condicionado a nutrir inveja de Eldade e Medade, só porque eles profetizaram no acampamento (Nm 11.27, 28). E quando os próprios anjos foram enviados a fazer a obra de profetas, a revelar coisas futuras, foram postos num posto mui honroso de luz. Até mesmo o apóstolo João, em seu profunda surpresa, mais de uma vez se sentiu condicionado a prostrar-se e a cultuar o anjo que fora enviado por Cristo para revelar-lhe os eventos futuros da igreja; mas o anjo lho proibiu, reconhecendo que o privilégio do Espírito de profecia que ele tinha não era de si mesmo, mas que o havia recebido de Jesus Cristo (Ap 19.10; 22.8, 9). Os pagãos da cidade de Listra se sentiram tão atônitos ante o poder que os apóstolos

Barnabé e Paulo possuíam, quando operaram milagres, que já estavam para oferecer-lhes sacrifícios como se fossem deuses (At 14.1-13). E Simão, o mágico, sentiu tão grande desejo de receber aquele dom que os apóstolos possuíam, de conferir o Espírito Santo mediante a imposição de suas mãos, que lhes ofereceu dinheiro por sua aquisição (At 8.18).

Esses dons extraordinários constituem um grande privilégio, no fato de que há neles uma conformidade com Cristo em seu ofício profético. E a grandeza do privilégio transparece também nisto: que, muito embora algumas vezes tenham sido outorgados aos homens naturais, contudo isso tem se dado mui raramente; mas, comumente eles têm sido outorgados àqueles que têm sido santos, sim, santos mui eminentes. Assim se deu no dia de Pentecostes, e assim se deu nos tempos mais antigos: "Homens [santos] falaram da parte de Deus movidos pelo Espírito Santo" (2Pe 1.21). Geralmente, esses dons têm sido outorgados como emblemas do favor e amor extraordinários de Deus, como no caso de Daniel. Ele era um homem "mui amado", e portanto foi admitido a um privilégio tão imenso, como o de receber essas revelações que lhe foram feitas (Dn 9.23; 10.11-19). E o apóstolo João, como fora o discípulo a quem Jesus amava, assim foi escolhido acima de todos os demais apóstolos para ser o homem a quem foram revelados aqueles grandes eventos que consideramos no livro do Apocalipse. Continuo agora a

3. *Mostrar que, embora esses sejam grandes privilégios, contudo aquela influência ordinária do Espírito de Deus, operando no coração a graça da caridade, é muito mais excelente do que qualquer desses dons*: uma bênção maior do que o Espírito de profecia, ou o dom de línguas, ou de milagres, inclusive transportar mon-

tes; uma bênção maior que todos os dons miraculosos com que Moisés, Elias, Davi e os doze apóstolos foram dotados. Isso transparecerá, se considerarmos que

3.1. *Esta bênção da graça salvífica de Deus é uma qualidade inerente na natureza daquele que é o sujeito dela.* Este dom do Espírito de Deus, operando na alma uma disposição verdadeiramente cristã, e motivando exercícios graciosos, confere uma bênção que tem sua sede no coração, uma bênção que faz o coração ou a natureza de uma pessoa ser mais excelente; sim, a própria excelência da natureza consiste neste dom. Ora, isso se dá não tanto com respeito a esses dons extraordinários do Espírito. Eles são excelentes, mas não propriamente a excelência da natureza de uma pessoa, pois eles não são coisas inerentes à natureza. Por exemplo, se uma pessoa é dotada com o dom de operar milagres, esse poder não é algo inerente à sua natureza. Não é propriamente alguma qualidade do coração e natureza do homem, como são a verdadeira graça e santidade; e embora mui comumente os que têm esses dons extraordinários de profecia, falar em línguas e operação de milagres tenham sido pessoas santas, contudo sua santidade não consistia no fato de haver recebido esses dons. Esses dons extraordinários não são propriamente inerentes ao homem. São acidentais. São coisas excelentes, porém não excelências na natureza do homem. São como uma bela vestimenta que não altera a natureza da pessoa que a usa. São como jóias preciosas com as quais se adorna o corpo; mas a verdadeira graça é aquela por meio da qual a própria alma se torna, por assim dizer, uma jóia preciosa.

3.2. *O Espírito de Deus se comunica muito mais quando outorga a graça salvífica do que quando outorga esses dons extraor-*

dinários. Nos dons extraordinários do Espírito, o Espírito Santo de fato produz efeitos nos homens ou por meio dos homens; mas não propriamente a ponto de comunicar-se aos homens em sua própria e genuína natureza. Uma pessoa pode ter em sua mente, pelo Espírito de Deus, um impulso extraordinário, mediante o qual algo futuro lhe seja revelado; ou ele pode receber uma visão extraordinária, representando algum evento futuro; e, no entanto, por meio dela, o Espírito de modo algum pode comunicar-se, em sua santa natureza. O Espírito de Deus pode produzir efeitos em coisas nas quais ele não se comunica conosco. Assim, o Espírito de Deus se movia sobre a face das águas, porém não a ponto de comunicar-se com as águas. Mas quando o Espírito, por meio de suas influências ordinárias, outorga a graça salvífica, nesse particular ele se comunica à alma, em sua própria natureza santa – aquela sua natureza em razão da qual ele amiúde é assim denominado na Escritura, o Espírito de Deus ou o Espírito Santo. Por ele produzir este efeito, o Espírito se torna um princípio vital permanente na alma, e o sujeito se torna espiritual, sendo dito, então, que o Espírito de Deus o habita e de cuja natureza ele vem a ser participante. Sim, a graça é, por assim dizer, a santa natureza do Espírito comunicada à alma. Mas os dons extraordinários do Espírito, que levam ao conhecimento das coisas futuras, ou à posse do poder de operar milagres, não implicam esta natureza santa. Pois Deus, quando concede os dons extraordinários do Espírito, não concede as influências santificadoras do Espírito juntamente com eles; pois uma coisa não implica a outra. E se Deus concede somente os dons extraordinários, tais como o dom de profecia, de milagres etc., estes, isoladamente, jamais farão do seu receptor um participante do Espírito, a ponto de tornar-se espiritual em si mesmo, isto é, em sua própria natureza.

3.3. A *graça ou santidade, que é o efeito da influência ordinária do Espírito de Deus nos corações dos santos, é aquela em que consiste a imagem espiritual de Deus, e não nos dons extraordinários do Espírito*. A imagem espiritual de Deus não consiste em possuir-se o poder de operar milagres e de predizer eventos futuros, e sim consiste em ser santo, como Deus é santo; em se possuir no coração um princípio santo e divino, a influenciar-nos a uma vida santa e celestial. Aliás, há um tipo de parecer-se com Cristo para a posse do poder de operar milagres, pois ele possuía esse poder e operava multidão de milagres: "Em verdade, em verdade vos digo que aquele que crê em mim, fará também as obras que eu faço, e outras maiores fará, porque eu vou para junto do Pai" (Jo 14.12). Mas a imagem e semelhança morais de Cristo consistem muito mais em possuirmos *a mesma mente que existia em Cristo*; em sermos do mesmo Espírito que ele; em sermos mansos e humildes de coração; em possuirmos o espírito de amor cristão e andarmos como ele andou. Isto faz uma pessoa mais parecida com Cristo do que se ela pudesse operar grandes e muitos milagres.

3.4. A *graça que é o efeito das influências ordinárias do Espírito de Deus é um privilégio que Deus outorga somente a seus próprios favoritos e filhos, mas os dons extraordinários não são assim*. Já se observou previamente que, embora Deus com frequência tenha santos escolhidos e santos eminentes, sobre os quais ele outorga os dons extraordinários do Espírito, contudo nem sempre age assim; senão que tais dons algumas vezes são outorgados a outros. Eles têm sido comuns tanto aos santos quanto aos ímpios. Na Escritura, Balaão é estigmatizado como um homem ímpio (2Pe 2.15; Jd 11; Ap 2.14), e, no entanto, ele possuiu os dons extraordinários do Espírito de Deus durante certo tempo. Saul era um homem ímpio, contudo lemos repetidas vezes que ele esteve *entre os profetas*. Judas foi um daqueles a quem Cristo enviou a pregar e a operar milagres; ele foi um daqueles doze discípulos de quem lemos em Mateus 10.1: "Tendo chamado seus doze discípulos, deu-lhes Jesus autoridade sobre espíritos imundos para os expelir e para curar toda sorte de doenças e enfermidades". E nos versículos seguintes somos informados quem eram eles; seus nomes estão todos catalogados ali, e "Judas Iscariotes, que foi quem o traiu" está ali entre os outros. E, no versículo 8, Cristo lhes disse: "Curai enfermos, ressuscitai mortos, purificai leprosos, expeli demônios". A graça de Deus no coração é um dom do Espírito Santo peculiar aos santos; é uma bênção que Deus reserva somente aos que são os objetos de seu amor especial e peculiar. Mas os dons extraordinários do Espírito são os que Deus algumas vezes outorga àqueles a quem ele não ama, mas odeia; o que é um sinal infalível de que um dom é infinitamente mais precioso e excelente do que o outro. Esse é o dom mais precioso, o qual constitui uma evidência mais sólida do amor de Deus. Mas os dons extraordinários do Espírito não foram, nos dias de inspiração e milagres, um sinal infalível do amor de Deus. Os profetas não costumavam construir sua persuasão do favor e amor de Deus sobre o fato de serem eles profetas e de possuírem revelações; mas sobre o fato de que eram santos sinceros. Assim se deu com Davi (ver Sl 15.1-5; 17.1-3; 119 completo), e, na verdade, todo o livro dos Salmos dá testemunho disto. Assim o apóstolo Paulo, ainda que fosse tão imensamente privilegiado com os dons extraordinários do Espírito, contudo ainda estava tão longe de lançar mão disto como evidência de sua boa condição, que expressamente declara que, sem a caridade, todos eles eram uma nulidade. Daí, podemos argumentar que,

3.5. *À luz do fruto e consequência destas duas diferentes coisas, um é infinitamente mais excelente do que o outro.* A vida eterna está, pelas promessas do evangelho, constantemente conectada com um e nunca com o outro. A salvação é prometida aos que possuem as graças do Espírito, porém não aos que possuem meramente os dons extraordinários. É possível que muitos possuam estes, e, no entanto, vão para o inferno. Judas Iscariotes os possuía, e já está no inferno. E Cristo nos diz que muitos que os têm possuído, no último dia serão ordenados a apartar-se como obreiros da iniquidade (Mt 7.22, 23). E, portanto, quando prometeu a seus discípulos estes dons extraordinários, ele disse que se alegrassem, não porque os demônios se lhes submetiam, mas porque seus nomes estavam registrados no céu; notificando que um dom pode existir, enquanto que o outro nem sempre existe (Lc 10.17-20). Isto mostra que um constitui uma bênção infinitamente maior do que o outro, porquanto leva em si a vida eterna. Pois a vida eterna é dotada de infinita dignidade e valor, e que deve ser uma bênção excelente ter a vida eterna em si infalivelmente conectada, e de um valor infinitamente maior que qualquer outro privilégio que porventura alguém possua, e, mesmo assim, vá para o inferno.

3.6. *A própria felicidade consiste muito mais imediata e essencialmente na graça cristã, operada pelas influências ordinárias do Espírito, do que nesses dons extraordinários.* A mais elevada felicidade do homem consiste na *santidade*, pois é por meio desta que a criatura racional está unida a Deus, a fonte de todo o bem. A felicidade consiste tão essencialmente em conhecer, amar, servir a Deus e possuir a santa e divina disposição de alma e os vivos exercícios dela, que tais coisas farão uma pessoa feliz sem necessitar de algo mais; e nenhum outro desfrute ou privilégio poderá fazer uma pessoa feliz sem a graça de Cristo.

3.7. *Esta divina disposição de alma, que é o fruto das influências santificadoras ordinárias do Espírito, é o fim de todos os dons extraordinários do Espírito Santo.* O dom de profecia, de milagres, de línguas etc., Deus concedeu para este exato fim: promover a propagação e estabelecimento do evangelho no mundo. E o fim do evangelho é converter os homens das trevas para a luz, e do poder do pecado e de Satanás para servirem ao Deus vivo, isto é, fazer os homens santos. O fim de todos os dons extraordinários do Espírito é a conversão dos pecadores e a edificação dos santos naquela santidade que é o fruto das influências ordinárias do Espírito Santo. Foi para isto que o Espírito Santo foi derramado sobre os apóstolos após a ascensão de Cristo; e assim foram capacitados a falar em línguas, a operar milagres etc.; e foi para isto que tantos outros, naquele tempo, foram dotados com os dons extraordinários do Espírito Santo: "E ele mesmo concedeu uns para apóstolos, outros para profetas, outros para evangelistas, e outros para pastores e mestres" (Ef 4.11). Aqui se mencionam os dons extraordinários, e o fim de todos eles está expresso nas palavras seguintes, a saber, "com vistas ao aperfeiçoamento dos santos para o desempenho de seu serviço, para a edificação do corpo de Cristo" (Ef 4.12). A que tipo de *edificação* do corpo de Cristo se refere, aprendemos do versículo 16: "Efetua seu próprio aumento para a edificação de si mesmo *em amor*". Em *amor*, isto é, em *caridade*, a mesma coisa como se menciona em nosso texto (1Co 13), pois no original a palavra é a mesma e está implícita a mesma coisa. E, portanto, a mesma coisa como em 1 Coríntios 8.1: "O amor edifica".

Mas o fim é sempre mais excelente do que os meios: esta é uma máxima universalmente admitida; pois os meios, em si mesmos, não possuem qualquer outra bondade do que quando se acham subordinados ao fim. Portanto, o fim deve ser considerado como sendo superior, em excelência, aos meios.

3.8. *Os dons extraordinários do Espírito estão tão longe de ser proveitosos sem aquela graça que é o fruto das influências ordinárias do Espírito, que simplesmente agravam a condenação dos que os possuem.* Sem dúvida, a condenação de Judas foi excessivamente agravada pelo fato de ter sido ele um dos que desfrutaram de tais privilégios. E alguns, possuindo esses dons extraordinários, cometeram o pecado contra o Espírito Santo, e seus privilégios foram o principal elemento que tornou seu pecado imperdoável; como transparece de Hebreus: "É impossível, pois, que aqueles que uma vez foram iluminados e provaram o dom celestial e se tornaram participantes do Espírito Santo, e provaram a boa palavra de Deus e os poderes do mundo vindouro, e caíram, sim, é impossível outra vez renová-los para arrependimento, visto que, de novo, estão crucificando para si mesmos o Filho de Deus, e expondo-o à ignomínia" (Hb 6.4-6). Os que *caíram*, fizeram como os que apostataram do cristianismo após haver feito uma pública profissão dele e haver recebido os dons extraordinários do Espírito Santo, como fez a maioria dos cristãos naqueles dias. Foram instruídos no cristianismo e, através das influências comuns do Espírito, receberam a palavra com alegria, como os descritos em

Mateus 13.20, e assim receberam os dons extraordinários do Espírito; E, "se tornaram participantes do Espírito Santo, e provaram a boa palavra de Deus e os poderes do mundo vindouro"; falaram em línguas, profetizaram em nome de Cristo e em seu nome expulsaram demônios; e, no entanto, depois de tudo, renunciaram publicamente o cristianismo; passaram a ter Cristo como impostor, como fizeram seus assassinos; e assim "de novo, estão crucificando para si mesmos o Filho de Deus, e expondo-o à ignomínia". É destes que o apóstolo declara ser "impossível outra vez renová-los para arrependimento". Tais apóstatas, ao renunciarem o cristianismo, atribuíram ao diabo os poderes miraculosos que eles mesmos haviam possuído. E assim seu caso veio a ser sem esperança, e sua condenação foi excessivamente agravada. E disto transparece que a graça salvífica é de valor e excelência muito mais infinitos que os dons extraordinários do Espírito. E, para terminar,

3.9. *Outra coisa que mostra a preferência daquela graça salvífica, que é o fruto das influências ordinárias do Espírito Santo, aos dons extraordinários, é que estes se desvanecerão, enquanto que a graça permanecerá.* O apóstolo faz uso deste argumento no contexto, com o fim de mostrar que o amor divino é preferível aos dons extraordinários do Espírito: "O amor jamais acaba; mas, havendo profecias, desaparecerão; havendo línguas, cessarão; havendo ciência, passará" (1Co 13.8). O amor divino permanecerá para todo o sempre, mas os dons extraordinários do Espírito permanecerão dentro do tempo. São simplesmente da natureza dos meios, e quando se obtiver o fim, eles cessarão; mas o amor divino permanecerá para todo o sempre. Na conclusão deste tema, observo o seguinte:

1. *Se a graça salvífica é uma bênção maior que os dons extraordinários do Espírito, sem dúvida podemos argumentar daí que ela constitui o maior privilégio e bênção que Deus já outorgou a qualquer pessoa neste mundo.* Pois estes dons extraordinários do Espírito Santo, tais como dom de línguas, de milagres, de profecia etc. constituem o tipo mais elevado de privilégios que Deus já outorgou aos homens naturais, e privilégios esses que têm sido mui raramente outorgados, em qualquer época do mundo, com exceção da era apostólica.

Se o que se tem dito for bem considerado, parecerá evidente, além de toda dúvida, que a graça salvífica de Deus, no coração, operando na alma uma santa e divina disposição, é a maior bênção que os homens já receberam neste mundo: maior que os dons naturais, maior que as maiores habilidades naturais, maior que quaisquer dotes mentais adquiridos, maior que a maior cultura universal, maior que qualquer riqueza e honra externas, maior que ser rei ou imperador, maior que ser tirado do aprisco, como se deu com Davi, e feito rei sobre todo o Israel; e todas as riquezas, as honras e magnificência de Salomão, em toda sua glória; nada disso pode comparar-se a essa bênção.

Grande foi o privilégio que Deus outorgou à bendita virgem Maria, concedendo que dela nascesse o Filho de Deus; o qual era uma pessoa infinitamente mais honrosa do que os anjos; sim, era o Criador e Rei do céu e da terra, o grande Soberano do mundo – que fosse concebido em sua madre, nascesse dela e fosse nutrido em seus seios – sim, foi um privilégio maior do que se ela fosse a mãe do maior príncipe terreno que já viveu; mesmo assim, esse não foi um privilégio maior do que possuir a graça de Deus no coração; ter Cristo, por assim dizer, nascido na alma, como ele mesmo expressamente nos ensina em Lucas: "Ora, aconteceu que, ao dizer Jesus estas palavras, uma mulher, que estava entre a multidão, exclamou e disse-lhe: Bem-aventurada aquela que te concebeu e os seios que te amamentaram! Ele, porém, respondeu: Antes bem-aventurados são os que ouvem a palavra de Deus e a guardam!" (Lc 11.27, 28). E uma vez, quando alguém lhe informou que sua mãe e seus irmãos estavam do lado de fora querendo falar-lhe, ele aproveitou o ensejo para que soubessem que havia um modo mais abençoado de se relacionar com ele, do que aquele que consistia em ser sua mãe e irmãos segundo a carne: "Falava ainda Jesus ao povo, e eis que sua mãe e seus irmãos estavam do lado de fora, procurando falar-lhe. E alguém lhe disse: Tua mãe e teus irmãos estão lá fora e querem falar-te. Porém ele respondeu ao que lhe trouxera o aviso: Quem é minha mãe e quem são meus irmãos? E, estendendo a mão para os discípulos, disse: Eis minha mãe e meus irmãos. Porque qualquer que fizer a vontade de meu Pai celeste, esse é meu irmão, irmã e mãe" (Mt 12.46-50).

2. *Por isso, esses dois tipos de privilégios não devem ser confundidos, tomando as coisas que têm alguma aparência de dom miraculoso extraordinário do Espírito como sinais indubitáveis da graça.* Se em algum momento alguém tiver uma impressão extraordinária causada em sua mente, e crer que isso procede de Deus, a revelar-lhe algo que sucederá no futuro, isso, se fosse real, provaria ser um dom extraordinário do Espírito Santo, a saber, o dom de profecia; mas, à luz do que foi dito, é evidente que esse não seria um sinal seguro da graça ou de algo salvífico; sim, se fosse real, repito – pois, na verdade, não temos razão para considerar tais coisas, como se pretende em nossos dias,

como sendo algo mais além do que ilusão. E o fato de que tais impressões são causadas por textos bíblicos que de repente vêm à nossa mente não altera o caso; pois um texto bíblico que vem à mente não prova ser verdadeiro mais do que o prova sua leitura. Se ler algum texto bíblico, em certo momento, como está na Bíblia, não prova o que está sendo interpretado, então, o fato de ele vir à mente também não o prova; pois a Escritura fala precisamente a mesma coisa tanto em dado momento de leitura, como em outro de memória. As palavras têm o mesmo significado quando são lidas em dado momento, como têm quando de repente são projetadas na mente; e se alguém, pois, lhes impõe algo mais, o tal procede sem autorização; pois sua repentina projeção na mente não lhes imprime um novo significado, o qual tais palavras não tinham antes. Assim, se uma pessoa crê que vive um momento especial só porque de repente certo texto bíblico se projeta em sua mente, se o texto não prova a interpretação tal como está na Bíblia, e se prova apenas que tal pessoa o leu quando estava lendo a Bíblia, então, por esse texto vir à sua mente não há evidência de que ela vive um momento especial. Assim, se algo parece a alguém como se tivesse uma visão de alguma forma visível, e ouvisse alguma voz, tais coisas não devem ser tomadas como sinais da graça; pois se elas são reais e procedem de Deus, ainda assim não são evidências de graça, pois a influência extraordinária do Espírito, produzindo visões e sonhos, tais como os profetas de outrora tiveram, não são sinais seguros da graça. Todos os frutos do Espírito, aos quais devemos dar importância como evidências da graça, estão sumariados na caridade ou amor cristão; porque esta é a suma de toda graça. E, portanto, o único modo de alguém conhecer sua boa condição é discernindo, em seu coração, os exercícios desta divina caridade; pois, sem a caridade, tenham os homens os dons que tiverem, eles equivalem a nada.

3. *Se a graça salvífica é mais excelente do que os dons extraordinários do Espírito, então não podemos concluir, do que a Escritura afirma da glória dos últimos tempos da igreja, que os dons extraordinários do Espírito serão concedidos aos homens naqueles tempos.* Muitos têm se prontificado a crer que naqueles tempos gloriosos da igreja que virão após a vocação dos judeus e a destruição do Anticristo, haverá muitas pessoas que serão inspiradas e dotadas com o poder de operar milagres. Mas o que a Escritura diz concernente à glória daqueles tempos não prova tal coisa nem a faz provável. Pois já se mostrou que o derramamento do Espírito de Deus, em suas operações ordinárias e salvíficas, que enchem os corações dos homens com uma disposição cristã e santa, e os guia aos exercícios da vida divina, é o caminho mais glorioso do derramamento do Espírito que pode haver; mais glorioso, muito mais glorioso, do que um derramamento dos dons miraculosos do Espírito. E, portanto, a glória daqueles tempos da igreja não requer que haja tal coisa como os dons extraordinários. Aqueles tempos podem ser tempos da igreja tão gloriosos como jamais houve, sem tais dons. Não possuírem os homens o dom de profecia, de línguas, de cura etc., como tiveram na era apostólica, não impede aqueles tempos de serem muito mais gloriosos do que houve então, se o Espírito for derramado em maior medida em suas influências santificadoras; pois este, como o apóstolo o afirma expressamente, é um caminho mais excelente (1Co 12.31). Esta é a maior glória da igreja de Cristo, e a glória mais excelente que a igreja de Cristo

já desfrutou em qualquer período. Isto é o que fará a igreja mais parecida com a igreja celestial, onde a caridade ou amor terá um domínio mais perfeito do que o Espírito já pôde fazer. De modo que não temos razão, por essa conta, e talvez por nenhuma outra, de esperar que os dons extraordinários do Espírito sejam derramados naqueles tempos gloriosos que ainda estão por vir. Pois naqueles tempos não há dispensação a ser introduzida e nenhuma nova Bíblia a ser dada. Nem temos qualquer razão de esperar que nossas atuais Escrituras sejam acrescentadas e ampliadas; mas, ao contrário, no final dos escritos sacros que ora possuímos parece haver uma notificação de que não se deve fazer-lhes nenhuma adição até que Cristo venha (ver Ap 22.18-21).

4. A *razão que têm de bendizer a Deus e de viver para sua glória os que tiverem aquele privilégio que se acha implícito na influência do Espírito Santo, o qual opera a graça salvífica no coração*. Se apenas considerarmos seriamente o estado dos santos, dos que têm sido os sujeitos desta inexprimível bênção, outra reação não podemos ter senão a de ficar surpresos ante a maravilhosa graça que lhes foi outorgada. E quanto mais a consideramos, mais maravilhosa e inexprimível ela se mostrará. Quando lemos nas Escrituras dos grandes privilégios conferidos à virgem Maria, e ao apóstolo Paulo, quando este foi arrebatado ao terceiro céu, somos tomados de admiração por tais privilégios tão imensos. Mas, depois de tudo, são nada em comparação com o privilégio de ser como Cristo e de ter seu amor no coração. Portanto, que os que esperam ter esta última bênção, considerem bem, como nunca fizeram, quão grande favor Deus lhes outorgou e quão grande são suas obrigações de glorificá-lo pela obra que

ele operou neles e glorificar a Cristo que lhes adquiriu esta bênção com seu próprio sangue, e glorificar o Espírito Santo que a selou em suas almas. Que tipo de pessoa você deve ser em toda a santa conversação e piedade! Considere bem que esperança você deve nutrir pela misericórdia divina, quão sublimemente ele tem feito você progredir e ser exaltado; e você não seria diligente em viver para ele? Porventura, você desonraria Cristo a ponto de considerá-lo tão pouco, não lhe dando todo seu coração, mas indo após o mundo, negligenciando a ele e ao seu serviço e à sua glória? Porventura, você não será vigilante consigo mesmo, contra uma disposição corrupta, profana e soberba, para que não se extravie de Deus que tem sido tão bondoso para com você, e do Salvador que lhe adquiriu tais bênçãos às custas de suas próprias agonias e morte? A cada dia você não fará a si esta ardente inquirição: "O que darei ao Senhor por todos os seus benefícios para comigo?" (Sl 116.12). O que Deus poderia ter-lhe feito mais do que realmente lhe tem feito? Que privilégio ele poderia ter-lhe outorgado, em si mesmo melhor, ou mais digno, para engajar seu coração no espírito de gratidão? E avalie bem como você está vivendo – quão pouco tem feito por e para ele – o quanto você faz por si mesmo – quão pouco esse amor divino tem operado em seu coração, inclinando-o a viver para Deus e Cristo, e para a extensão de seu reino! Oh! quantos há como você que não conseguem demonstrar o senso de seus tão preciosos privilégios mediante os exercícios do amor! Amor que deve manifestar-se para com Deus em obediência, submissão, reverência, entusiasmo, alegria e esperança; e para com seu semelhante, fazendo o bem a todos, na medida em que você tem oportunidade. Finalmente,

5. *O tema exorta a todas as pessoas não renovadas, aos que são estranhos a esta graça, a que busquem para si esta bênção tão excelente.* Considere o quanto você é miserável agora enquanto ainda vive totalmente destituído deste amor, longe da retidão, amando ainda as vaidades do mundo e nutrindo profunda inimizade contra Deus. Como você o suportará quando ele o tratar em conformidade com o que você é, quando se manifestar cheio de ira contra sua inimizade, e executar seu ardente furor contra você? Considere ainda que você é apto para este amor; e Cristo está pronto e quer outorgá-lo; e multidões o têm obtido e sido abençoadas nele. Deus está buscando seu amor, e você está sob terrível obrigação de dar-lhe o amor. O Espírito de Deus tem sido derramado maravilhosamente aqui. Multidões têm se convertido. Raramente uma família tem sido ignorada. Em quase cada casa alguém tem se tornado nobre, rei e príncipe para Deus, filhos e filhas do Senhor Todo-Poderoso! Que tipo de pessoa, pois, você deve ser? Quão santo, sério, justo, humilde, caridoso, devotado ao serviço de Deus e fiel aos seus semelhantes você deve ser? Seja individualmente ou como um povo, Deus nos tem abençoado ricamente; como indivíduos e como um povo, viemos a ser um sacerdócio real, uma nação santa, um povo de propriedade peculiar, apresentando os louvores àquele que nos tem chamado das trevas para sua maravilhosa luz. "Agora considerai bem isto, vós que vos esqueceis de Deus, para que eu não vos faça em pedaços, e não haja quem vos livre. A quem oferece louvor para glorificar-me, e àquele que ordena bem sua conversação de modo correto, eu mostrarei a salvação de Deus."

MENSAGEM 3

SEM A CARIDADE, SERÃO FÚTEIS AS MAIORES REALIZAÇÕES E SOFRIMENTOS

"E ainda que eu distribua todos os meus bens entre os pobres, e ainda que entregue meu próprio corpo para ser queimado, se não tiver amor, nada disso me aproveitará" (1Co 13.3).

Nos versículos anteriores deste capítulo, apresentaram-se a necessidade e excelência da caridade, como já vimos, mediante sua preferência aos maiores privilégios, e sem ela declaram-se a vaidade e a insignificância de tais privilégios. Particularmente mencionados, os privilégios são aqueles que consistem nos dons extraordinários do Espírito de Deus. Neste versículo, mencionam-se coisas de outro gênero, a saber, aquelas que são de natureza *moral*; e declara-se que, sem a caridade, nenhuma delas tem algum valor. E, particularmente,

Primeiro, que sem a caridade nossas realizações são inúteis. Aqui está um dos tipos mais elevados de realizações mencionadas, a saber, a doação de todos os nossos bens para o sustento dos pobres. Doar aos pobres é uma obrigação muitíssimo enfatizada na Palavra de Deus e particularmente sob a dispensação cristã. Nos primeiros dias do cristianismo, as circunstâncias da igreja eram tais que as pessoas eram às vezes impelidas a abrir mão de tudo o que possuíam e a doá-lo aos outros. Isso se deu, em parte, em razão das extremas necessidades dos que eram perseguidos e viviam em desespero; e, em parte, em razão das dificuldades ocasionadas sobre aquele que era seguidor de Cristo e vivia a realizar a obra do evangelho; como tais, eles eram chamados discípulos de Cristo, e tinham que desembaraçar-se dos cuidados e pesos de suas posses terrenas, e partir, por assim dizer, sem ouro ou prata em suas bolsas, ou sacola, ou nem mesmo duas peças de roupa. O apóstolo Paulo nos informa que ele sofrera a perda de todas as coisas por causa de Cristo; e os primeiros cristãos, na igreja de Jerusalém, vendiam tudo o que possuíam e doavam como fundo comum e "ninguém considerava exclusivamente sua nem uma das coisas que possuía; tudo, porém, lhes era comum" (At 4.32). Doar aos pobres era um dever que os cristãos coríntios nesse tempo tiveram particular ocasião de considerar, não só em razão das tantas tribulações da época, mas também por causa de uma grande morte e fome que assolou dolorosamente os irmãos da Judéia; em vista disso, o apóstolo já insistira com os coríntios, como sendo seu dever, para que enviassem ajuda, falando disso particularmente nesta epístola, no capítulo 16; e também em sua segunda epístola à mesma igreja, nos capítulos 8 e 9. E, no entanto, muito embora ele falasse tanto em ambas as epístolas, incentivando-os ao dever de doar aos pobres, contudo se mostra muito cuidadoso em informar-lhes que, ainda que já houvessem progredido muito na doação, sim, ainda que doassem todos os seus bens aos pobres, se não tivessem caridade isso não lhes traria qualquer proveito.

Segundo, o apóstolo ensina que, não só nossas realizações, mas também nossos *sofrimentos*, sem a caridade, de nada valem. Os homens se prontificam a fazer alarde do que *fazem*, mas muito mais do que *sofrem*. Eles pensam ser grande coisa quando se deslocam de seu caminho para ajudar, ou gastam grandes somas, ou sofrem muito por sua religião. Aqui, o apóstolo menciona um sofrimento do mais extremo tipo: sofrimento que ocasiona a morte, e além disso, uma das mais terríveis formas de morte, e diz que, sem a caridade, mesmo isso de nada valeria. Quando uma pessoa renuncia a todos os seus bens, já não retém consigo algo que possa dar, a não ser a si própria. E o apóstolo ensina que, quando uma pessoa já deu todas as suas posses, se então passa a dar seu próprio corpo, o qual é totalmente consumido nas chamas, isso de nada valerá, se não for feito com base no amor sincero do coração. A ocasião em que o apóstolo escreveu aos coríntios foi justamente quando os cristãos eram frequentemente chamados, não só a dar seus bens, mas também seus corpos por amor a Cristo; pois a igreja de então geralmente vivia sob perseguição, e multidões eram, cedo ou mais tarde, expostas a mortes em extremo cruéis por causa do evangelho. Mas, embora sofressem em vida, ou suportassem a mais agonizante morte, sem a caridade tudo isso seria em vão. O que está implícito nesta caridade já foi explicado nas primeiras pregações sobre estes versículos, nos quais se mostrou que a caridade é a suma de tudo o que é distintivo na religião do coração. E, portanto, a doutrina que eu gostaria de extrair destas palavras é

QUE TUDO QUANTO OS HOMENS PORVENTURA FAÇAM, E TUDO O QUE PORVENTURA SOFRAM, NUNCA PODEM COMPENSAR A FALTA DE SINCERO AMOR CRISTÃO NO CORAÇÃO.

1. *É possível haver grandes realizações, e, por isso, é possível haver grandes sofrimentos, sem sincero amor cristão no coração.*

1.1. *É possível que haja grandes realizações sem o amor.* O apóstolo Paulo, no terceiro capítulo da Epístola aos Filipenses, nos informa sobre as coisas que ele fazia antes de sua conversão, enquanto permanecia fariseu. No quarto versículo, ele afirma: "Bem que eu poderia confiar também na carne. Se qualquer outro pensa que pode confiar na carne, eu ainda mais". Muitos dentre os fariseus faziam grandes coisas e se avantajavam em realizações religiosas. O fariseu mencionado em Lucas 18.11, 12 engrandecia-se das grandes coisas que fazia, quer para Deus, quer para os homens, e agradecia a Deus porque ele excedia aos demais em seus feitos. E muitos dentre os pagãos foram eminentes por suas grandes realizações; alguns por sua integridade, ou por sua justiça, e outros por seus grandes feitos em prol do bem público. Muitos homens, sem qualquer amor sincero em seus corações, têm sido grandemente magnificentes em seus dons, e assim têm obtido para si grande fama, e têm tido seus nomes registrados na história para a posteridade com grande glória. Muitos têm feito grandes coisas, movidos pelo medo do inferno, esperando com isso apaziguar a Deidade e fazer expiação por seus pecados; e muitos têm feito grandes coisas, movidos pelo orgulho e pelo desejo de angariar reputação e honra entre os homens. Embora esses motivos não influenciem os homens a uma constante e universal observância dos mandamentos de Deus, nem a acompanhar o curso das realizações cristãs e da prática de todos os deveres para com Deus e para com os homens ao longo da vida, contudo é difícil dizer até que ponto tais princípios naturais podem conduzir esses homens aos deveres e realizações. E, assim,

1.2. É possível que haja grandes *sofrimentos* pela religião, e contudo nenhum amor sincero no coração. As pessoas podem suportar grandes sofrimentos na vida, justamente como alguns dentre os fariseus se submetiam a grandes severidades, e a penitências e flagelações voluntárias. Muitos têm empreendido peregrinações exaustivas e têm se privado dos benefícios e prazeres da sociedade humana, ou têm gasto suas vidas em desertos e solidões; e alguns têm sofrido morte; no entanto, não temos razão de pensar que nutriam em seus corações algum amor sincero para com Deus. Entre os romanistas, multidões têm saído e aventurado suas vidas em guerras sangrentas, na esperança de, com isso, merecerem o céu. Nas guerras deflagradas contra os turcos e sarracenos, chamadas de Guerras Santas ou Cruzadas, milhares se expuseram voluntariamente a todos os perigos do conflito, na esperança de, assim, assegurar o perdão de seus pecados e as recompensas da glória por vir; e outros tantos milhares, sim, alguns milhões, desta forma perderam suas vidas, chegando mesmo à despovoação, numa medida considerável, de muitas partes da Europa. E muitos dentre os turcos se engajaram nisto excessivamente, a ponto de colocar em risco suas vidas e lançar-se, por assim dizer, nas próprias pontas das espadas de seus inimigos, por haver Maomé prometido que todos quantos morressem na guerra, em defesa da fé islâmica, iriam imediatamente para o Paraíso. E a história nos informa de alguns que se entregaram voluntariamente à morte, movidos por mera obstinação e torpor de espírito, antes que ceder à ordem de outros, quando podiam, sem desonra, ter salvo suas vidas. Muitos dentre os pagãos têm morrido por seu país, e muitos como mártires por uma falsa fé, ainda que não de qualquer forma em tais números, nem de tal maneira, como os que têm morrido como mártires pela verdadeira religião. E, em todos esses casos, muitos sem dúvida têm suportado seus sofrimentos, ou encontrado a morte, sem que tenham tido em seus corações qualquer amor divino e sincero. Mas,

2. *O que quer que os homens façam ou sofram, não podem, por meio de todas as suas realizações e sofrimentos, compensar a falta de amor sincero no coração.* Se porventura se envolvessem demasiadamente nas coisas da religião, ou mesmo que se engajassem em tantos atos de justiça e bondade e devoção; e se suas orações e jejuns de tal maneira se multiplicassem; ou se gastassem muito de seu tempo nas formas de culto religioso, dedicando-lhe dias e noites, e negando sono a seus olhos e descanso às suas pálpebras, para que fossem mais laboriosos nos exercícios religiosos; e se as coisas que gostariam de fazer na religião fossem tais que seu nome viesse a ser conhecido no mundo inteiro, e os fizessem famosos a todas as gerações futuras, tudo isso seria em vão sem o sincero amor para com Deus no coração. E assim, se uma pessoa se entregasse prazerosamente aos usos religiosos ou caridosos; e se, possuindo as riquezas de um reino, doasse tudo isso, e do esplendor de um príncipe terreno se reduzisse ao nível dos mendigos; e se não se detivesse aí, mas, depois de fazer tudo isso, se rendesse aos mais ferozes sofrimentos, renunciando não só às suas posses, mas também entregando seu próprio corpo para ser coberto de

trapos, ou ser mutilado e queimado e atormentado até onde o engenho do homem pudesse conceber; tudo isto, sim, tudo isto não compensaria a falta de sincero amor para com Deus no coração. E é evidente que seria assim, pelas seguintes razões:

2.1. *Não é a obra externa realizada, ou o sofrimento suportado, que, em si mesmo, tem algum valor aos olhos de Deus.* Os movimentos ou exercícios do corpo, ou algo que seja feito por ele, se considerado separadamente do coração – a parte interior do homem – não é de mais importância ou valor aos olhos de Deus do que os movimentos de algo sem vida. Se alguma coisa for oferecida ou dada, ainda que seja prata, ou ouro, ou o gado espalhado por milhares de colinas, ainda que sejam milhares de carneiros, ou dez milhares de rios de azeite, não há nisso valor algum aos olhos de Deus, mesmo que seja bastante visível. Caso Deus necessitasse de tais coisas, elas poderiam ter valor para ele quando consideradas em si mesmas, independentemente dos motivos do coração que levam essas coisas a serem oferecidas. Com frequência passamos necessidade das boas coisas externas, e por isso tais coisas, quando nos são oferecidas ou doadas, consideradas em si mesmas, podem ter e têm valor para nós. Deus, porém, não carece de nada. Ele não é alimentado pelos sacrifícios de animais, nem enriquecido pela oferta de prata, ou ouro, ou pérolas – "Pois são meus todos os animais do bosque e as alimárias aos milhares sobre as montanhas. Se eu tivesse fome não to diria, pois o mundo é meu, e quanto nele se contém" (Sl 50.10, 12). "Porque quem sou eu, e quem é o meu povo para que pudéssemos dar voluntariamente estas coisas? Porque tudo vem de ti, e das tuas mãos to damos. Senhor, nosso Deus, toda esta abundância, que preparamos para te edificar uma casa ao teu santo nome, vem de tua mão, e é toda tua" (1Cr 29.14, 16). E como nada há de proveitoso para Deus em qualquer de nossos serviços ou realizações, assim não pode haver nada aceitável à sua vista, numa mera ação externa, sem amor sincero no coração: "Porque o Senhor não vê como vê o homem; o homem vê o exterior, porém, o Senhor, o coração" (1Sm 16.7). O coração lhe está tão desnudo e aberto como as ações externas. E por isso ele vê nossas ações e toda nossa conduta, não meramente como os movimentos externos de uma máquina, mas como as ações de criaturas racionais e inteligentes, e de agentes voluntários e livres; e por isso não pode haver, em sua apreciação, alguma excelência ou amabilidade no que podemos fazer, se o coração não estiver correto diante dele.

Assim Deus não tem prazer em quaisquer sofrimentos, considerados em si mesmos, que porventura enfrentemos. Ele não tira qualquer proveito nos tormentos que os homens porventura enfrentem, nem se deleita em vê-los expondo-se ao sofrimento, a menos que este proceda de algum bom motivo, ou para algum bom propósito e fim. Algumas vezes é possível que necessitemos que nossos semelhantes, nossos amigos e vizinhos sofram por nós e nos ajudem a carregar nossos fardos e se exponham inconvenientemente por nossa causa. Deus, porém, não tem nenhuma necessidade de nós, e por isso nossos sofrimentos não lhe são aceitáveis, considerados meramente como sofrimentos enfrentados por nós; e de modo algum são separados do motivo que nos leva a suportá-los. Não importa o que tenhamos feito ou sofrido, tampouco os feitos ou os sofrimentos compensam a falta de amor para com Deus na alma. Não são de qualquer proveito para Deus, nem em si mesmos admiráveis aos olhos de Deus; nem jamais podem compensar a ausência daquele amor para com Deus e para com os homens, o qual é a suma de tudo o que Deus requer de suas criaturas morais.

2.2. Não importa o que seja feito ou sofrido, não obstante, se o coração for negado a Deus, realmente nada lhe é dado. O ato do indivíduo, no que ele faz ou sofre, não é, em cada caso, considerado como o ato de um engenho ou máquina inanimada, e, sim, como o ato de um ser inteligente, voluntário e moral. Pois seguramente uma máquina não é propriamente apta a doar algo; e se uma máquina, que é inanimada, sendo movida por impulsos ou pressão, coloca algo diante de nós, não se pode propriamente dizer que ela nos deu algo. Harpas e címbalos, e outros instrumentos musicais, desde outrora eram feitos para ser usados no louvor divino, no templo e outros lugares. Mas não se pode dizer que esses instrumentos inanimados rendem louvores a Deus, porquanto eles não pensam, nem entendem, não possuem vontade nem coração a dar valor aos seus deleitosos sons. E assim, ainda quando uma pessoa tenha coração e compreensão e vontade, contudo se, quando ela der tudo a Deus, o dá não de coração, não se pode dizer que ela realmente deu a Deus, não mais do que o que faz um instrumento musical.

Aquele que em seu coração não é sincero, não nutre real respeito para com Deus no que aparenta dar-lhe, nem mesmo em todas as suas realizações ou sofrimentos, e por isso Deus não é seu grande fim no que ele faz ou dá. O que é dado, é dado para que o indivíduo que dá faça do seu ato uma grande obra. Se seu fim ao doar for simplesmente mostrar a si mesmo, então é dado somente a si mesmo, e não a Deus; e se seu alvo for sua própria honra ou bem-estar, ou algum proveito profano, então a dádiva é apenas uma oferenda a essas coisas. A dádiva é uma oferenda àquele a quem o coração do doador se devota e a quem ele a designa. É o alvo do coração que faz a realidade da dádiva; e se o alvo sincero do coração não for Deus, então na realidade nada lhe é dado, não importa o que é realizado ou sofrido. De modo que seria um grande absurdo presumir que algo que pode ser oferecido ou dado a Deus pode compensar-lhe a ausência de amor no coração, pois sem isto nada é realmente dado, e a dádiva aparente não passa de zombaria contra o Altíssimo. Isto transparece ainda

2.3. *Do fato de que este amor ou caridade é a suma de tudo o que Deus requer de nós.* É absurdo presumir que algo possa compensar a falta daquilo que é a suma de *tudo* o que Deus requer. A caridade ou amor é algo que tem sua sede no coração, e no qual, como já vimos, consiste em tudo o que é salvífico e distintivo no caráter cristão. Este amor é do que fala nosso Salvador como sendo a suma de tudo o que se requer nas duas tábuas da lei, e o que o apóstolo declara ser o cumprimento da lei; e como poderíamos compensar a falta de amor, quando, ao retê-lo, acabamos por subtrair a soma total de tudo o que Deus requer de nós? Seria absurdo presumir que podemos compensar uma coisa que é requerida, oferecendo outra que também é requerida – que podemos compensar uma dívida pelo pagamento de outra. É ainda mais absurdo presumir que podemos compensar toda a dívida sem qualquer pagamento, porém continuando ainda a reter tudo o que é requerido. Quanto às coisas externas, fora do coração, Deus fala delas como não sendo as coisas que ele requeria (Is 1.12), e demanda que o coração lhe seja dado, se quisermos que a oferenda externa seja aceita.

2.4. *Se fizermos uma grande exibição de respeito e amor para com Deus, nas ações externas, enquanto não há sinceridade no coração, isso não passa de hipocrisia e mentira prática contra o Santo.* Pretextar tal respeito e amor, quando não se sente no coração, é agir como se crêssemos que podemos enganar a Deus. É agir como fez Israel no deserto, após haver sido libertado do Egito, ao lermos que "lisonjeavam-no, porém, de boca, e com a língua lhe mentiam" (Sl 78.36). Mas, seguramente, é tão absurdo presumir que podemos substituir a falta de respeito sincero pela lisonja e astúcia quanto presumir que podemos compensar a falta da verdade pela falsidade e mentira.

2.5. *Não importa o que se faça ou sofra, se não houver sinceridade no coração, tudo não passa de uma oferenda a algum ídolo.* Como já observamos, nada, no caso suposto, realmente é oferecido a Deus, e por isso se seguirá que a oferta é feita a algum outro ser, ou objeto, ou fim; e o que quer que seja, isso é o que a Escritura denomina de *ídolo*. Em todas as oferendas desse tipo, algo é virtualmente adorado; e o que quer que seja, a própria oferenda, ou nossos semelhantes, ou o mundo, o fato é que se usurpa o lugar que seria dado a Deus, e se recebem oferendas que seriam feitas a ele. E quão absurdo é presumir que podemos fazer compensação, retendo de Deus aquilo que é legitimamente seu, e oferecendo algo ao nosso ídolo! É tão absurdo quanto presumir que a esposa pode compensar a falta de amor para com seu esposo, dando a outro homem, que é um estranho, aquele afeto que lhe pertence de direito; ou que ela possa compensar sua falta de fidelidade a ele pela culpa de adultério.

Na aplicação deste tema, convém-nos usá-lo

1. *Para auto-exame.* Se realmente esse é o caso – que é possível que todos nós façamos ou soframos em vão, caso não possuamos no coração um amor sincero para com Deus –, então nos cabe examinarmo-nos se possuímos ou não, sinceramente, esse amor em nossos corações. Muitos dos que fazem profissão e exibição de religião, e que fazem muitas das coisas externas que ela requer, possivelmente concluam que já fizeram e sofreram muito por Deus e seu serviço. Mas a grande inquirição é: o coração tem sido sincero em tudo o que faz, e tem sofrido ou feito tudo impulsionado pelo respeito à glória divina? Sem dúvida, se nos examinarmos bem, iremos perceber muito de hipocrisia. Há, porém, algum vislumbre de sinceridade? Deus abomina as coisas mais importantes quando não há sinceridade, porém aceita e se deleita nas pequenas coisas quando elas procedem de um coração sincero para com ele. Um copo de água fria, dado a um discípulo, que provenha de um amor sincero, é de mais valor aos olhos de Deus do que todos os bens que alguém porventura doe para alimentar os pobres; sim, tem mais valor do que a riqueza de um reino que é doada, ou um corpo que é oferecido às chamas, não proveniente do amor. E Deus aceita mesmo que proceda de um pequeno amor, porém sincero. Ainda quando haja uma grande porção de imperfeição, contudo, se houver em nosso amor alguma sinceridade genuína, esse pouco não será rejeitado, só porque haja nele alguma hipocrisia. E aqui pode ser proveitoso observar que há quatro coisas que pertencem à natureza da sinceridade, a saber, verdade, liberdade, integridade e pureza.

Primeiro, a *verdade.* Isto é, que no coração realmente haja aquilo que está na aparência e exibição do ato externo. Realmente onde houver real respeito para com Deus, se sentirá no coração o amor que o honra, tão extensamente quanto há numa demonstração deste amor nas palavras e ações. Neste sentido, lemos no Salmo: "Coração compungido e contrito não o desprezarás, ó Deus" (Sl 51.17). É nesta ótica que a sinceridade é expressa nas Escrituras como sendo o oposto de hipocrisia, e lemos que um cristão sincero é aquele que é justamente o que aparenta ser – uma pessoa "sem dolo" (Jo 1.47). Examine-se, pois, com respeito a esta questão. Se em seus atos externos haja uma aparência ou demonstração de respeito para com Deus, indague se ele é apenas externo, ou se é sinceramente sentido em seu coração; pois, sem amor ou caridade real, você é uma nulidade.

Segundo, há na natureza da sinceridade, *liberdade*. É especialmente por isso que a obediência dos cristãos é denominada de *filial*, ou a obediência de filhos, porque ela é uma obediência cândida e livre, e não legal, escrava e imposta, e sim aquela que é realizada com amor e deleite. Deus é escolhido em razão dele mesmo; e a santidade, em razão dela mesma e em razão de Deus. Cristo é escolhido e seguido porque ele é amado; e a religião, porque ela é amada; e a alma se regozija nela, encontrando em seus deveres a mais elevada felicidade e deleite. Examine-se fielmente sobre este ponto, se porventura este espírito existe ou não em você.

Terceiro, outro elemento pertinente à natureza desta sinceridade é a *integridade*. A palavra significa *inteireza*, notificando que, onde existe tal sinceridade, Deus é buscado e a religião é escolhida e abraçada com um coração inteiro, e aderida com uma alma inteira. A santidade é escolhida com um coração inteiro. A totalidade do dever é abraçada e assumida mui cordialmente, quer ele diga respeito a Deus ou ao homem, quer seja fácil ou difícil, quer tenha referência a pequenas coisas ou a grandes. Há no caráter uma proporção e plenitude. O homem é renovado por inteiro. Todo o corpo, a alma e o espírito são santificados. Cada membro se rende em obediência a Cristo. Todas as partes da nova criatura são conduzidas em sujeição à sua vontade. As sementes de todas as santas disposições são implantadas na alma, e mais e mais produzirão fruto no cumprimento do dever e para a glória de Deus.

Quarto, o último elemento pertinente à natureza da sinceridade é a *pureza*. A palavra *sincero* com frequência significa *puro*. Assim em 1 Pedro 2.2: "Desejai ardentemente, como crianças recém-nascidas, o genuíno leite espiritual, para que por ele vos seja dado crescimento para salvação". A ideia aqui expressa é de algo puro, sem mistura, não adulterado. Isto transparece na oposição da virtude ao pecado. Este é expresso como sendo poluição, impureza e imundícia; aquela é expressa como sendo isenta destas coisas. O apóstolo compara o pecado a um corpo de morte, ou um corpo morto, que de todas as coisas é o que mais polui e contamina; enquanto a santidade é expressa como sendo pureza, e os prazeres santos como sendo deleites puros, e os santos no céu como sendo sem mácula diante do trono de Deus. Inquira, pois, se esta pureza lhe pertence, e se, de posse dela, você encontra evidência de que sinceramente ama a Deus. Este tema pode ainda

2. *Convencer os que vivem ainda num estado não regenerado, em sua condição perdida.* Se de fato é assim, então que você saiba que, o que quer que faça ou sofra, você não pode compensar a falta de um princípio santo e sincero de amor em seu coração,

por isso se seguirá que você vive numa condição arruinada, até que tenha obtido a graça regeneradora de Deus a renovar em seu íntimo um espírito íntegro; e que, faça o que fizer e sofra o que sofrer, você não pode livrar-se de sua perversidade sem a graça transformadora de Deus. Mesmo que você faça muitas orações, certamente não tornará sua situação menos miserável, a menos que Deus, por seu onipotente poder, apraza dar-lhe um novo coração. Mesmo que você se desdobre em prol da religião, e suporte a cruz, e se negue, e faça e sofra muito, tudo isso de nada vale sem essa mudança. Portanto, seja o que for que você faça, ainda que volva seus olhos para grandes e numerosas orações oferecidas, e muito tempo gasto em leitura e meditação, você não tem razão de pensar que tais coisas tenham feito alguma expiação por seus pecados, ou tornado sua situação menos deplorável, ou lhe deixado qualquer outra situação senão a de uma criatura perdida, miserável, culpada e arruinada.

Os homens naturais e não regenerados se alegram em ter algo que compense a falta de amor sincero e graça real em seus corações; e muitos fazem grandes coisas para compensar a falta dele, enquanto outros se dispõem a sofrer grandes coisas. Mas, ah!, quão pouco tudo isso significa! Não importa o que façam ou o que sofram, isso não muda o seu caráter; e se edificarem sua esperança sobre isso, nada mais fazem do que iludir-se e nutrir-se do vento oriental. Se porventura esse for seu caso, considere bem quão miserável você será enquanto vive sem esperança na única e verdadeira fonte de esperança, e quão miserável será quando a morte se lhe avizinhar, quando a visão do rei dos terrores revelar a nulidade e vaidade de todos os seus feitos. Quão miserável é você quando vir Cristo chegando para juízo, sobre as nuvens do céu! Então você se disporá a fazer e a sofrer tudo a fim de ser aceito por ele. Mas feitos ou sofrimentos de nada valerão. Não expiarão seus pecados, nem lhe granjearão o favor divino, nem o salvarão das esmagadoras tormentas de sua ira. Portanto, não descanse em nada do que fez ou sofreu, ou pode fazer ou sofrer; descanse tão-somente em Cristo. Que seu coração se encha de sincero amor para com ele; e então, no grande e último dia, ele o tomará como seu seguidor e seu amigo. O tema

3. *Exorta a todos a que ardentemente nutram sincero amor cristão em seus corações*. Se for assim, e isto é de tão grande e absoluta necessidade, então que seja esta a grande coisa que você busca. Busque-a com diligência e com oração; e busque-a de Deus, e não de si mesmo. Somente ele pode outorgá-la. É algo que está muito acima do poder isolado da natureza; pois ainda que haja grandes realizações, e igualmente grandes sofrimentos, contudo sem o amor sincero, tudo isso é sem utilidade. Tais feitos e sofrimentos de fato podem ser requeridos de nós, como seguidores de Cristo, e no caminho do dever; porém não devemos repousar neles ou sentir que possuem em si mesmos algum mérito ou dignidade. Na melhor das hipóteses são apenas a evidência externa e o jorro de um espírito reto no coração. Que fique esta exortação: a grande coisa a ser nutrida no coração é o amor ou caridade cristã. É o que você deve ter; e sem ela não há nada que o possa ajudar. Sem ela, tudo, no que diz respeito a qualquer coisa, tenderá a aprofundar sua condenação e a mergulhá-lo nos mais profundos abismos no mundo de desespero!

MENSAGEM 4

A CARIDADE NOS DISPÕE A SUPORTAR MANSA E PACIENTEMENTE AS INJÚRIAS RECEBIDAS DE OUTROS

"O amor é paciente, é benigno" (1Co 13.4).

O apóstolo, nos versículos anteriores, como já vimos, apresenta a caridade, ou o espírito de amor cristão, como algo imenso e essencial no cristianismo; ela é muito mais necessária e excelente do que qualquer dos dons extraordinários do Espírito; excede muito a todas as realizações e sofrimentos externos; e, em suma, ela é a soma total de tudo o que é distintivo e salvífico no cristianismo – a própria vida e alma de toda a religião, sem a qual, ainda que doemos todos os nossos bens para o sustento dos pobres, e nossos corpos para serem queimados, tudo isso de nada nos valerá. E agora ele segue em frente, como seu tema naturalmente o conduz, mostrando a excelente natureza da caridade, descrevendo seus diversos, amoráveis e excelentes frutos. No texto, mencionam--se dois desses frutos: a *paciência*, que diz respeito ao mal ou injúria recebida de outros, e a *benignidade*, que diz respeito ao bem que se deve fazer aos outros. Para o momento, insistindo no primeiro destes pontos, tentarei mostrar

QUE A CARIDADE, OU O ESPÍRITO REALMENTE CRISTÃO, NOS DISPORÁ A SUPORTAR MANSA E PACIENTEMENTE O MAL QUE RECEBEMOS DE OUTROS, OU AS INJÚRIAS QUE OUTROS PORVENTURA NOS FAÇAM.

A mansidão é uma grande virtude do espírito cristão. Cristo, naquele solícito e tocante convite que faz, e que está registrado no capítulo 11 de Mateus, versos 28 e 29, ele convida a todos os cansados e sobrecarregados a que venham a ele para que recebam o descanso, mencionando particularmente que gostaria que eles *aprendessem* dele; pois acrescenta: "Porque sou manso e humilde de coração". E a mansidão, como diz respeito às injúrias recebidas dos homens, é nas Escrituras chamada de *longanimidade* ou *paciência*, e amiúde é mencionada como um exercício, ou fruto, do espírito cristão: "Mas o fruto do Espírito é: amor, alegria, paz, longanimidade, benignidade, bondade, fidelidade, mansidão, domínio próprio" (Gl 5.22, 23); e em Efésios: "Rogo-vos, pois, eu, prisioneiro no Senhor, que andeis de modo digno da vocação a que fostes chamados, com toda humildade e mansidão, com longanimidade, suportando-vos uns aos outros em amor" (Ef 4.1, 2). E Colossenses: "Revesti-vos, pois, como eleitos de Deus, santos e amados, de ternos afetos de misericórdia, de bondade, de humildade, de mansidão, de longanimidade, suportando-vos uns aos outros, perdoai-vos mutuamente, caso alguém tenha motivo de queixa contra outrem. Assim como o Senhor vos perdoou, assim também perdoai vós" (Cl 3.12, 13).

A CARIDADE NOS DISPÕE A SUPORTAR MANSA E PACIENTEMENTE AS INJÚRIAS RECEBIDAS DE OUTROS

Ao insistir mais incisivamente sobre este ponto, eu gostaria, primeiramente, que se notem alguns dos vários tipos de injúrias que possivelmente receberemos de outros; em segundo lugar, mostrar o que está implícito por suportar pacientemente tais injúrias; e, em terceiro lugar, como esse amor, que é a suma do espírito cristão, nos disporá a agir assim.

1. *Eu gostaria de notar sucintamente alguns dos vários tipos de injúrias que podemos receber, ou recebemos de outros.* Há quem prejudique outros em suas condições, em seus procedimentos injustos e desonestos, sendo fraudulentos e falsos com eles, ou, ao menos, levando-os a agir sem conhecimento e a tirar vantagem de sua ignorância; ou oprimindo-os, tirando vantagem de suas necessidades; ou sendo desleais para com eles, não cumprindo suas promessas e compromissos, sendo relapsos e levianos em qualquer atividade em que são empregados por seus semelhantes, nada almejando além de tão-somente satisfazer a letra de seus contratos, não sendo cuidadosos em aproveitar seu tempo ao máximo, em realizar aquilo para que foram contratados a fazer; ou pedindo preços exorbitantes pelo que fazem; ou retendo injustamente o que se deve aos seus semelhantes, negligenciando pagar suas dívidas, ou expondo desnecessariamente seus semelhantes a angústia e dificuldade para obter o que lhes é devido. E, além destes, há muitos outros métodos que os homens usam para prejudicar uns aos outros em sua conduta, através de muitos e variados meios desonestos e perversos, pelos quais estão longe de fazer aos outros o que gostariam que lhes fosse feito e pelos quais provocam e irritam e prejudicam uns aos outros.

Há quem prejudique outros em seu bom nome, censurando e falando mal deles às suas costas. Nenhum dano é mais comum, e nenhuma iniquidade mais frequente ou vil do que esta. Há inúmeras formas de dano; e não se conhece a extensão de danos causados por difamação deste tipo. Há quem prejudique outros criando ou espalhando falsas notícias sobre eles, e assim caluniando-os cruelmente. Outros, sem afirmar o que é diretamente falso, falseiam grandemente as coisas, pintando tudo acerca de seus semelhantes com as piores cores, exagerando suas falhas, exibindo-as como sendo muito maiores do que realmente são, falando sempre deles de uma maneira desfavorável e injusta. Pratica-se uma grande medida de dano entre os vizinhos por meio de julgamento descaridoso e interpretações injuriosas e maldosas feitas uns contra os outros, com palavras e atos.

As pessoas podem prejudicar umas às outras em seus pensamentos, fomentando injustamente maus pensamentos ou fazendo sobre as pessoas uma avaliação pobre. Alguns vivem a fazer profundas e contínuas injúrias a outros, acalentando em seus corações o menosprezo que habitualmente sentem por eles, e por sua disposição em pensar o pior deles. E, enquanto seus pensamentos fluem, em grande medida se faz injúria a outros pelo uso de palavras; pois a língua quase sempre está pronta a ser instrumento perverso na expressão de maus pensamentos e sentimentos da alma, e por isso nas Escrituras ela é chamada de açoite (Jó 5.21); ela é comparada às presas de alguns tipos de serpentes mui venenosas (Sl 140.3), cuja picada presume-se causar a morte.

Algumas vezes os homens prejudicam outros em seu trato e ações para com eles, e nos injuriosos atos praticados contra eles. Quando se acham investidos de autoridade, costumam portar-se mui injuriosamente contra aqueles sobre quem se

A CARIDADE NOS DISPÕE A SUPORTAR MANSA E PACIENTEMENTE AS INJÚRIAS RECEBIDAS DE OUTROS

estende sua autoridade, portando-se para com eles arrogante, autoritária e tiranicamente; e algumas vezes, os que estão sob autoridade, se conduzem mui injuriosamente para com aqueles que estão acima deles, negando-lhes aquele respeito e honra que lhes são devidos em seus postos, e assim, a eles pessoalmente enquanto ocupam seus cargos. Alguns se portam mui injuriosamente para com outros pelo exercício de um espírito egoísta, parecendo ser tudo para si próprios e, aparentemente, não nutrindo respeito para com o bem ou o benefício de seu semelhante, mas toda sua maquinação visa apenas a promover seus próprios interesses. Alguns se portam injuriosamente na manifestação de um espírito arrogante e orgulhoso, como se cressem ser mais excelentes do que todos os demais, e que ninguém mais merece respeito senão unicamente eles; e isto transparece em sua aparência, palavras e ações, bem como, em geral, em seu comportamento presumido, agindo assim para que aqueles que são seu alvo sintam, e com razão sintam, que são injuriados por eles. Alguns se portam mui injuriosamente pelo exercício de um espírito voluntarioso, almejando tão desesperadamente ter seu próprio caminho, que gostariam, se possível, que tudo se curvasse à sua própria vontade e nunca alterasse sua carreira; não tendo de se render aos desejos de outros; fecham seus olhos contra a luz ou motivos que outros porventura ofereçam, e não têm respeito pela opinião de ninguém mais, senão à sua própria, mostrando-se sempre perversos e dispostos a ter seu próprio caminho. Alguns se portam injuriosamente em seus afazeres públicos, agindo não tanto em consideração ao bem público quanto ao espírito de oposição a algum partido, ou a alguma pessoa em particular; contanto que o partido ou pessoa a quem se opõe seja prejudicada, e com frequência se mostre grandemente provocada e exasperada. Há aqueles que prejudicam outros pelo malicioso e perverso espírito que nutrem contra eles, seja ou não por motivo justo. Não é incomum que vizinhos se desgostem, e até mesmo se odeiam mutuamente; não nutrindo em seus corações o amor mútuo, senão que, reconhecendo ou não, o que realmente fazem é fomentar o ódio recíproco, não se deleitando na honra e prosperidade uns dos outros, mas, ao contrário, sentindo prazer quando causam derrota e adversidade, quem sabe crendo tola e perversamente que a derrota dos outros constitui sua elevação pessoal, ainda que estejam redondamente enganados. Alguns prejudicam outros pelo espírito de inveja que sentem por eles, fomentando indisposição para com eles não por outro motivo, senão em razão da honra e prosperidade que os outros desfrutam. Muitos prejudicam outros movidos de um espírito de vingança, deliberadamente retribuindo mal por mal, pelas injúrias reais ou imaginárias que receberam deles; e outros, enquanto vivem, guardam em seus corações rancor contra seu próximo, e, sempre que se lhes oferece oportunidade, farão de tudo para prejudicá-los no espírito de malícia. E poderíamos mencionar outros inumeráveis modos particulares em que os homens prejudicam uns aos outros; muito embora estes sejam suficientes para nosso presente propósito. Mas,

    2. *Eu gostaria de continuar mostrando o que está implícito por suportar pacientemente tais injúrias, ou como devem suportá-las com mansidão ou paciência.* E aqui eu gostaria de mostrar, em primeiro lugar, a natureza do dever imposto; e então por que esse sentimento é denominado de longanimidade ou paciência.

A CARIDADE NOS DISPÕE A SUPORTAR MANSA E PACIENTEMENTE AS INJÚRIAS RECEBIDAS DE OUTROS

2.1. Eu gostaria de mostrar a natureza do dever de suportar mansamente as injúrias que sofremos de outrem.

Primeiro, implica-se que as injúrias recebidas *devem ser suportadas sem se fazer nada para vingá-las*. Há muitos meios pelos quais os homens agem de modo vingativo; não meramente por trazer de fato algum sofrimento imediato a alguém que os poderia ter injuriado, mas por algo, seja em palavra ou atitude, que exibe amargura de espírito contra ele pelo que fez. E assim, se depois de sermos ofendidos ou injuriados falamos ao nosso próximo com censura, ou dele a outros, com o propósito de rebaixá-lo ou prejudicá-lo, para que gratifiquemos o espírito amargo que sentimos em nossos corações pela injúria que nosso próximo nos fez, isto é vingança. Aquele, pois, que exerce a longanimidade cristã para com seu semelhante, suportará as injúrias recebidas dele sem o espírito de vingança e retaliação, ou mediante atos injuriosos ou palavras amargas. Ele a suportará sem fazer algo contra seu próximo que manifeste o espírito de ressentimento, sem falar a ele, ou dele, com palavras vingativas e sem permitir em seu coração um espírito vingativo, ou manifestá-lo em sua atitude. Ele receberá tudo com calma e semblante imperturbável, e com a alma cheia de brandura, serenidade e bondade; ele manifestará isto em toda a atitude para com alguém que o injuriou, diante de sua face ou às suas costas. Daí suceder de esta virtude ser recomendada nas Escrituras sob o nome de mansidão, ou como sempre conectada a ela, como podemos ler em Tiago 3.17 e Gálatas 5.22. Naquele que exerce o espírito cristão como deve, não se verá uma expressão colérica, precipitada ou impaciente, nem um semblante sombrio e exasperado, nem um ar de violência na palavra ou no comportamento; mas, ao contrário, o semblante, as palavras e o porte manifestarão todos eles o laivo de paz, serenidade e mansidão. É possível que ele reprove seu próximo. É possível que este seja claramente seu dever. Mas, se o faz, será sem imprudência e sem aquela severidade que só pode tender à exasperação; e ainda que o faça sob a força da razão e argumento, e com claro e decidido protesto, contudo será sem reflexos de ira ou linguagem desdenhosa. É possível que ele mostre reprovação do que foi feito, mas não será com aquela aparência de forte ressentimento, e sim em reprovação do ofensor por haver pecado contra Deus, e não por havê-lo ofendido como ser humano; lamentando sua atitude, mais do que se ressentindo de sua injúria; buscando seu bem, não seu dano; e como alguém que mais deseja livrar o ofensor do erro em que caíra do que insistir com ele sobre a injúria que lhe fora feita. O dever imposto implica ainda,

Segundo, que as injúrias sejam suportadas *com semblante de amor no coração, e sem aquelas emoções e paixões interiores que tendem a interrompê-lo e a destruí-lo*. As injúrias devem ser suportadas quando somos chamados a sofrê-las, não só sem manifestar em nossas palavras e ações um sentimento mau e vingativo, mas também sem tal sentimento no coração. Devemos controlar não só nossas paixões quando somos injuriados e refrear-nos de dar vazão à vingança externa, mas deve-se suportar a injúria sem nutrir no coração o desejo de vingança. Deve ser expresso não só um comportamento externo suave, mas também um amor sincero no coração. Não devemos deixar de amar nosso próximo, somente porque ele nos injuriou. Devemos apiedar-nos dele, porém não odiá-lo. O dever imposto também implica,

A CARIDADE NOS DISPÕE A SUPORTAR MANSA E PACIENTEMENTE AS INJÚRIAS RECEBIDAS DE OUTROS

Terceiro, que devemos suportar as injúrias *sem que percamos a serenidade e equilíbrio de nossa mente e coração*. Devem não só ser suportadas sem uma atitude áspera, mas também com uma contínua calma interior e equilíbrio emocional. Quando se permite que as injúrias que sofremos perturbem nossa calma mental e nos estimulem a irritação e tumulto, então deixamos de suportá-las com genuína longanimidade. Caso se permita que a injúria nos desequilibre e nos inquiete, e interrompa nosso repouso interior, nossa alegria se evapora e perdemos aquela condição que nos propicia o devido engajamento nos deveres religiosos – a oração e a meditação. E esse estado mental é contrário à longanimidade e a mansa tolerância ante as injúrias mencionadas neste texto. Os cristãos devem, contudo, manter imperturbável a serenidade e calma de sua mente, não importa que injúrias sofram. A alma do cristão deve ser serena, e não como a superfície ondulada das águas, que se perturbam por todo vento que sopra. Não importa que males sofram, ou que injúrias lhes sejam infligidas, contudo devem agir com base no princípio das palavras do Salvador, ditas a seus discípulos: "É na vossa perseverança que ganhareis a vossa alma" (Lc 21.19). O dever de que falamos implica ainda,

Quarto, que, em muitos casos, quando somos injuriados, *devemos prontificar-nos a sofrer mais em nossos interesses e sentimentos em prol da paz, do que aproveitando a oportunidade, ou, quem sabe, o direito de fazê-lo em nossa própria defesa*. Quando sofremos injúrias de outros, às vezes se dá que a natureza cristã, se não a exercitarmos como devemos, nos dispõe a evitarmos de tirar vantagem que teríamos para vindicar nosso próprio direito. Pois, ao agirmos, poderíamos ser o meio de trazer mui grande calamidade sobre aquele que nos tiver prejudicado; mas, a brandura para com ele pode e deve dispor-nos a uma grande medida de tolerância, e nós mesmos sofrermos qualquer coisa para que seu sofrimento seja minimizado. E, além disso, aquele curso de ação provavelmente conduziria a uma violação da paz, e a uma hostilidade estabelecida; enquanto que, de outro modo, pode haver esperança de ganhar nosso próximo, e de o inimigo tornar-se amigo. Estas coisas são manifestas à luz do que o apóstolo diz aos coríntios, concernente a recorrer-se à lei um contra o outro: "O só existir entre vós demandas já é completa derrota para vós outros. Por que não sofreis antes a injustiça? Por que não sofreis antes o dano?" (1Co 6.7). Não que todos os esforços humanos em defender seus próprios direitos, quando são prejudicados por outros, sejam censuráveis ou devam os cristãos sofrer todas as injúrias que seus inimigos se aprazem em lançar sobre eles, em vez de aproveitar uma oportunidade de se defenderem e se vindicarem, mesmo quando seja para o dano daquele que os prejudicou. Em muitos casos, porém, e provavelmente na maioria deles, primeiramente os homens devem sofrer muito, com atitude de caridade longânima, conforme nos ensina o texto. E, às vezes, o caso pode ser tal que possam ser chamados a sofrer consideravelmente, como a caridade e a prudência exigirem, em prol da paz e de um amor cristão sincero para com aquele que os injuria, em vez de se lançarem no caminho da defesa, quando se lhes depara a oportunidade. Havendo assim mostrado o que está implícito nesta virtude, eu gostaria agora de mostrar sucintamente

2.2. *Por que ela é chamada de longanimidade, ou paciência.* Tudo indica que ela é assim chamada especialmente por duas razões:

A CARIDADE NOS DISPÕE A SUPORTAR MANSA E PACIENTEMENTE AS INJÚRIAS RECEBIDAS DE OUTROS

Primeira, porque devemos suportar serenamente *não só uma pequena injúria, mas também uma boa medida de tratamento injurioso da parte de outras pessoas.* Gostaríamos de perseverar e continuar numa condição serena, sem contudo deixar de amar a nosso próximo, não só quando ele nos prejudica superficialmente, mas também quando nos prejudica intensamente, e suas injúrias nos firam agudamente. E devemos não só suportar assim umas poucas injúrias, e sim muitas, muito embora nossos semelhantes continuem nos infligindo seu tratamento injurioso por muito tempo. Ao lermos que a caridade tudo sofre, não podemos inferir disto que devamos suportar pacientemente as injúrias por muito tempo, e que depois desse tempo podemos, então, deixar de suportá-las. O significado não é que de fato devemos suportar as injúrias por muito tempo, e que finalmente podemos deixar de suportá-las; e sim que devemos continuar pacientemente suportando-as, ainda quando elas sigam até o fim. A longanimidade jamais deve cessar. Por isso é chamada de *longanimidade.*

Segunda, porque em alguns casos devemos dispor-nos *a sofrer muito em nossos interesses, antes de aproveitarmos a oportunidade de fazer-nos justiça.* Ainda que, por fim, possamos defender-nos, quando somos levados, por assim dizer, pela necessidade de fazê-lo, contudo não devemos fazê-lo movidos por vingança, ou para prejudicar aquele que nos prejudicou, mas apenas pela autodefesa necessária; e mesmo isto, em muitos casos, deve ser feito em prol da paz e de um espírito cristão para com aquele que nos prejudicou e para que não lhe façamos dano algum. Havendo assim mostrado de que modo frequente somos prejudicados por outrem, e o que está implícito em suportar-se mansamente as injúrias a nós infligidas, passo agora a mostrar

3. *Como esse amor ou caridade, que é a suma da atitude do cristão, nos disporá a suportar mansamente tais injúrias.* É possível mostrar isto em referência ao amor para com Deus e ao amor para com nossos semelhantes.

3.1. *O amor para com Deus e o Senhor Jesus Cristo tem a tendência de nos dispor a suportar mansamente as injúrias.* Porque,

Primeiro, o amor para com Deus nos dispõe a *imitá-lo*, e, portanto, nos dispõe àquela longanimidade que ele mesmo manifesta. Às vezes, a longanimidade é expressa como um dos atributos de Deus. Em Êxodo 34.6, lemos: "E, passando o Senhor por diante dele, clamou: Senhor, Senhor Deus compassivo, clemente e longânimo, e grande em misericórdia e fidelidade". E em Romanos 2.4, o apóstolo pergunta: "Ou desprezas a riqueza da sua bondade, e tolerância, e longanimidade, ignorando que a bondade de Deus é que te conduz ao arrependimento?" A longanimidade de Deus se manifesta maravilhosamente em suportar ele as inúmeras injúrias dos homens, e injúrias essas que são imensas e contínuas. Se considerarmos a perversidade que há no mundo, e então considerarmos como Deus mantém continuamente o mundo em existência, e não o destrói, porém, derrama sobre ele infindas misericórdias, as profusões de sua providência e graça diárias, fazendo com que seu sol nasça sobre os bons e igualmente sobre os maus, e envie chuvas igualmente sobre os justos e os injustos, e ofereça suas bênçãos espirituais incessantemente a todos, então perceberemos quão profusa é sua longanimidade para conosco. E se considerarmos sua longanimidade para com algumas dentre as

A CARIDADE NOS DISPÕE A SUPORTAR MANSA E PACIENTEMENTE AS INJÚRIAS RECEBIDAS DE OUTROS

grandes e populosas cidades do mundo, e ponderarmos quão constantemente os dons de sua bondade lhes são outorgados e consumidos por elas, e então considerarmos quão grande é a perversidade dessas próprias cidades, veremos quão espantosamente incomensurável é sua longanimidade. E a mesma longanimidade tem se manifestado a tantas pessoas particulares, em todas as épocas do mundo. Ele é longânimo para com os pecadores que ele poupa e a quem ele oferece sua mercê, mesmo quando estejam se rebelando contra ele. É longânimo para com seu povo eleito, muitos dos quais vivendo por muito tempo em pecado e desprezando igualmente sua bondade e sua ira; e, no entanto, ele tem paciência para com eles, até o fim, até que sejam conduzidos ao arrependimento e se tornem, por sua graça, vasos de misericórdia e glória. E ele lhes revela esta misericórdia mesmo quando são inimigos e rebeldes, como o apóstolo nos informa ter sido esse seu próprio caso: "Sou grato para com aquele que me fortaleceu, a Cristo Jesus, nosso Senhor, que me considerou fiel, designando-me para o ministério, a mim que, noutro tempo, era blasfemo, e perseguidor, e insolente. Mas obtive misericórdia, pois o fiz na ignorância, na incredulidade. Transbordou, porém, a graça de nosso Senhor com a fé e o amor que há em Cristo Jesus. Fiel é a palavra e digna de toda aceitação, que Cristo Jesus veio ao mundo para salvar os pecadores, dos quais eu sou o principal. Mas, por esta mesma razão me foi concedida misericórdia, para que em mim, o principal, evidenciasse Jesus Cristo sua completa longanimidade e servisse eu de modelo a quantos hão de crer nele para a vida eterna" (1Tm 1.12-16). Ora, a natureza do amor, ao menos em referência a um superior, é que ela sempre inclina e dispõe à imitação dele. O amor de um filho para com seu pai o dispõe a imitar seu pai, e especialmente o amor dos filhos de Deus os dispõe a imitar seu Pai celestial. E, como ele é longânimo, assim devem eles também o ser.

Segundo, o amor para com Deus nos disporá a expressar *nossa gratidão* por sua longanimidade exercida para conosco. O amor não só dispõe a imitar, mas ele opera por meio da gratidão. E aqueles que amam a Deus lhe serão gratos pela abundante longanimidade que ele tem exercido para com eles em particular. Aqueles que amam a Deus como devem terão tal senso de sua maravilhosa longanimidade para com eles, mesmo sob as muitas injúrias que lhe têm feito, que lhes será como se fosse de pouca importância que também suportem as injúrias que eles mesmos têm recebido de seus semelhantes. Todas as injúrias que eles já receberam de outros parecerão de pouco valor em comparação a dez mil talentos. E como aceitam com gratidão e admiração a longanimidade de Deus para com eles mesmos, assim não podem fazer outra coisa senão testificar de sua aprovação dela e sua gratidão por ela, manifestando, o quanto possam, a mesma longanimidade para com outros; pois caso se recusem a exercer longanimidade para com aqueles que os têm prejudicado, estariam praticamente desaprovando a própria longanimidade de Deus para com eles; pois o que realmente aprovamos e em que nos deleitamos, na prática não rejeitamos. Então, a gratidão para com a longanimidade de Deus também nos disporá à obediência a Deus neste particular, quando ele nos ordena a sermos também longânimos para com outros. E assim, reiterando,

Terceiro, o amor para com Deus *tende à humildade,* que é a principal raiz de um espírito manso e longânimo. O amor para com Deus, quando o exalta, tende a abater os pensamentos e a estima que nutrimos por nós mesmos, e a nos induzir a um profundo senso de nossa indignidade e nosso merecimento do mal; porque aquele que ama a Deus é sensível quanto à odiosidade e vileza do pecado cometido contra o Ser a quem ama. E discernindo uma abundância disto em si mesmo, ele sente aos seus próprios olhos aversão por si mesmo, como indigno de qualquer bem e merecedor de todo mal. Sempre se acha a humildade em conexão com a longanimidade, no dizer do apóstolo: "Com toda humildade e mansidão, com longanimidade, suportando-vos uns aos outros em amor" (Ef 4.2). Uma atitude humilde nos desestimula de ceder ao ressentimento pelas injúrias; pois aquele que é pequeno e indigno aos seus próprios olhos não pensará tanto na injúria que lhe foi feita, quanto aquele que nutre pensamentos elevados a seu próprio respeito; pois considera-se como sendo uma enormidade maior e mais elevada ofender alguém que é grande e elevado do que alguém que é humilde e vil. O orgulho ou presunção é o próprio fundamento de um ressentimento forte e amargo, e de uma atitude que não perdoa e é vingativa. Reiterando,

Quarto, o amor para com Deus dispõe os homens a nutrir *respeito para com a mão de Deus nas injúrias que sofrem*, e não vê somente a mão do homem; e mansamente se submete à vontade de Deus nesse particular. O amor para com Deus dispõe os homens a ver sua mão em tudo; se reportam a ele como o governante do mundo e o diretor da providência; e reconhecem sua disposição em tudo o que acontece. O fato de que a mão de Deus em grande medida está mais preocupada com tudo o que nos acontece do que com o tratamento que os homens não dão deveria guiar-nos, em grande medida, a não pensarmos nas coisas como procedentes dos homens, mas ter-lhes respeito principalmente como procedentes de Deus – como ordenadas por seu amor e sabedoria, mesmo quando sua fonte imediata seja a malícia ou a desatenção de um nosso semelhante. E se realmente considerarmos e sentirmos que procedem da mão de Deus, então nos decidiremos por receber pacientemente a injúria, e a nos submetermos a eles serenamente, e admitiremos que as maiores injúrias que recebemos dos homens são justamente e mesmo bondosamente ordenadas por Deus, e, então, poderemos viver longe de qualquer agitação ou tumulto da mente por causa delas. E foi com isto em vista que Davi tão paciente e serenamente suportou os anátemas de Simei, quando este saiu a amaldiçoar e a atirar pedras contra ele (2Sm 16.5, 10), dizendo que o Senhor lhe ordenara que fizesse isso, e, portanto, proibindo seus seguidores de se vingarem. E, uma vez mais,

Quinto, o amor para com Deus nos dispõe a pacientemente suportar as injúrias de outros, porque ele *nos põe muito acima das injúrias humanas*. Ele é assim em dois aspectos. Primeiro, ele está acima do alcance das injúrias alheias, porque nada jamais pode realmente ferir aqueles que são os verdadeiros amigos de Deus. Sua vida está escondida com Cristo em Deus; e ele, como seu protetor e amigo, os conduzirá ao alto como que com asas de águias; e todas as coisas cooperarão para seu bem (Rm 8.28); e não se permitirá que um deles realmente seja prejudicado, enquanto forem seguidores daquilo que é bom (1Pe 3.13). E, então, em segundo lugar, como o amor para com Deus prevalece, ele tende a pôr as pessoas acima das injúrias humanas, neste sentido: que quanto mais amem a Deus, mais depositarão nele toda a sua felicidade. Olharão para Deus como seu tudo, e buscarão em seu favor sua felicidade e porção, e não unicamente nas distribuições de sua providência; e quanto mais amem a Deus, menos porão seus corações em seus interesses mundanos, que é tudo em que seus inimigos podem tocar. Os homens só podem prejudicar o povo de Deus com respeito aos bens terrenos. Mas, quanto mais uma pessoa ame a Deus, menos seu coração é firmado nas coisas do mundo, e menos ela sente as injúrias que seus inimigos lhe inflijam, porque não podem ir além dessas coisas. E, por isso, com frequência, os amigos de Deus dificilmente pensam que as injúrias que recebem dos homens são dignas deste título, *injúrias*; e a calma e quietude de sua mente raramente são perturbadas pelas injúrias. E, enquanto tiverem o favor e a amizade de Deus, não se preocupam demasiadamente com os malfeitos e injúrias dos homens. O amor para com Deus, e o senso de seu favor, os dispõem a dizer das injúrias humanas, quando elas os extraírem de seus bens terrenos, como aconteceu com Mefibosete, ao tomar a terra de Ziba: "Fique ele, muito embora, com tudo, pois já voltou o rei, meu senhor, em paz à sua casa" (2Sm 19.30). E, como o amor para com Deus, nestes vários aspectos, nos disporá à longanimidade sob as injúrias da parte de outros, assim

3.2. *O amor para com nosso semelhante nos disporá a fazer o mesmo.* Neste sentido, a caridade tudo suporta – longanimidade e paciência são sempre os frutos do amor. Como o apóstolo notifica que ela é uma parte de nosso andar de modo digno da vocação cristã, "com toda humildade e mansidão, com longanimidade, suportando-vos uns aos outros em amor" (Ef 4.1, 2). O amor suportará uma multidão de falhas e ofensas, e nos inclinará a encobrir todos os pecados (Pv 10.12). Assim vemos pela muita observação e experiência. Daqueles por quem temos grande e forte afeto suportaremos sempre uma maior medida do que daqueles que nos desgostam, ou por quem somos indiferentes. Um pai suportará muitas coisas de seu próprio filho, que reprovaria com veemência no filho de outrem; e um amigo tolera muitas coisas em seu amigo, algo que não faria em um estranho. Mas não há necessidade de multiplicar palavras ou razões sobre esta parte do tema, porquanto ela é excessivamente clara a todos. Todos sabem que o amor é de tal natureza que vai diretamente contra o ressentimento e a vingança; pois estes implicam indisposição de espírito, que é o próprio reverso do amor, e não podem subsistir com ele. Portanto, sem querer insistir sobre este ponto, para concluir passo adiante fazendo um breve acréscimo ao tema.

1. *O amor exorta a todos nós ao dever da paciência, em suportar as injúrias que porventura viermos a receber de outrem.* Que tudo o que ficou dito seja desenvolvido por nós para suprimirmos toda ira, vingança e amargura de espírito, em relação aos que nos têm injuriado, ou em alguma ocasião vier a injuriar-nos: quer nos prejudiquem em nossos bens ou em nosso bom nome, ou abusem de nós com sua língua ou com suas mãos, ou sejam aqueles que nos prejudiquem como nossos superiores, inferiores ou iguais. Não afirmemos em nosso coração: Eu lhe farei o que ele me fez. Não tentemos, como às vezes nos sugerem, "ser justos com ele" por algum tipo de retaliação, nem deixemos brotar em nosso coração qualquer ódio ou amargura ou vingança. Esforcemo-nos, sim, ante todas as injúrias, por preservar a calma e a serenidade, e a estar prontos, antes, a

sofrer consideravelmente em nossos direitos legítimos, do que fazer algo que ocasione uma vida de provocação, intriga e contenda. Para este fim, eu gostaria de oferecer, para considerações, os seguintes motivos:

Primeiro, considere *o exemplo que Cristo nos deu*. Ele possuía um espírito manso e sereno, e também um comportamento em extremo longânimo. Em 2 Coríntios 10.1 somos informados pelo apóstolo sobre a mansidão e brandura de Cristo. Ele suportou dos homens, mansamente, inumeráveis e incomensuráveis injúrias. Ele mesmo foi o alvo de amargo desdém e opróbrio; foi desrespeitado e desprezado como alguém sem qualquer valor. Ainda que fosse o Senhor da glória, contudo foi tido como nulidade, rejeitado e desconsiderado pelos homens. Ele foi o alvo de ódio, de malícia e de amargas injúrias da parte daqueles a quem ele veio salvar. Suportou a contradição dos pecadores contra si mesmo. Foi chamado glutão e beberrão; e, embora fosse santo, inofensivo, impoluto e separado dos pecadores, contudo foi acusado de ser amigo de publicanos e pecadores. Foi tido como enganador do povo; e, algumas vezes, foi tido como demente e possuído do diabo (Jo 10.20; 7.20). Algumas vezes, o censuraram como sendo samaritano e tendo demônio (Jo 8.48); e ser samaritano era considerado pelos judeus como a mais profunda humilhação; e, ter demônio implicava a mais diabólica perversidade. Algumas vezes, foi acusado de ser um perverso blasfemo (Jo 10.33), e alguém que, por essa conta, merecia a morte. Algumas vezes, o acusaram de operar milagres pelo poder e corroboração de Belzebu, o príncipe dos demônios, e inclusive disseram ser ele mesmo o próprio diabo (Mt 10.25). E tal foi seu ódio contra ele, que chegaram a concordar em excomungar ou expulsar da sinagoga a todos quantos confessassem ser ele o Cristo (Jo 9.22). Odiavam-no com um ódio mortal, e desejavam que fosse morto, e de vez em quando se esforçavam por matá-lo; sim, viviam quase sempre se empenhando por embeber suas mãos em seu sangue. Sua própria vida lhes era algo aversivo, e de tal modo o odiavam (Sl 41.5), que não podiam suportar que ele continuasse vivo. Lemos repetidas vezes que buscavam tirar-lhe a vida (Jo 5.16). E muitos tiveram um grande empenho de vigiá-lo em suas palavras, a fim de que tivessem algo de que o acusar, e assim pudessem demonstrar a razão por que o entregavam à morte! E muitas vezes combinavam, juntos, tirar-lhe a vida dessa maneira. Com frequência lançavam mão de pedras para o apedrejarem, e uma vez o levaram ao topo de uma colina, a fim de precipitá-lo abaixo, e assim fazê-lo em pedaços. E, no entanto, Cristo suportava pacientemente todas essas injúrias, sem ressentimento ou uma palavra de censura, e com uma serenidade celestial suplantou a todas elas. E, por fim, quando enfrentou a mais ignominiosa de todas as provas, quando seu amigo confesso o traiu, e seus inimigos se apoderaram dele e passaram a açoitá-lo e o entregaram à morte de cruz, ele seguiu em frente como um cordeiro que segue para o matadouro, sem sequer abrir sua boca. Não escapou de sua boca nenhuma palavra de amargura. Não houve interrupção da serenidade de sua mente sob sua pesada angústia e sofrimentos, nem houve o mínimo desejo de vingar-se. Mas, ao contrário disso, ele orou por seus assassinos, para que fossem perdoados, mesmo quando estavam para cravá-lo na cruz; e, não só orou por eles, mas pleiteou em seu favor junto a seu Pai, dizendo que eles não sabiam

A CARIDADE NOS DISPÕE A SUPORTAR MANSA E PACIENTEMENTE AS INJÚRIAS RECEBIDAS DE OUTROS

o que estavam fazendo. Os sofrimentos de sua vida, e as agonias de sua morte, não interromperam sua longanimidade para com aqueles que o injuriavam.

Segundo, se não nos dispusermos a suportar mansamente as injúrias, *não estamos preparados para viver no mundo*, pois nele vamos sempre deparar-nos com as injúrias dos homens. Não vivemos em um mundo de pureza, inocência e amor, e, sim, em um mundo apóstata e mergulhado na corrupção, miserável e perverso, e que se acha totalmente sob o reinado e domínio do pecado. O princípio do amor divino que uma vez foi implantado no coração do homem está extinto, e agora ele reina só em uns poucos, e, nestes, num grau mui imperfeito. E aqueles princípios que tendem à malícia e ao espírito injurioso são os princípios sob cujo poder se encontra o mundo em geral. Este mundo é um lugar onde o diabo, que é chamado o deus deste mundo, exerce influência e domínio, e onde as multidões estão possuídas de seu espírito. Todos os homens, no dizer do apóstolo (2Ts 3.2), não possuem fé; e, de fato, só uns poucos possuem no coração a fé que conduz à vida que é governada pelas normas da justiça e bondade para com os outros. O aspecto do mundo é aquele de que falou nosso Salvador, quando, ao enviar seus discípulos, disse: "Eis que eu vos envio como ovelhas para o meio de lobos; sede, portanto, prudentes como as serpentes e simples como as pombas" (Mt 10.16). E, portanto, aqueles que não possuem uma atitude de mansidão, de serenidade, de longanimidade e de compostura de alma, para suportar as injúrias em um mundo assim, são de fato miseráveis, e são infelizes em cada passo em seu caminho por esta vida. Se cada injúria que enfrentarmos, cada censura, cada ato malicioso e injusto se alojar em nossas mentes e corações, a agitar, tumultuar e perturbar a serenidade e paz que poderíamos desfrutar, então, não possuiremos nem desfrutaremos dessas atitudes, mas seremos mantidos em perpétuo turbilhão e tumulto, como o barco é arremessado de um lado para o outro, continuamente, no meio de um oceano revolto. Os homens mantêm seus ânimos acalorados e enraivecidos, e, brotando neles amargo ressentimento, quando se veem injuriados, agem como se cressem que algo estranho lhes está acontecendo; enquanto se mostram levianos em assim pensar, pois isso não é nada estranho, mas apenas o que se pode esperar de um mundo como este. Portanto, não age sabiamente quem permite ser tumultuado pelas injúrias que sofre; pois uma pessoa sábia só espera neste mundo, mais ou menos, injúrias, e se prontifica para recebê-las, e, numa atitude paciente, se prepara para suportá-las.

Terceiro, desta maneira *nos poremos muito acima das injúrias*. Aquele que estabeleceu tal espírito e disposição de mente, de que as injúrias recebidas de outros não devem exasperá-lo e provocá-lo, nem perturbar a serenidade de sua mente, vive, por assim dizer, acima das injúrias e fora de seu alcance. Ele as vence e se desvencilha delas cada vez mais, como em triunfo, exaltado acima de seu poder. Aquele que exercita, em grande medida, uma atitude cristã, a ponto de suportar mansamente todas as injúrias que lhe são feitas, habita no alto, onde nenhum inimigo o pode alcançar. A história nos informa que, quando os persas sitiaram a Babilônia, os muros da cidade eram tão altos, que os habitantes costumavam ficar em pé no topo deles, rindo-se de seus inimigos; assim aquele cuja alma é fortificada com a mansidão cristã, e uma disposição que suporta serenamente todas as injúrias, ri-se do inimigo que gostaria de prejudicá-lo. Se alguém nutre contra nós um espírito indisposto, e portanto, se dispõe a prejudicar-nos, censurando-nos ou fazendo-nos algum outro mal, percebe que, agindo assim, consegue perturbar-nos e exasperar-nos, então se sente gratificado por isso; mas se percebe que tudo o que nos faz não consegue interromper a serenidade de nossa mente, não consegue destruir a serenidade de nossa alma, então se vê frustrado em seu objetivo, e os dardos com que tenta nos ferir recuam sem concluir a execução a que se destinavam; enquanto que, em contrapartida, na medida em que permitimos que nossa mente seja perturbada e embaraçada pelas injúrias arremessadas por um adversário, justamente na mesma proporção caímos em seu poder.

Quarto, a longanimidade cristã e a mansidão em suportar injúrias, são *uma marca da verdadeira grandeza de alma*. Esta marca revela uma natureza genuína e nobre, e a real grandeza de espírito, a ponto de manter a calma mental em meio às injúrias e males. É uma evidência da excelência do temperamento e da fortaleza e força interior. "Melhor é o longânimo do que o herói da guerra", diz Salomão, "e o que domina seu espírito do que o que toma uma cidade" (Pv 16.32). Equivale dizer, ele revela uma natureza mais nobre e mais excelente, e um espírito de mais grandeza do que os maiores conquistadores da terra. Pela pequenez mental é que a alma se deixa tão facilmente perturbar e perder o repouso ante as censuras e maus tratos dos homens; precisamente como as pequenas correntes de água são interrompidas pelas irregularidades e obstáculos que se encontram em seu percurso, e causam muito ruído na medida que passam sobre eles, enquanto que as grandes e poderosas correntes passam por sobre os mesmos obstáculos plácida e serenamente, sem qualquer ondulação na superfície a revelar que estão agitadas. Aquele que possui sua alma segundo esta descrição, quando alguém o prejudica ou injuria, ele consegue, não obstante, permanecer calmo e manter cordial boa vontade para com aquela pessoa, apiedando-se dela e sinceramente perdoando-a, manifestando assim uma piedosa grandeza de espírito. Uma atitude mansa, serena e longânima revela a verdadeira grandeza de alma, porquanto revela grande e real sabedoria, no dizer do apóstolo Tiago: "Quem entre vós é sábio e inteligente? Mostre em mansidão de sabedoria, mediante condigno proceder, as suas obras" (Tg 3.13). O sábio Salomão, que bem sabia o que era pertinente à sabedoria, fala dessa sabedoria, declarando que "da soberba só resulta a contenda, mas com os que se aconselham se acha a sabedoria" (Pv 13.10); e, outra vez, que "os sábios desviam a ira" (Pv 29.8); e, ainda outra vez, que "O insensato expande toda a sua ira, mas o sábio afinal lha reprime" (Pv 29.11). Ao contrário, os que são tão prontos a se ressentir profundamente das injúrias, deixando-se irar e se atormentar facilmente por elas, são mencionados nas Escrituras como sendo mesquinhos e insensatos. "O longânimo é grande em entendimento", diz Salomão, "mas o de ânimo precipitado exalta a loucura" (Pv 14.29); e, outra vez, "melhor é o paciente do que o arrogante. Não te apresses em irar-te, porque a ira se briga no íntimo dos insensatos" (Ec 7.8, 9); e, ainda outra vez, "O sábio é cauteloso e desvia-se do mal, mas o insensato encoleriza-se, e dá-se por seguro. O que presto se ira faz loucuras, e o homem de maus desígnios é odiado. Os simples herdam a estultícia, mas os prudentes se coroam de conhecimento" (Pv

14.16-18). E, em contrapartida, um espírito manso é expressamente mencionado na Escritura como um espírito honroso, como em Provérbios 20.3: "Honroso é para o homem o desviar-se de contendas".

Quinto, a longanimidade e a mansidão cristãs *nos são recomendadas pelo exemplo dos santos*. O exemplo de Cristo isoladamente pode ser e é suficiente, por ser o exemplo daquele que é nossa Cabeça, Senhor e Mestre, cujos seguidores professamos ser perfeito, e cujo exemplo cremos também o ser. E, no entanto, é possível que alguns estejam prontos a dizer, com respeito ao exemplo de Cristo, que ele era sem pecado e não tinha em seu coração nenhuma corrupção, e que não se pode esperar de nós que em todas as coisas ajamos como ele agiu. Ora, mesmo que esta seja uma objeção razoável, contudo o exemplo dos santos, que eram homens [e mulheres] com paixões semelhantes às nossas, não está fora de seu uso especial e pode em alguns aspectos ter uma influência peculiar. Muitos dos santos têm dado radiantes exemplos desta longanimidade que tanto tem sido recomendada. Com que mansidão, por exemplo, Davi suportou o injurioso tratamento que recebia de Saul, quando era caçado por ele como uma perdiz sobre os montes e perseguido com a mais irracional inveja e malícia, e com propósitos assassinos, ainda que sempre se portara de modo responsável para com ele. E quando teve a oportunidade de deitar suas mãos sobre ele para eliminá-lo, e imediatamente livrar-se de vez de seu poder, e os demais que ora estavam com ele já estavam prontos a concluir que era lícito e recomendável agir assim, contudo, como Saul era o ungido do Senhor, Davi preferiu antes confiar a Deus a si mesmo e a todos os seus interesses, e aventurar sua vida nas mãos de Deus e deixar seu inimigo vivo. E quando, depois disto, ele viu que sua paciência e bondade não venciam a Saul, senão que ele ainda o perseguia, e quando outra vez teve a oportunidade de destruí-lo, preferiu antes sair como peregrino e proscrito do que prejudicar aquele que o teria destruído.

Outro exemplo é o de Estêvão, sobre quem somos informados que, quando seus perseguidores deram vazão à sua fúria contra ele, apedrejando-o até a morte, ele orou: "Senhor Jesus, recebe o meu espírito! Então, ajoelhando-se, clamou em alta voz: Senhor, não lhes imputes este pecado" (At 7.59, 60). Esta oração foi pronunciada enquanto expirava, sendo as últimas palavras que pronunciou depois de orar que o Senhor Jesus recebesse seu espírito; e logo depois de fazer esta oração em favor de seus perseguidores, somos informados que ele adormeceu, assim perdoando-os e recomendando-os à bênção de Deus como o último ato de sua vida sobre a terra. Outro exemplo é o do apóstolo Paulo, que foi alvo de inumeráveis injúrias da parte dos homens perversos e irracionais. Destas injúrias, e seu modo de comportar-se sob elas, ele nos dá um relato: "Até a presente hora sofremos fome, e sede, e nudez; e somos esbofeteados, e não temos morada certa, e nos afadigamos, trabalhando com nossas próprias mãos. Quando somos injuriados, bendizemos; quando perseguidos, suportamos; quando caluniados, procuramos conciliação: até agora temos chegado a ser considerados lixo do mundo, escória de todos" (1Co 4.11-13). Assim ele manifestou um espírito manso e longânimo sob todas as injúrias que vieram sobre ele. E não só temos estes registros bíblicos com respeito a estes homens; mas temos relatos nas histórias não bíblicas e meramente humanas, do notável heroísmo e longanimidade de mártires e outros cristãos, sob o mais irracional e perverso tratamento e injúrias recebidas dos homens; tudo isso deve conduzir-nos à mesma atitude de mansidão e longanimidade.

Sexto, este é o modo de *sermos galardoados com o exercício da longanimidade divina para conosco*. Com frequência somos informados nas Escrituras que os homens serão tratados por Deus no futuro em conformidade com seu modo de tratar os demais. Assim somos informados que "para com o benigno, benigno te mostras; com o íntegro, também íntegro. Com o puro, puro te mostras; com o perverso, inflexível" (Sl 18.25, 26). E, outra vez, "pois, com o critério com que julgardes, sereis julgados; e, com a medida com que tiverdes medido, vos medirão também" (Mt 7.2). E, ainda outra vez, "porque, se perdoardes aos homens as suas ofensas, também vosso Pai celeste vos perdoará; se, porém, não perdoardes aos homens [as suas ofensas], tampouco vosso Pai vos perdoará as vossas ofensas" (Mt 6.14, 15). Aqui, por *ofensas* estão implícitas as mesmas injúrias que nos são feitas; de modo que, se não suportarmos as injúrias dos homens contra nós, tampouco nosso Pai celeste suportará nossas injúrias feitas contra ele; e se não exercermos a longanimidade para com os homens, tampouco podemos esperar que Deus exerça longanimidade para conosco. Mas, consideremos bem o quanto nos portamos injuriosamente para com Deus, e quão negativo a cada dia é nosso tratamento para com ele! E se Deus não nos suportasse, e não exercesse maravilhosa longanimidade para conosco, quão miseráveis seríamos, e o que seria de nós! Portanto, que esta consideração influencie a todos nós a buscarmos um espírito tão excelente como o que tem sido mencionado, e a negarmos e suprimirmos qualquer prática contrária. A longanimidade teria uma influência mui feliz sobre nós como pessoas, e sobre nossas famílias, e sobre todos os nossos relacionamentos e atividades públicas, caso uma atitude como esta prevaleça. A longanimidade preveniria contenda e intriga, e difundiria a brandura, bondade, harmonia e amor; dissiparia a amargura e confusão, bem como toda má obra. Todos os nossos afazeres seriam realizados, tanto em público quanto em particular, sem violência, sem aspereza, sem amargura; sem expressões ásperas e humilhantes dirigidas contra outros; e sem qualquer linguagem difamatória e maligna e de menosprezo, o que com frequência se ouve entre os homens, e que ao mesmo tempo faz grande injúria à sociedade e realiza uma terrível obra para o juízo.

Mas é possível que alguns, em seu coração, estejam prontos a objetar contra o suportar mansa e serenamente as injúrias já mencionadas; e pode ser proveitoso apontar e responder brevemente a algumas dessas objeções:

Objeção 1. É possível que alguém diga *que as injúrias que recebem dos homens são intoleráveis.* Que aquele que os tem injuriado se mostra tão irracional no que tem dito e feito, e é tão injusto e injurioso e injustificável, e daí por diante, que é mais do que a carne e sangue poderiam suportar; que são tratados com tanta injustiça que é suficiente para provocar uma discórdia; ou que são tratados com tal desprezo, e que realmente são tripudiados de tal forma, que nada podem fazer, senão fomentar o ressentimento. Mas, em resposta a esta objeção, eu gostaria de levantar umas poucas questões.

Primeira, você crê mesmo que as injúrias que tem recebido de seu próximo são mais graves do as que você tem dirigido contra Deus? Porventura, seu inimigo tem sido mais vil, irracional e ingrato do que você tem sido para com o Altíssimo e Santíssimo? Porventura, as ofensas de seu inimigo têm sido mais hediondas ou agravantes, ou em maior número do que as que você tem lançado contra seu Criador, Benfeitor e Redentor? Porventura, elas têm sido mais provocantes e exasperantes do que sua conduta pecaminosa tem sido contra aquele que é o Autor de todas as nossas misericórdias e a quem você está sob as mais elevadas obrigações?

Segunda, você não espera que, como Deus tem feito até agora, assim continuará suportando-o em tudo, e que, não obstante todas as ofensas, ele exercerá para com você seu infinito amor e favor? Você não espera que Deus terá misericórdia de você, e que Cristo o abraçará em seu extremado amor, ainda quando você tenha sido um inimigo tão injurioso; e que, por sua graça, ele apagará suas transgressões e todas as suas ofensas contra ele, e fará de você um eterno filho e um herdeiro de seu reino?

Terceira, quando você imagina uma tão grande longanimidade da parte de Deus, porventura não a aprova e pensa bem dela, e que ela é não só digna e excelente, mas muitíssimo gloriosa? E, porventura, não aprova o fato de haver Cristo morrido por você, e que Deus, através dele, lhe oferece perdão e salvação? Ou você o desaprova? Porventura, você preferiria que ele não o suportasse, mas desde muito o destituísse pelo derramar de sua ira?

Quarta, se tal comportamento é excelente e digno de ser aprovado em Deus, por que você não se comporta da mesma forma? Por que você não o imita? Deus é extremamente bondoso em perdoar as injúrias? Porventura, é menos hediondo ofender ao Senhor do céu e terra do que para alguém ofender você? Você se sente bem quando é perdoado, e ora para que Deus o perdoe, e depois de tudo isso não estende o mesmo perdão aos seus semelhantes quando o injuriam?

Quinta, você gostaria que doravante Deus não mais suportasse as injúrias que você lhe tem lançado, e as ofensas que tem cometido contra ele? Porventura, você gostaria de pedir que no futuro Deus o trate, segundo o teor desta objeção, justamente como você trata seus semelhantes?

Sexta, porventura, Cristo revidava aos que o injuriavam, o insultavam e o pisoteavam, quando ele vivia ainda sobre a terra, e as injúrias que ele recebia não eram mais graves do que as que você tem recebido? Porventura, você não tem pisoteado o Filho de Deus mais do que outros lhe têm feito? E, porventura, é algo mais provocante que os homens o tratem de modo injurioso do que o injurioso trato que você tem dado a Cristo? Possivelmente, estas questões respondam suficientemente às suas objeções.

Objeção 2. Mas é possível que você continue dizendo que, *os que o têm injuriado, persistem nessa atitude, e de modo algum se arrependem, mas continuam irredutíveis*. Mas que oportunidade haveria para a longanimidade, caso a injúria não persistisse? Se as injúrias prosseguem, é possível que seja para o exato propósito, na providência, de testar se você exercerá a longanimidade e a mansidão, e aquela paciência que já foi abordada. E Deus, porventura, não o tem suportado, enquanto você persiste em ofendê-lo? Quando você se porta de modo obstinado, voluntarioso, persistindo em suas injúrias contra ele, porventura, ele deixa de exercer sua longanimidade para com você?

Objeção 3. Mas é possível que você objete ainda, dizendo *que seus inimigos serão encorajados a continuar com suas injúrias;*

com isso você se desculpa, dizendo que, se você suporta a injúria, simplesmente continuará sendo injuriado. Mas você não sabe se isso será assim, porquanto não possui uma previsão do futuro, nem uma percepção exata do coração dos homens. E, além disso, Deus se encarregará de você, se simplesmente obedecer aos seus mandamentos; e ele é mais apto a estancar a ira do homem do que você. Ele já disse: "A mim me pertence a vingança; eu é que retribuirei, diz o Senhor" (Rm 12.19). Ele se interpôs maravilhosamente em favor de Davi, como tem feito em favor de muitos de seus santos; e se você apenas lhe obedecer, ele se associará com você contra todos os que se insurgem contra você. E, na observação e experiência dos homens, geralmente se comprova que um espírito manso e longânimo coloca fim às injúrias, enquanto que um espírito injurioso simplesmente as provoca. Cultive, pois, a longanimidade, a mansidão e a tolerância, e você possuirá sua alma na paciência e felicidade, e a ninguém se permitirá que lhe faça dano, além da medida permitida por Deus, em sua sabedoria e bondade.

MENSAGEM 5

A CARIDADE NOS DISPÕE À PRÁTICA DO BEM

"O amor é paciente, é benigno" (1Co 13.4).

Na última preleção sobre estas palavras, mostramos que a caridade ou o amor cristão é longânimo, ou que ele nos dispõe a suportar pacientemente as injúrias recebidas dos outros. E agora nos propomos a mostrar que ele é benigno, ou, em outros termos,

QUE A CARIDADE, OU O GENUÍNO AMOR CRISTÃO, NOS DISPORÁ A ESPONTANEAMENTE FAZER O BEM AOS OUTROS.

Ao insistir sobre este ponto, gostaria de, primeiro, expor brevemente a natureza do dever de se fazer o bem aos outros; e, segundo, mostrar que o verdadeiro cristianismo nos disporá a essa prática.

1. *Eu gostaria de expor brevemente a natureza do dever de se fazer o bem aos outros.* Aqui é preciso levar em conta três coisas, a saber, o *ato* – fazer o bem; os *objetos*, ou aqueles em

favor de quem se faz o bem; e o *modo* como se deve fazer o bem – espontaneamente.

1.1. *O ato, que é o assunto do dever, isto é, fazer o bem aos outros.* Há muitas maneiras como as pessoas podem fazer o bem aos outros, e nas quais são obrigadas a agir assim, na medida em que têm oportunidade.

Primeiro, as pessoas podem fazer o bem às almas dos outros, que é o caminho mais excelente de se fazer o bem. É possível que os homens sejam, e com frequência são, os instrumentos do bem espiritual e eterno para com os outros; e quando agem neste sentido, são para com eles os instrumentos de um bem maior do que se lhes dessem as riquezas do universo. E podemos fazer o bem às almas dos outros quando nos empenhamos em instruir os ignorantes e em guiá-los ao conhecimento das grandes coisas da religião; e, ao aconselharmos e advertirmos os outros, estimulando-os ao cumprimento de seus deveres; estamos, de um modo oportuno e pleno, cuidando do bem-estar de suas almas; e assim, reiterando, pela reprovação cristã dos que podem extraviar-se do caminho do dever, e ao dar-lhes bom exemplo, que é uma coisa da máxima necessidade de todos, e comumente a mais eficaz de todas para a promoção do bem de suas almas. Tal exemplo deve acompanhar os outros meios de se fazer o bem às almas dos homens, tais como instrução, aconselhamento, advertência e reprovação; tudo isso é necessário para dar vigor a esses meios e torná-los concretos; e, mais provavelmente, os tornam mais eficazes do que qualquer outra coisa; e sem o exemplo provavelmente tais meios serão inócuos.

Os homens podem fazer o bem às almas das pessoas viciadas, servindo como meio de recuperar a pessoa de sua vida de vícios; ou às almas dos que negligenciam o santuário, persuadindo-os a irem à casa de Deus; ou às almas dos pecadores seguros de si e despreocupados, pondo-lhes na mente sua miséria e riscos; e assim podem ser os instrumentos para despertá-los, e os meios de sua conversão e de conduzi-los a Cristo. Assim, podem pertencer ao número daqueles de quem lemos: "Os que forem sábios, pois, resplandecerão como o fulgor do firmamento; e os que a muitos conduzirem à justiça, como as estrelas, sempre e eternamente" (Dn 12.3). Os santos podem ainda ser os instrumentos do conforto e estabelecimento mútuo, procurando se fortalecer mutuamente na fé e na obediência; vivificar, animar e edificar uns aos outros; reacender uns nos outros as chamas fracas e bruxuleantes, e ajudando uns aos outros a vencerem as tentações e a seguirem no avanço da vida divina; dirigindo uns aos outros nas questões duvidosas e difíceis; encorajando uns aos outros em meio às trevas e provações; e, geralmente, promovendo mutuamente a alegria e força espirituais, e, assim, sendo mutuamente cooperadores em seu caminho para a glória.

Segundo, é possível que as pessoas façam o bem a outros *nas coisas externas e para este mundo*. Podem ajudar outros em suas dificuldades e calamidades externas; pois há inumeráveis tipos de calamidades temporais às quais a humanidade está sujeita, e nas quais lhes cumpre ajudar seus semelhantes e amigos. Muitos sofrem fome, ou sede, ou são estranhos, ou nus, ou doentes, ou na prisão (Mt 25.35, 36), ou enfrentando sofrimento de algum outro tipo; Podemos ministrar de muitas formas. Podemos fazer o bem a outros, favorecendo sua condição e subsistência externas; ou confirmando seu bom nome, e, assim, promovendo sua estima e aceitação entre os homens; ou fazendo algo que realmente favoreça seu conforto ou felicidade no mundo, seja com palavras bondosas, ou atos de compreensão e benevolência. E, ao lutar, assim, por promover seu bem-estar externo, estamos sob maior chance de fazer bem às suas almas; porque, quando nossas instruções, conselhos, advertências e bons exemplos são acompanhados de tal benignidade externa, esta tende a abrir um caminho de melhoria para aquela pessoa, e a incentivar-lhes seu pleno vigor, e a conduzir tais pessoas a apreciarem nossos esforços, enquanto buscamos seu bem espiritual. Assim, podemos contribuir para o bem de outras pessoas, de três maneiras: *dando-lhes* de nossas posses aquelas coisas de que necessitam; *lutando em favor delas*: empenhando-se em ajudá-las e promovendo seu bem-estar; e *sofrendo por elas*, ajudando-as a suportar as cargas e tudo fazendo, ao nosso alcance, para tornar essas cargas mais leves. Em cada uma dessas formas, o cristianismo requer que façamos o bem aos outros. Ele requer que *doemos* aos outros: "Dai, e dar-se-vos-á" (Lc 6.38). Ele requer que *ajamos* em favor dos outros: "Porque, vos recordais, irmãos, de nosso labor e fadiga; e de como, noite e dia labutando para não vivermos à custa de nenhum de vós, vos proclamamos o evangelho de Deus" (1Ts 2.9); e, "porque Deus não é injusto para ficar esquecido de vosso trabalho e do amor que evidenciastes para com seu nome, pois servistes e ainda servis aos santos" (Hb 6.10). Ele requer que, se necessário for, *soframos* em favor dos outros: "Levai as cargas uns dos outros, e, assim, cumprireis a lei de Cristo" (Gl 6.2); e, "nisto conhecemos o amor, em que Cristo deu sua vida por nós; e devemos dar nossa vida pelos irmãos" (1Jo 3.16). De modo que, em todas essas formas, as Escrituras requerem que façamos o bem a todos. Passo, então, a falar

1.2. *Dos objetos deste ato, ou daqueles a quem devemos fazer o bem.* Estes são frequentemente mencionados nas Escrituras pela expressão "nosso próximo"; pois o dever diante de nós está implícito no mandamento de que amemos ao nosso próximo como a nós mesmos. Aqui, porém, possivelmente estejamos prontos, como o jovem advogado que buscou a Cristo, a perguntar: "Quem é o meu próximo?" (Lc 10.29). E como a resposta de Cristo lhe ensinou que o samaritano era o próximo do judeu, muito embora samaritanos e judeus considerassem uns aos outros como sendo vis e malditos, e amargos inimigos, assim podemos aprender que o nosso próximo é aquele a quem devemos fazer o bem, em três aspectos:

Primeiro, devemos fazer o bem *tanto aos bons quanto aos maus*. Devemos agir assim em imitação ao nosso Pai celestial, pois "ele faz o seu sol nascer sobre maus e bons, e vir chuvas sobre justos e injustos" (Mt 5.45). O mundo está cheio de vários tipos de pessoas – algumas são boas, e outras são más; quanto a nós, devemos fazer o bem a todas elas. De fato, deveríamos "fazer o bem a todos, mas principalmente aos da família da fé" (Gl 6.10); ou, aos que temos motivos, no exercício da caridade, de considerar como santos. Mas ainda que sejamos ricos em beneficência para com eles, contudo nossa prática do bem não deve confinar-se a eles, mas devemos fazer o bem a todos os homens, segundo nossas oportunidades. Enquanto vivermos no mundo, devemos esperar encontrar algumas pessoas avarentas e de odiosas disposições e práticas. Algumas são orgulhosas, algumas imorais, algumas gananciosas, algumas profanas, algumas injustas e perversas e algumas que chegam a desprezar a Deus. Mas qualquer uma ou todas essas más qualidades não devem impedir nossa beneficência, nem barrar-nos de fazer-lhes o bem, segundo tivermos oportunidade. Precisamente por isso devemos ser diligentes em beneficiá-los, para que os conquistemos para Cristo; e especialmente ser diligentes em beneficiá-los nas coisas espirituais.

Segundo, devemos fazer o bem tanto aos *amigos* quanto aos *inimigos*. Pesa-nos a obrigação de fazer o bem aos nossos amigos, não só com base na obrigação que temos de fazer-lhes o bem como nossos semelhantes, que foram criados à imagem de Deus, mas também com base nas obrigações da amizade, gratidão e do afeto que nutrimos por eles. E somos ainda obrigados a fazer o bem aos nossos inimigos; pois nosso Salvador diz: "Eu, porém, vos digo: Amai os vossos inimigos e orai pelos que vos perseguem" (Mt 5.44). Fazer o bem aos que nos fazem o mal é a única retaliação que nos cabe como cristãos; pois somos ensinados: "Não torneis a ninguém mal por mal; esforçai-vos por fazer o bem perante todos os homens". "Não te deixes vencer do mal, mas vence o mal com o bem" (Rm 12.17, 21). E, outra vez, está escrito: "Evitai que alguém retribua a outrem mal por mal; pelo contrário, segui sempre o bem entre vós e para com todos" (1Ts 5.15). E, ainda outra vez: "Não pagando mal por mal, ou injúria por injúria; antes, pelo contrário, bendizendo, pois para isto mesmo fostes chamados, a fim de receberdes bênção por herança" (1Pe 3.9).

Terceiro, devemos fazer o bem tanto aos *gratos* quanto aos *ingratos*. Pesa-nos fazer isso em razão do exemplo de nosso Pai celestial, pois "ele é benigno até para com os ingratos e maus" (Lc 6.35); e o mandamento é que sejamos "misericordiosos, como também é misericordioso o vosso Pai" (Lc 6.36). Muitos formulam uma objeção contra a prática do bem em favor dos outros, dizendo: "Se eu lhes fizer o bem, jamais me agradecerão por isso; e à minha bondade retribuirão com abuso e injúria". E assim se prontificam a escusar-se do exercício da bondade, especialmente aos que poderiam demonstrar ingratidão. Mas tais pessoas não olham suficientemente para Cristo; e revelam ou sua falta de familiaridade com as normas do cristianismo, ou sua indisposição em praticar seus princípios. Havendo assim falado do dever de se fazer o bem, e das pessoas a quem devemos fazê-lo, passo a falar, como me propus,

1.3. *Do modo como devemos fazer o bem aos outros.* Isto está expresso numa só palavra: "espontaneamente". Parece estar implícito nas palavras do texto; pois ser bondoso equivale a ter disposição de fazer o bem espontaneamente. Seja qual for o bem feito, não há bondade peculiar em quem o pratica, a menos que seja feito espontaneamente. E este fazer o bem espontaneamente implica três coisas:

Primeira, que nossa prática do bem *não seja com motivo mercenário*. Não devemos fazê-lo em virtude de qualquer recompensa recebida ou esperada daquele a quem fazemos o bem. Eis o mandamento: "Fazei o bem e emprestai, sem esperar nenhuma paga" (Lc 6.35). Com frequência os homens fazem o bem aos outros esperando receber de volta outro tanto; mas devemos fazer o bem aos pobres e necessitados, de quem nada podemos esperar em troca. O mandamento de Cristo é: "Disse também ao que o havia convidado: Quando deres um jantar ou uma ceia, não convides teus amigos, nem teus irmãos, nem teus parentes, nem vizinhos ricos; para não suceder que eles, por sua vez, te convidem e sejas recompensado. Antes, ao dares um banquete, convida os pobres, os aleijados, os coxos e os cegos; e serás bem-aventurado, pelo fato de não terem eles com que recompensar-te; tua recompensa, porém, tu a receberás na ressurreição dos justos" (Lc 14.12-14). Para que nossa prática do bem seja espontânea, e não mercenária, é necessário que o bem seja feito, não em virtude de algum bem temporal, ou a promover nosso interesse, ou honra, ou proveito temporal, e, sim, motivado pelo amor.

Segunda, para que nossa prática do bem seja espontânea, é requisito que o façamos *alegre* e *cordialmente*, e com real boa vontade para com aquele a quem devemos beneficiar. O que é feito cordialmente, é feito impelido pelo amor; e, o que é feito impelido pelo amor, é feito com deleite, e não de má vontade ou com hesitação e relutância. "Sede, mutuamente, hospitaleiros, sem murmuração", diz o apóstolo Pedro (1Pe 4.9); "Cada um contribua segundo tiver proposto no coração, não com tristeza ou por necessidade", diz o apóstolo Paulo (2Co 9.7). Este requisito, ou qualificação, para nossa prática do bem, recebe forte ênfase nas Escrituras. "O que contribui", diz o apóstolo, "com liberalidade; o que preside, com diligência; quem exerce misericórdia, com alegria" (Rm 12.8). E Deus dá um parâmetro rigoroso: "Não seja maligno o teu coração, quando lho deres" (Dt 15.10). Numa palavra, a própria ideia de dar de uma maneira aceitável é apresentada por toda a Bíblia, como estando implícito que demos com cordialidade e alegria. Fazer o bem espontaneamente implica ainda,

Terceira, que o façamos *liberal e profusamente*. Não devemos ser deficientes e mesquinhos em nossas dádivas ou esforços, e sim de coração e mão abertos. Devemos transbordar "em toda boa obra" (2Co 9.8), "enriquecendo-vos, em tudo, para toda a generosidade" (v. 11). Assim, Deus requer que, quando dermos aos pobres, "abrirás de todo a mão e lhe emprestarás o que lhe falta" (Dt 15.8); e somos informados que "a alma generosa prosperará, e quem dá a beber será dessedentado" (Pv 11.25); e o apóstolo queria que os coríntios fossem liberais em suas contribuições para os santos da Judéia, assegurando-lhes que "aquele que semeia pouco, pouco também ceifará; e o que semeia com fartura, com abundância também ceifará" (2Co 9.6). Havendo assim explanado a natureza deste dever de fazer o bem aos outros, graciosa e espontaneamente, passo agora a mostrar

2. *Que o espírito cristão nos disporá assim a fazer o bem aos outros.* E isto transparece de duas considerações:

2.1. *O principal elemento no amor que é a suma do espírito cristão é a benevolência, ou a boa vontade para com o semelhante.* Já vimos o que é o amor cristão, e como ele é denominado de modo variado em conformidade com seus vários objetos e exercícios; e, particularmente, como, quando diz respeito ao bem desfrutado ou a ser desfrutado *pelo* objeto amado, é chamado de amor *benevolente*; e quando diz respeito ao bem a ser desfrutado *no* objeto amado, ele é chamado de amor *complacente*. O amor benevolente é aquela disposição que nos leva a nutrir o desejo, ou sentir o deleite no bem alheio; e este é o principal elemento no amor cristão, sim, a coisa mais essencial nele, e que por esse motivo o nosso amor, em grande parte, é uma imitação do eterno amor e graça de Deus, e do infinito amor de

Cristo, o qual consiste em benevolência ou boa vontade para com os homens, como cantaram os anjos em seu nascimento (Lc 2.14). De modo que o principal elemento do amor cristão é a boa vontade, ou o deleite e a busca do bem daqueles que são os objetos desse amor.

2.2. *Sua eficácia é a evidência bem concreta e conclusiva de que esse princípio é real e sincero.* A evidência concreta e conclusiva de nosso desejo e disposição de fazer o bem a alguém é o *ato* de fazê-lo. Em cada caso, nada pode ser mais claro do que ser o *ato* a evidência concreta e conclusiva da vontade; e o ato sempre segue a vontade, onde há o poder de agir. A evidência concreta e conclusiva do desejo sincero de uma pessoa de fazer o bem a alguém é a busca disto em sua prática – pois aquilo que realmente desejamos, nós o buscamos. As Escrituras, pois, falam da prática do bem como a evidência peculiar e plena do amor; e com frequência falam de amar no ato ou na prática, como sendo a mesma coisa que amar verdadeira e realmente: "Filhinhos, não amemos de palavra, nem de língua, mas de fato e de verdade. E nisto conheceremos que somos da verdade, bem como, perante ele, tranquilizaremos o nosso coração" (1Jo 3.18, 19). E, outra vez, "Se um irmão ou uma irmã estiverem carecidos de roupa e necessitados do alimento cotidiano, e qualquer dentre vós lhes disser: Ide em paz, aquecei-vos e fartai-vos, sem, contudo, lhes dar o necessário para o corpo, qual é o proveito disso?" (Tg 2.15, 16). Para eles não há proveito algum, e assim, de sua parte, não existe nenhuma evidência de sinceridade, e que você realmente deseja que sejam vestidos e alimentados. A sinceridade do desejo deve conduzir não meramente às *palavras*, e sim aos *atos* de benevolência. Na aplicação deste tema, em conclusão, podemos usá-lo

1. *Como um meio de reprovação.* Se uma atitude realmente cristã leva as pessoas a fazerem o bem aos outros de maneira espontânea, então todos quantos são imbuídos de uma atitude e prática que se opõem a isso precisam ser reprovados. A maldade e a malícia é o exato oposto da atitude cristã, pois leva os homens a fazerem o mal aos outros, e não o bem; e, semelhantemente o egoísmo e o isolamento, por eles os homens são totalmente inclinados aos seus próprios interesses e em tudo indispostos a renunciar a seus próprios fins em favor dos outros. E são ainda de uma atitude e prática que são o exato oposto de uma atitude de amor, os quais revelam um espírito exorbitantemente ganancioso e ávaro, lançando mão de cada oportunidade para surrupiar o quanto possam de seus semelhantes, em seus tratos com eles, pedindo deles pelo que fazem, ou lhes vendem, mais do que realmente vale, e extorquindo deles o máximo que podem por meio de exigências descabidas; não respeitam o valor do que pertence a seu próximo, mas, por assim dizer, tais pessoas arrancam deles tudo o que podem. E aqueles que fazem essas coisas geralmente são também muito egoístas nas aquisições que fazem de seus semelhantes, discutindo e pechinchando ao menor preço suas mercadorias e retardando ao máximo em dar o que realmente vale pelo produto adquirido. Essa atitude e prática são o exato oposto da atitude realmente cristã, e são repreendidas pela grande lei do amor, a saber, "tudo quanto, pois, quereis que os homens vos façam, assim fazei-o vós também a eles" (Mt 7.12). O tema que estamos considerando também

2. *Exorta todos ao dever de se fazer o bem aos outros de modo espontâneo.* Visto que este é um dever cristão, e uma virtude

condizente com o evangelho, e ao qual o espírito cristão, caso o possuamos, nos disporá, busquemos, na medida em que tivermos oportunidade, fazer o bem às almas e aos corpos dos outros, empenhando-nos por lhes ser uma bênção para aqui e para a eternidade. Sejamos, para este fim, dispostos em fazer, ou em dar, ou em sofrer, em favor do bem-estar dos amigos e dos inimigos, igualmente, sejam eles maus ou bons, gratos ou ingratos. Que nossa benevolência e beneficência sejam universais, constantes, livres, habituais e de acordo com nossas oportunidades e capacidades; pois isto é essencial à verdadeira piedade e imposto pelos mandamentos de Deus. E aqui se devem considerar várias coisas:

Primeira, que é uma *grande honra* ser um instrumento do bem no mundo. Quando preenchemos nossa vida com a prática do bem, Deus nos confere uma grande honra, tornando-nos uma bênção para o mundo – uma honra como aquela que ele conferiu a Abraão, quando disse: "De ti farei uma grande nação, e te abençoarei, e te engrandecerei o nome. Sê tu uma bênção" (Gn 12.2). A própria luz da natureza ensina que isto constitui uma grande honra; e, portanto, os reis e governantes orientais costumavam assumir para si a alcunha de benfeitores, isto é, "praticantes do bem", como sendo a honra máxima que poderiam imaginar (Lc 22.25); e, nos países pagãos, quando morriam os que faziam uma grande porção de bem durante sua vida terrena, era comum que o povo com quem habitavam os reconhecesse como deuses e lhes edificasse templos em sua honra e para seu culto. Na medida em que Deus faz dos homens os instrumentos da prática do bem aos outros, ele os faz semelhantes aos corpos celestes – o sol, a lua e as estrelas, que abençoam o mundo, projetando nele sua luz; ele os faz semelhantes aos anjos, que são espíritos ministradores a outrem, para seu bem; sim, ele os faz semelhantes a ele próprio, a grande fonte de todo o bem, que perenemente derrama suas bênçãos sobre a raça humana.

Segunda, assim, fazer espontaneamente o bem aos outros *equivale a fazer-lhes o que gostaríamos que fizessem a nós mesmos.* Se outros têm uma sincera boa vontade para conosco, e nos demonstram uma grande medida de bondade, e estão prontos a ajudar-nos quando estivermos em necessidade, e para tal fim são livres para fazer, ou dar, ou sofrer por nós, e a carregar nossos fardos, e a sentir e a associar-se conosco em nossas calamidades, e são afetuosos e liberais em tudo isto, aprovamos calorosamente sua atitude e conduta. E não só aprovamos, mas os recomendamos efusivamente, e talvez até mesmo provocamos ocasiões para falar bem de tais pessoas, entretanto nunca pensando que excedem seu dever, mas que agem como lhes convém fazer. Recordemos, pois, que, se isto é tão nobre e deve ser tão recomendado aos outros quando somos seus objetos, então, devemos fazer o mesmo a todos os que estão perto de nós. O que aprovamos com tanto empenho, devemos exemplificar em nossa própria conduta.

Terceira, consideremos *quão bondosos Deus e Cristo nos têm sido,* e quanto bem temos recebido deles. Mui grande tem sido sua bondade nas coisas pertinentes a este mundo. As misericórdias divinas nos têm sido renovadas a cada manhã, e são novas a cada tarde; elas são tão incessantes quanto nossa existência. E boas coisas, ainda maiores, Deus tem outorgado para o nosso bem espiritual e eterno. Ele nos tem dado o que é de mais valor do que todos os reinos da terra. Ele já deu seu unigênito e bem-

-amado Filho – a dádiva mais elevada que ele poderia outorgar. E Cristo não só fez, mas sofreu grandes coisas e se deu para morrer por nós; e tudo isso espontaneamente, e sem ressentimento, ou na esperança de recompensa. "Pois conheceis a graça de nosso Senhor Jesus Cristo que, sendo rico [dono de todas as riquezas do universo], se fez pobre por amor de vós, para que, pela sua pobreza, vos tornásseis ricos" (2Co 8.9). E que grandes coisas Deus tem feito por aqueles dentre nós que se convertem, e são conduzidos a Cristo; livrando-nos do pecado, justificando e santificando-nos, fazendo-nos reis e sacerdotes para Deus e nos dando um direito: "Para uma herança incorruptível, sem mácula, imarcescível, reservada nos céus para vós outros" (1Pe 1.4). E fez tudo isso quando nem éramos bons, e sim maus e ingratos, e em nós mesmos merecedores tão-somente de ira.

Quarta, consideremos que *grandes galardões são prometidos aos que espontaneamente fazem o bem a outros*. Lemos no Salmo a promessa divina: "Para com o benigno, benigno te mostras" (Sl 18.25); e dificilmente há qualquer dever mencionado em toda a Bíblia que contenha tantas promessas de recompensa como este, seja no tocante a este mundo, ou no tocante ao mundo por vir. No tocante a este mundo, como nosso Salvador declara, "mais bem-aventurado é dar que receber" (At 20.35). Aquele que dá liberalmente é mais abençoado nas dádivas generosas que ele distribui do que aquele que recebe a generosidade. O que é outorgado aos outros, na prática do bem, não se perde, como se fosse lançado ao oceano. Ao contrário, como nos informa Salomão (Ec 11.1), se assemelha à semente que os orientais plantam, espalhando sobre as águas, quando as enchentes sobem, e a qual finca no fundo, ali lança raízes, e germina, é outra vez achada na abundante colheita, depois de muitos dias. O que é assim dado, é emprestado ao Senhor (Pv 19.17); e o que assim lhe emprestamos, ele nos pagará outra vez. E ele não só nos reembolsará, mas o fará aumentar grandemente; pois, se dermos, declara-se que "boa medida, recalcada, sacudida, transbordante, generosamente vos darão" (Lc 6.38). Porquanto lemos: "A quem dá liberalmente, ainda se lhe acrescenta mais e mais; ao que retém mais do que é justo, ser-lhe-á em pura perda" (Pv 11.24). E, outra vez, "mas o nobre projeta coisas nobres e na sua nobreza perseverará" (Is 32.8). E inclusive aos homens não regenerados que dão desta maneira, com frequência Deus parece galardoar com grandes bênçãos temporais. Eis sua própria declaração: "O que dá ao pobre não terá falta, mas o que dele esconde os olhos será cumulado de maldições" (Pv 28.27); e a promessa não se restringe aos santos; e nossa observação da providência mostra que aquilo que os homens dão aos pobres, quase seguramente Deus faz prosperar, como a semente que semeiam no campo. É fácil de perceber que Deus nos compensa, e mais que compensa, por tudo o que damos para o bem dos outros. É deste mesmo tipo de doação que o apóstolo diz aos coríntios que "aquele que semeia pouco, pouco também ceifará; e o que semeia com fartura, com abundância também ceifará"; e acrescenta que "Deus ama a quem dá com alegria"; e que ele "pode fazer-vos abundar em toda graça" (2Co 9.6-8); isto é, fazer com que todas as suas dádivas redundassem em bem para eles mesmos. Muitas pessoas fazem tão pouco caso do fato de que sua prosperidade depende da providência. E, no entanto, mesmo visando a este mundo, "a bênção do Senhor enriquece, e, com ela, ele não traz desgosto" (Pv 10.22); e daquele que considera o pobre está escrito: "Bem-aventurado o que acode ao necessitado; o Senhor o livra no dia do mal" (Sl 41.1). E se damos nos moldes e com atitude de caridade cristã, então estamos depositando um tesouro no céu, e, por fim, receberemos os galardões da eternidade. Este depósito de tesouros jamais se esgota, do qual Cristo fala (Lc 12.33) e sobre o qual ele declara que, ainda que os pobres a quem beneficiamos não possam recompensar-nos, seremos recompensados "na ressurreição dos justos" (Lc 14.13, 14). Este, pois, é o melhor modo de depositar, visando a este mundo ou a eternidade. É o melhor modo de depositar para nós mesmos, e o melhor modo de depositar para nossa posteridade; pois da pessoa generosa, que favorece e empresta, está escrito que "seu poder se exaltará em glória", e que Deus "defenderá sua causa em juízo", "sua descendência será poderosa na terra", e que "sua justiça permanece para sempre" (Sl 112). E quando Cristo vier para juízo, e todo o povo for reunido diante dele, então, os que foram bondosos e benevolentes com o sofredor e o pobre, movidos pelo verdadeiro amor cristão, ele lhes dirá: "Vinde, benditos de meu Pai! Entrai na posse do reino que vos está preparado desde a fundação do mundo. Porque tive fome, e me destes de comer; tive sede, e me destes de beber; era forasteiro, e me hospedastes; estava nu, e me vestistes; enfermo, e me visitastes; preso, e fostes ver-me... Em verdade vos afirmo que, *sempre que o fizestes a um destes meus pequeninos irmãos, a mim o fizestes*" (Mt 25.34-40).

MENSAGEM 6

A CARIDADE É INCOMPATÍVEL COM A INVEJA

"O amor não arde em ciúmes" (1Co 13.4).

Uma vez já considerada a natureza e tendência da caridade cristã, ou amor divino, com respeito ao mal recebido de outros, a saber, que ele é *longânimo*, e também com respeito à prática do bem feito a outros, que ele "é benigno", agora passamos aos sentimentos e conduta aos quais a mesma caridade nos conduzirá com respeito ao bem alheio, e àquele possuído por nós mesmos. Em referência ao bem possuído pelos semelhantes, o apóstolo declara ser a natureza e tendência da caridade, ou verdadeiro amor cristão, não invejá-los quando possuem algum bem, seja qual for ele – "o amor não arde em ciúmes [oriundos da inveja]". O ensino destas palavras é claramente este:

QUE A CARIDADE, OU O AMOR REALMENTE CRISTÃO, É O EXATO OPOSTO DA CONDUTA INVEJOSA.

Ao insistir neste pensamento, gostaria de mostrar, *primeiro*, qual é a natureza de uma atitude invejosa; *segundo*, em que sentido o amor cristão é o exato oposto da inveja; e, *terceiro*, a razão e a evidência da doutrina.

1. *A natureza da inveja*. A inveja pode ser definida como sendo a insatisfação com e oposição à prosperidade e felicidade de alguém, quando comparadas com as nossas. A coisa que a pessoa invejosa se opõe e desagrada é a superioridade, em comparação, do estado de honra, ou prosperidade, ou felicidade, que alguém desfruta ou que possui. Este sentimento é especialmente chamado de *inveja*, quando nos opomos e nos causa desgosto a honra ou prosperidade alheia, porque, em geral, ou ela é maior que a nossa, ou porque, em particular, nosso semelhante possui honra ou usufruto do que não possuímos. É uma disposição natural nos homens, que eles amem ser supremos; e esta disposição é frustrada quando percebem outros acima deles. É em virtude deste sentimento que os homens se desgostam e se opõem à prosperidade alheia, porquanto concluem que ela torna aqueles que a possuem superiores, em algum aspecto, a eles próprios. E, movida por esta mesma disposição, uma pessoa pode sentir-se aborrecida por alguém ser-lhe igual em honra ou felicidade, ou por possuir as mesmas fontes de prazer que ela possui. Com muita frequência sucede aos homens que não conseguem suportar um rival, caso este lhe seja superior, pois amam ser singulares e únicos em sua eminência e sucesso. Nas Escrituras, esse sentimento é chamado de *inveja*. Assim Moisés fala da inveja manifestada em Josué, quando Eldade e Medade foram admitidos ao mesmo privilégio de receber, como ele próprio, o dom de profecia, dizendo:

"Tens tu ciúme por mim? Tomara todo o povo do Senhor fosse profeta, que o Senhor lhes desse seu Espírito" (Nm 11.29). Lemos que os irmãos de José o invejaram, quando o ouviram falar de seus sonhos, acrescentando que seus pais e irmãos ainda se encurvariam diante dele, e que ele ainda teria poder sobre eles. Impelidas por esse sentimento, as pessoas se sentem não somente insatisfeitas com o fato de que outros estejam acima delas, ou sejam iguais a elas, mas inclusive estejam junto delas; pois o desejo de serem distinguidas em prosperidade e honra é mais gratificado à medida em que são elevadas e os demais estejam abaixo delas, de modo que sua eminência comparativa seja marcante e visível a todos. Esta disposição pode ser exercida, ou em referência à prosperidade que outros talvez obtenham, e para a qual são qualificados, ou em referência àquilo que concretamente tenham obtido. Na segunda forma, que é a mais comum, o senso de inveja se manifestará em dois aspectos; primeiro, com respeito à prosperidade alheia; e, segundo, com respeito às próprias pessoas.

1.1. Esse senso se manifestará no *desconforto e insatisfação ante a prosperidade alheia*. Em vez de alegrar-se com a prosperidade alheia, a pessoa invejosa se sentirá incomodada por ela. Será um agravo ao seu espírito ver alguém subir tão alto e alcançar tal posto de honra e progresso. Não lhe é reconfortante ouvir que esse alguém obteve tais e tais vantagens, honras e promoções; mas, ao contrário, se sente desconfortável. Tal pessoa possui muito da atitude de Hamã, o qual, ante toda "a glória das suas riquezas, e a multidão de seus filhos, e tudo em que o rei o tinha engrandecido", ainda declara: "Porém tudo isso não me satisfaz, enquanto vir o judeu Mordecai assentado à porta do rei" (Et 5.13). Movido por tal sentimento, a pessoa invejosa se prontifica a alegrar-se com tudo o que sucede e que diminua a honra e o conforto de outrem. Ela se alegra em ver os outros descerem, e pensará em como inferiorizar ainda mais sua condição, como fez Hamã quando humilhou e rebaixou a Mordecai. E, com frequência, como Mordecai, tal pessoa exibirá seu desconforto, não só planejando e esquematizando, mas realmente se empenhando, de um modo ou de outro, para rebaixar o outro; e abraçará entusiasticamente a primeira oportunidade de derrubá-lo. É pelo impulso desta disposição que mesmo a visão da prosperidade alheia leva o invejoso a questionar e a difamar o próspero, ainda quando, provavelmente, este nem mesmo saiba. Invejando a proeminência que granjeou, espera, ao difamá-lo, em alguma medida diminuir sua honra e, assim, inferiorizá-lo na estima dos homens. Isto sugere, reiterando,

1.2. Que a oposição dos invejosos à prosperidade alheia se manifestará *na repulsa por quem prospera*. Vendo como outros prosperam, e as honras que granjeiam, os invejosos sentem repulsa, e até mesmo os odeiam, em razão de sua honra e prosperidade. Fomentam e acalentam um espírito aversivo para com eles, por nenhuma outra razão, senão pelo fato de que prosperam. Cultivam um espírito amargo contra eles, só porque se tornam eminentes no nome e na fortuna. Assim lemos de Hamã: "Então, saiu Hamã, naquele dia, alegre e de bom ânimo; quando viu, porém, Mordecai à porta do rei, e que não se levantara nem se movera diante dele, então, se encheu de furor contra Mordecai" (Et 5.9). E sobre os irmãos de José: "Odiaram-no, e já não lhe podiam falar pacificamente" (Gn 37.4); porque seu pai o amava; e quando teve um sonho em que estava embutida a inferioridade deles, "o odiaram ainda mais" (v. 5). Assim, os invejosos geralmente se ressentem da prosperidade alheia, e quando alguém granjeia honra é como se fosse culpado de alguma injúria contra eles mesmos. Costuma suceder de haver um ódio arraigado contra outros por essa conta, levando os invejosos, como no caso dos irmãos de José (Gn 37.19-28), a agirem com a maior crueldade e perversidade. Mas creio que relatei o suficiente sobre a natureza da inveja; por isso prossigo mostrando

2. *Em que a natureza cristã é o oposto da inveja.*

2.1. A atitude cristã *veta o exercício e expressões do invejoso*. Aquele que, no curso de sua vida e ações, se deixa influenciar por princípios cristãos, ainda que em seu coração nutra inveja, bem como outros sentimentos corruptos, contudo sente repulsa por tal sentimento, como lhe sendo inconveniente como cristão, e contrário à natureza, vontade e espírito de Deus. Ele percebe ser este um sentimento mui odioso e repulsivo, e percebe esta odiosidade não só em outros, mas também e igualmente em si mesmo. E, portanto, sempre que percebe, em qualquer ocasião, com tais emoções se manifestando em seu íntimo, ou contra alguém, na medida em que for influenciado pelo princípio cristão, se sentirá alarmado e lutará contra ele, e não permitirá seu exercício sequer por um momento. Não permitirá que ele se prorrompa e se exiba em palavras ou ações; e se entristece sempre que percebe tais movimentos em seu coração, e crucificará em seu íntimo a disposição odiosa, e tudo fará ao seu alcance para opor-se a ele em suas ações externas.

2.2. A natureza cristã não só se opõe ao exercício e expressões externos da inveja, *porém tende a mortificar no coração seu princípio e disposição*. Na medida em que a natureza cristã prevalece, ela não só refreia as ações externas da inveja, mas tende a mortificar e a subjugar o próprio princípio no coração; de modo que, justamente na proporção do poder desta nova natureza, a vontade do indivíduo cessa de sentir qualquer inclinação de entristecer-se ante a prosperidade alheia; e, ainda mais, desistirá da aversão pelos que prosperam, ou de nutrir qualquer indisposição para com eles por essa conta. A atitude cristã nos leva a nos sentirmos contentes com nossa própria condição e com estado que Deus nos deu entre os homens, e a uma quietude e satisfação interior com respeito às aquisições e distribuições de *status* e posses que Deus, em sua sábia e bondosa providência, tem dado a nós e aos outros. Se nossa posição for tão elevada quando à dos anjos, ou tão inferior quanto à do mendigo junto à porta do homem rico (Lc 16.20), devemos igualmente viver satisfeitos com ela, como sendo a posição em que Deus nos colocou, e igualmente conosco mesmos, se quisermos lutar por servi-lo fielmente. Como o apóstolo, aprenderemos isto, se meramente possuirmos esta atitude cristã: "Porque aprendi a viver contente em toda e qualquer situação" (Fp 4.11). Mas,

2.3. A natureza cristã não só veta o exercício e expressão da inveja, e tende a mortificar seu princípio e disposição no coração, mas também nos dispõe a *nos alegrarmos na prosperidade alheia*. Ela nos disporá a um compromisso entusiasta e habitual com a norma dada pelo apóstolo: "Alegrai-vos com os que se alegram e chorai com os que choram" (Rm 12.15); isto é, que nos apiedemos com sua vida e condição, com o sentimento que sentiríamos se essa fosse nossa própria vida. Essa benevolência e boa vontade expulsa a inveja, e nos capacita a sermos felizes ante a prosperidade de nosso semelhante. Agora prossigo, como me propus, a mostrar

3. *A razão e evidência desta doutrina; ou seja, mostrar o que é e por que a atitude cristã é o oposto da inveja.* Isto transparecerá, se considerarmos três coisas: *primeira,* o quanto a atitude e a prática cristã contra a inveja são enfatizados nos preceitos que Cristo promulgou; *segunda,* o quanto a história e as doutrinas do evangelho põem em realce estes preceitos; e, *terceira,* o quanto uma atitude de amor cristão nos disporá a obedecer à autoridade destes preceitos, e a influência dos motivos que os reforçam.

3.1. *Uma atitude e prática cristãs contra a inveja são enfatizadas nos preceitos de Cristo.* O Novo Testamento é saturado dos preceitos de boa vontade para com os outros, e dos preceitos que impõem os princípios de mansidão, humildade e beneficência, sendo todos eles opostos a uma atitude invejosa; e, em adição a estes, temos muitas advertências particulares contra a própria inveja. O apóstolo exorta que "andemos dignamente, como em pleno dia, não em orgias e bebedices, não em impudicícias e dissoluções, não em contendas e *ciúmes* [inveja]" (Rm 13.13); e, outra vez, ele culpa os coríntios de ainda serem carnais, porque havia *inveja* entre eles (1Co 3.3); e, ainda mais, ele menciona seus temores sobre eles, para que não fosse achada entre eles as *invejas* (2Co 12.20); e que acompanhadas das invejas vão também, com frequência, iras, porfias, maledicências, murmurações, arrogância e tumultos; e, outra vez, as *invejas* estão situadas entre as obras abomináveis da carne, tais como "homicídios, embriaguez, calúnias" etc. (Gl 5.21); e, outra vez, ela é condenada como implicando grande perversidade (1Tm 6.4); e, outra vez, ela é mencionada como um dos pecados odiosos nos quais os cristãos haviam vivido antes de sua conversão, dos quais somos agora redimidos, e, portanto, devemos confessá-los e abandoná-los (Tt 3.3). E, no mesmo sentido, o apóstolo Tiago fala da inveja como excessivamente contrária ao cristianismo (Tg 3.14), e como conectada com cada obra perversa, sendo terrena, sensual, diabólica; ele nos adverte contra ela, dizendo: "Irmãos, não vos queixeis uns dos outros, para não serdes julgados. Eis que o juiz está às portas" (Tg 5.9); e, para citar apenas mais um caso, o apóstolo Pedro (1Pe 2.1, 2) nos adverte contra todas as invejas, quando conectadas com vários outros males, e como um empecilho em nosso crescimento nas coisas divinas. Assim vemos que o Novo Testamento está saturado de preceitos que Cristo nos deixou, os quais ele combina com tudo o que se opõe à uma atitude invejosa. E estes preceitos

3.2. *São fortemente reforçados pelas doutrinas e história do evangelho*. Se considerarmos o corpo de *doutrina*, descobriremos que ele tende fortemente a reforçar os preceitos que temos considerado; pois todo ele, do início ao fim, tende fortemente a contrariar o sentimento de inveja. Em todos os seus aspectos e ensinos, a forma cristã de doutrina milita contra a inveja. As doutrinas ensinam quanto Deus é excessivamente contrário à inveja; pois ali somos informados quão longe Deus estava de conceder-nos de má vontade a extraordinária honra e bem-aventurança, e como ele não tem retido nada do quanto quer nos fazer, ou quão grandioso e bom é o que ele quer nos dar. Não foi de má vontade que ele nos deu seu unigênito e bem-amado Filho, o qual lhe era mais querido do que tudo quanto existe; nem nos deu de má vontade a mais elevada honra e bem-aventurança nele e através dele. As doutrinas do evangelho nos ensinam ainda quão longe estava Cristo de dar-nos de má vontade tudo o que pudesse fazer-nos ou pudesse dar-nos. Ele não nos deu de má vontade a sua própria vida, gasta em labor e sofrimento, ou o seu próprio e precioso sangue que derramou por nós na cruz; nem nos dará de má vontade um trono de glória, junto dele nos céus, onde viveremos e reinaremos com ele para todo o sempre. O conjunto cristão de doutrinas nos ensina como Cristo veio ao mundo para livrar-nos do poder da inveja de Satanás para conosco; pois o diabo, com miserável vileza, invejava aquela felicidade que a raça humana usufruía no princípio, e não conseguiu suportar vê-los no Éden em seu feliz estado, e por isso se esforçou ao máximo por sua ruína, a qual ele concretizou. E o evangelho também ensina como Cristo veio ao mundo para destruir as obras do diabo e livrar-nos daquela miséria à qual sua inveja nos arrastou, e para purificar nossa natureza de cada traço de inveja, para que nos adequássemos ao céu.

E se, em adição à doutrina do evangelho, considerarmos sua *história*, descobriremos que essa história também tende grandemente a reforçar os preceitos que proíbem a inveja. E, particularmente, isto é verdade à luz da história da vida de Cristo e do exemplo que ele nos tem dado. Quão longe estava ele do sentimento de inveja! Como se contentou com as circunstâncias humildes e aflitivas em que voluntariamente se colocou por amor a nós! E quão longe estava ele de invejar àqueles que possuíam riquezas e honras terrenas, ou cobiçar sua condição! Ele antes prefere continuar em sua própria condição humilde;

e quando a multidão, pasma de admiração ante seu ensino e milagres, em certa ocasião já se prontificavam a fazê-lo rei; ele recusou a tão elevada honra que pretendiam impor-lhe, e se esquivou de seu caminho (Jo 6.15) e foi sozinho para um monte. Quando João Batista se viu tão grandemente honrado pelo povo como um eminente profeta, e toda a Judéia e Jerusalém saíam a ouvi-lo, e a ser batizadas por ele, Cristo não o invejou, mas ele mesmo saiu para ser batizado por João, no rio Jordão, muito embora fosse ele o Senhor e Mestre de João, e João, como ele mesmo testificou, carecia de ser batizado por ele. E tão longe estava ele de dar de má vontade a seus discípulos quaisquer honras ou privilégios, por maiores que fossem, que lhes disse e prometeu (Jo 14.12) que, após sua morte e ascensão, fariam obras maiores do que aquelas que ele fazia, enquanto estava na terra. E, como encontramos em Atos dos Apóstolos, tudo o que ele predissera se concretizou em pouco tempo.

3.3. *O verdadeiro amor cristão nos disporá a render-nos à autoridade desses preceitos e à influência dos motivos que eles reforçam.* O amor nos disporá a isto diretamente, ou por sua tendência imediata; e indiretamente, como ele nos ensina e guia à humildade.

Primeiro, o amor cristão nos disporá a dar atenção aos preceitos que proíbem a inveja, e aos motivos evangélicos contra ela, *por sua própria tendência imediata*. A natureza da caridade ou amor cristão para com os homens é diretamente contrária à inveja; pois o amor não se aborrece, mas se regozija com o bem dos que são amados. E, seguramente, o amor para com nosso semelhante não nos disporá a odiá-lo por sua prosperidade, nem a nos sentirmos infelizes por seu bem. O amor para com Deus tem também uma tendência direta de influenciar-nos à obediência a seus mandamentos. O fruto natural, genuíno e uniforme do amor para com Deus é *obediência*, e por isso ele nos levará a obedecer àqueles mandamentos nos quais ele proíbe a inveja, tanto quanto aos outros; sim, mais especialmente a eles, porque o amor se deleita em obedecer aos mandamentos, incluindo àqueles que exigem que se ame. Assim, o amor para com Deus nos disporá a seguirmos seu exemplo, em que ele não nos deu de má vontade nossas multiformes bênçãos, mas se regozijou em nosso bem estar; e nos disporá a imitarmos o exemplo de Cristo, em não dar de má vontade sua vida por nós, e imitarmos o exemplo que ele pôs diante de nós em toda a sua vida terrena.

Segundo, o amor cristão nos disporá a fazermos também o mesmo, *inclinando-nos à humildade*. A grande raiz e fonte da inveja é o orgulho. É em razão do orgulho que há nos corações dos homens que eles nutrem um desejo tão ardente por distinção e superioridade sobre todos os demais, em honra e prosperidade, o que os faz inquietos e insatisfeitos em ver outros acima deles. Mas o amor tende a mortificar o orgulho e a operar a humildade no coração. O amor para com Deus promove humildade, quando nos traz um senso da infinita excelência de Deus, e, portanto, leva-nos a um senso de nossa nulidade e indignidade. E o amor para com os homens tende a um comportamento humilde entre os homens, quando nos dispuser ao reconhecimento das excelências de outros, e que as honras concedidas a eles são suas por direito, e a considerá-los como sendo melhores do que nós, e, assim, mais merecedores de distinção do que nós. Mas agora não insistirei mais particularmente sobre este ponto, visto que numa pregação futura terei ocasião de mostrar mais plenamente como o amor cristão tende à humildade. Passando, pois, à conclusão, à aplicação do tema, observo que

1. *Ele deve guiar-nos a um autoexame, se porventura vivemos, em algum grau, sob a influência de uma atitude invejosa.* Examinemo-nos quanto ao passado, e atentemos para nosso comportamento pregresso entre os homens. Muitos de nós desde muito temos sido membros da sociedade humana, tendo vivido junto de outros, e nos relacionando com eles de muitas maneiras, e tendo-nos associado com eles em muitas ocasiões, quer em público, quer nos negócios privados. E temos assistido outros a prosperarem e, possivelmente, prosperando em seus negócios mais do que nós. Eles têm possuído mais do mundo e tomado posse de maiores riquezas, e vivido no ócio e em circunstâncias muito mais privilegiadas do que temos desfrutado. E quem sabe alguns dos que até então costumávamos olhar como nossos iguais, ou mesmo como inferiores, agora vemos prosperando em riqueza, ou avançando em honra e prosperidade; enquanto nós mesmos ficamos para trás, eles agora atingiram uma condição muito superior à nossa. É bem possível que tenhamos visto tais mudanças, e somos chamados a suportar tais provações ao longo de uma grande parte da trajetória de nossa vida; e certamente temos visto com frequência outros nos avantajando em tudo o que o mundo considera de valor, enquanto temos vivido comparativamente destituídos dessas coisas. E agora inquiramos como essas coisas nos têm afetado, e em que condições têm estado os nossos corações e qual tem sido nosso comportamento em tais circunstâncias. Porventura,

não tem havido uma grande porção de inquietude, insatisfação e senso de desconforto e do desejo de ver em bancarrota os que têm prosperado? Porventura, não nos temos alegrado em ouvir falar de suas desvantagens? E, porventura, não temos feito agouros sobre eles e não nos prontificamos a realmente exteriorizar nossos desejos? E, em palavra ou ato, acaso, não nos temos prontificado a fazer o que podemos, em alguns aspectos, para diminuir sua prosperidade ou honra? Porventura, não temos fomentado um espírito amargo ou descaridoso para com alguém só por causa de sua prosperidade, ou nos prontificado por isso a olhá-lo com maus olhos, ou a lhe fazermos oposição nos negócios públicos, ou, movidos por inveja, levarmos nossos amigos a agirem contra ele? Quando olhamos para trás, porventura, não vemos nestas coisas, e em muitas outras semelhantes, que amiúde temos exercido e permitido a inveja em nosso coração? E, muitas vezes não percebemos que nossos corações são devorados pela inveja de outros?

E, volvendo-nos do passado para o presente, que sentimento você descobre agora ao examinar seu coração? Acaso você carrega em seu coração algum velho rancor contra esta ou aquela pessoa que vê assentada a seu lado, domingo após domingo, na casa de Deus, e de vez em quando assentada a seu lado à mesa do Senhor? Acaso a prosperidade de um ou de outro não é algo muito desagradável a seus olhos? Porventura, não lhe causa desconforto o fato de que são mais importantes que você? E realmente não lhe causa prazer vê-los em bancarrota, de modo que suas perdas e angústias lhe constituem fonte de alegria interior e entusiasmo ao coração? Acaso este mesmo sentimento às vezes não o leva a pensar mal, ou a falar desdenhosamente, ou descaridosamente, ou severamente dos que vivem perto de você? Que aqueles que vivem acima de outros em prosperidade, inquiram a si mesmos se permitem e exercem, ou não, uma atitude de oposição à felicidade dos que vivem abaixo deles. Acaso não há em você uma disposição de vangloriar-se em viver acima deles e um desejo de que não subam mais alto, para que não venham a ser-lhe iguais ou superiores? E, acaso, em razão disto você não gostaria de vê-los em derrocada, e inclusive de empurrá-los abaixo ao máximo, para que em tempo algum subam acima de você? E tudo isso não revela que você vive demasiadamente sob a influência de um sentimento invejoso?

Mas é possível que em tudo isso você se justifique, não lhe dando o nome de *inveja*, mas algum outro nome, e apresentando várias justificativas para seu espírito invejoso, pelo quê você se considera justificado em seu exercício. Há quem se prontifique a dizer de outros que não são dignos da honra e prosperidade que possuem; que não possuem a metade da aptidão ou dignidade da honra e progresso que ele possui, como muitos outros de seus semelhantes que estão abaixo dele. E onde, pergunto, está a pessoa no mundo que inveja outro por sua honra e prosperidade, e se prontifica a pensar ou a dizer que esse outro não é digno de sua prosperidade e honras? Os irmãos de José o consideraram digno do amor peculiar de seu pai? Hamã pensava que Mordecai fosse digno da honra que o rei lhe conferira? Ou os judeus criam que os gentios fossem dignos dos privilégios que lhes eram estendidos sob o evangelho, quando foram, por esse mesmo motivo, tão dominados pela inveja, como se acha relatado nos Atos dos Apóstolos (13.45;

17.5)? Geralmente se dá que, quando outros são promovidos à honra, ou de alguma maneira adquirem extraordinária prosperidade, há aqueles que estão sempre prontos a lançar mão de uma ocasião para apontar suas falhas, e enfatizar sua indignidade e acumular sobre eles todo o mal possível. Enquanto que, o que conta não é tanto que têm falhas, pois estas às vezes passam sem ser notadas, e permanecem na obscuridade, mas o fato de que prosperam; e os que comentam suas falhas nutrem inveja de sua prosperidade, e, por isso, falam mal contra eles. E eu gostaria que tais pessoas, quando pensam que devam ser justificadas em sua oposição aos outros, somente porque não são dignos de sua prosperidade, inquirissem diligentemente o que mais lhes causa desgosto e dificuldade – as falhas de seus semelhantes, ou a sua prosperidade? Caso sejam suas falhas, então você deveria sentir-se entristecido por causa delas, sejam as pessoas prósperas ou não; e se realmente se entristece por suas falhas, então você deveria ser muito precavido em falar delas, exceto para as próprias pessoas, e mesmo assim com genuína compaixão e amizade cristãs. Mas é possível que você diga que tais pessoas fazem um mau uso de sua prosperidade e honra; que são exaltadas por estas e não podem suportar, ou não sabem como administrá-las; que são intoleráveis e desdenhosas, e não sabem como agir em sua prosperidade, e seria preferível que sofressem bancarrota; que isto as humilharia, e que a melhor coisa para seu próprio bem seria trazê-las para o lugar que de fato lhes pertence e que lhes é mais condizente.

Aqui, porém, cumpre-me inquirir estritamente se você de fato lamenta o prejuízo que sua prosperidade lhes causa, e se você chora por eles, e isso porque você os ama? Acaso, suas lamentações nascem da piedade, ou da inveja? Se a prosperidade deles lhe causa desprazer porque ela não lhes traz real benefício, ao contrário, os prejudica, então você se entristecerá por sua desgraça, e não por sua prosperidade. Você os amará sinceramente, e movido por esse amor se condoerá profundamente de sua desgraça, e sentirá no coração genuína compaixão porque as desvantagens de sua condição próspera são muito maiores que suas vantagens. Mas, na verdade, é este seu real sentimento? Você está a enganar a si próprio. A desventura deles é que o entristece, porque sua prosperidade, enfim, os prejudica, ou porque sua prosperidade não lhe pertence? Aqui, também, que cada um inquira se algumas vezes não sente inveja da prosperidade espiritual de outros. Certamente você se lembra qual foi o espírito de Caim em relação a Abel, o da semente da serpente para com a semente da mulher, o de Ismael para com Isaque, o dos judeus para com Cristo, o do irmão mais velho para com o pródigo. Cuide-se para que você não fomente este tipo de sentimento; mas, ao contrário, alegre-se na boa condição de outras pessoas, como se esta fosse a sua própria.

2. *O tema também nos exorta a vetar e repelir todo e qualquer acesso a uma atitude invejosa.* Tão contrário é o espírito de inveja ao espírito cristão – em si mesmo tão nocivo –, e tão prejudicial às outras pessoas, que deve ser vetado e repelido por todos, especialmente por aqueles que professam ser cristãos. Muitos nutrem a esperança de ser este seu caráter, e que já são dotados com um novo espírito, sim, o espírito de Cristo. Então, que se evidencie a todos que de fato esse é seu espírito, mediante o exercício daquela caridade que não fomenta a inveja ou o ciúme. Na linguagem do apóstolo Tiago, "quem entre vós é sábio

e entendido? Mostre em mansidão de sabedoria, mediante condigno proceder, as suas obras. Se, pelo contrário, tendes em vosso coração inveja amargurada, e sentimento faccioso, nem vos glorieis disso, nem mintais contra a verdade. Esta não é a sabedoria que desce lá do alto; antes, é terrena, animal e demoníaca. Pois onde há inveja e sentimento faccioso, aí há confusão e toda espécie de coisas ruins" (Tg 3.13-16). A inveja é o exato oposto do ambiente do céu, onde todos se regozijam na felicidade dos outros; e é o exato ambiente do próprio inferno – que é em extremo odioso – e um que se alimenta da ruína da prosperidade e felicidade de outras pessoas; por isso mesmo há quem compare as pessoas invejosas a larvas, cujo maior deleite é devorar as árvores e plantas já floridas. E como uma disposição invejosa é em si mesma mui odiosa, assim é em extremo desconfortável e inquietante ao seu possuidor. Como essa é a disposição do diabo e dos que partilham de sua semelhança, assim é a disposição do inferno e dos que partilham de sua miséria. Na linguagem forte de Salomão, "o ânimo sereno é a vida do corpo, mas a inveja é a podridão dos ossos" (Pv 14.30). Assemelhando-se a um câncer poderoso que devora, que penetra as vísceras, ela é ofensiva e saturada de corrupção. E é o mais insensato tipo de injúria que prejudica ao seu possuidor; pois o invejoso traz a si próprio tribulação mui desnecessária, privando-se de conforto só por causa da prosperidade alheia, quando tal prosperidade não é nociva nem diminui os prazeres e bênçãos de quem a possui. O invejoso, porém, não quer desfrutar o que tem, porque os outros também o desfrutam. Portanto, que a consideração da insensatez, da vileza, da infâmia de uma atitude tão perversa nos cause aversão e rejeite suas desculpas, e ardentemente busquemos uma atitude de amor cristão, aquele excelente sentimento do amor divino que nos guiará sempre à alegria pelo bem-estar dos outros, e que encherá de felicidade nossos próprios corações. Este amor "procede de Deus" (1Jo 4.7); e aquele que permanece nele, "permanece em Deus, e Deus nele" (1Jo 4.16).

MENSAGEM 7

A CARIDADE É HUMILDE

O amor "não se ufana, não se ensoberbece,
não se conduz inconvenientemente" (1Co 13.4, 5).

Havendo mostrado a natureza e tendência da caridade ou amor cristão, no tocante à injúria que recebemos, e do bem que fazemos aos outros – que ele é "longânimo e benigno"; e também com respeito ao bem possuído por outros quando comparado ao que nós mesmos possuímos – que ele "não arde em ciúmes" –, o apóstolo passa agora a mostrar que, em referência ao que nós mesmos podemos ser ou ter, a caridade *não é orgulhosa* – "não se ufana, não se ensoberbece, não se conduz inconvenientemente". Como, de um lado, ela nos impede de invejar os outros naquilo que possuem, assim, do outro lado, ela nos guarda de nos vangloriarmos no que nós mesmos possuímos. Paulo já havia declarado que a caridade era contrária à inveja, e agora ele declara que ela é igualmente contrária àquela atitude que especialmente leva os homens a invejarem outros, e que frequentemente pretextam ou se justificam de invejá-los, a saber, que eles se ensoberbecem ante suas honras e prosperidade, e se ufanam de possuir tais coisas. Quando os homens alcançam prosperidade, ou são favorecidos, e os outros observam que se mostram soberbos e se ufanam disto, esse fato tende a provocar a inveja e tornar os outros inquietos à vista de sua prosperidade. Mas se uma pessoa prospera e tem prestígio, e, no entanto, nem por isso se ufana ou se porta de uma maneira inconveniente, isto tende a apaziguar os outros por suas circunstâncias favoráveis e a torná-los satisfeitos por ela desfrutar de seu sucesso. Como já se observou, quando os homens nutrem inveja de alguém, sua propensão é escusar-se e justificar-se por agirem assim, mediante a pretensão de que tal pessoa não faz bom proveito de sua prosperidade, porém se orgulha dela e por isso mesmo fomenta em si a soberba. Mas o apóstolo mostra como o amor cristão, ou caridade, tende a levar todos a se portarem convenientemente em sua condição, seja ela qual for: se inferior aos outros, não os inveja; se superior a eles, não se ensoberbece em meio à prosperidade.

Nas palavras do texto, podemos observar que o amor cristão é mencionado como o oposto do *comportamento soberbo*, e que se mencionam dois graus desse comportamento. O grau mais elevado é expresso pela atitude de uma pessoa que "se ufana"; isto é, que se conduz de tal modo que mostra claramente que ela se gloria no que possui ou é; e o grau inferior é expresso por "se conduz inconvenientemente", isto é, por não conduzir-se de um modo conveniente e decente no usufruto de sua prosperidade, mas age de modo a mostrar que, ao agir assim, ela pensa no mero fato de que, por ser próspera, então pode exaltar-se acima dos demais. E o amor é expresso como o oposto não só do comportamento soberbo, mas de uma *atitude soberba*, ou o orgulho no coração, porquanto a caridade "não se ensoberbece". Eis a doutrina que nos é ensinada, nestas palavras:

QUE A CARIDADE, OU O AMOR CRISTÃO, É HUMILDE.

Ao falar nesta doutrina, eu gostaria de mostrar, primeiro, o que é humildade; e, segundo, como a disposição do cristão, ou a atitude de caridade, é humilde.

1. *Eu gostaria de mostrar o que é humildade.* A humildade pode ser definida como sendo o hábito da mente e do coração que corresponde à nossa indignidade e vileza em comparação com Deus, ou o senso de nossa própria insignificância aos olhos de Deus, com a disposição para um comportamento correspondente à humildade. Ela consiste em parte no senso ou estima que temos de nós mesmos; e, em parte, na disposição que temos para um comportamento correspondente a este senso ou estima. E o primeiro elemento na humildade é

1.1. *O senso de nossa própria insignificância comparativa.* Digo insignificância comparativa porque a humildade é uma graça peculiar aos seres que são gloriosos e excelentes em todos os seus muitos aspectos. Assim os santos e anjos, no céu, suplantam em humildade; e esta é peculiar a eles e adequada neles, ainda que sejam seres puros, impolutos e gloriosos, perfeitos em santidade e excelentes na mente e força. Mas, ainda que sejam assim gloriosos, contudo possuem uma insignificância comparativa diante de Deus, e disto são sensíveis; pois lemos que, aquele diante de quem devemos nos humilhar, contempla as coisas que estão no céu (Sl 113.6). Assim o homem Jesus

Cristo, que é o mais excelente e glorioso de todas as criaturas, no entanto é manso e humilde de coração, e em humildade suplanta a todos os demais seres. A humildade é uma das excelências de Cristo, porque ele é não somente Deus, mas também homem, e, como homem, ele era humilde; pois humildade não é, e não pode ser, um atributo da natureza divina. A natureza de Deus é de fato infinitamente oposta ao orgulho, e contudo a humildade não pode ser, propriamente, um predicado dele; pois, se o fosse, isto implicaria imperfeição, o que é impossível em Deus. Deus, que é infinito em excelência e glória, e infinitamente acima de todas as coisas, não pode ter em si qualquer consciência de insignificância, e portanto não pode ser humilde. Humildade, porém, é uma excelência peculiar a todos os seres inteligentes criados, pois todos eles são infinitamente pequenos e insignificantes diante de Deus, e a maioria deles é de alguma maneira insignificante e inferior em comparação com alguns de seus semelhantes. Humildade implica compromisso com aquela norma do apóstolo (Rm 12.3), a saber, que não devemos pensar de nós mesmos mais do que convém pensarmos, mas que pensemos de nós mesmos sobriamente, segundo Deus trata a cada um, na medida não só da fé, mas também das demais coisas. E esta humildade, como uma virtude nos homens, implica o senso de sua própria insignificância comparativa, tanto quando compara com Deus, como quando comparada com seus semelhantes.

Primeiro, a humildade, primária e principalmente, consiste no *senso de nossa insignificância quando comparados com Deus*, ou o senso da infinita distância que há entre Deus e nós. Somos criaturas pequenas, desprezíveis, sim, vermes no pó, e devemos sentir que não passamos de nulidade, menos que nada, em comparação com a Majestade do céu e da terra. Abraão expressa tal senso de sua nulidade quando disse: "Eis que me atrevo a falar ao Senhor, eu que sou pó e cinza" (Gn 18.27). Não existe humildade sem alguma medida deste espírito; porque, seja qual for a medida do senso que tivermos de nossa insignificância, quando comparados com alguns de nossos semelhantes, não somos realmente humildes, a menos que tenhamos o senso de nossa nulidade quando comparados com Deus. Há pessoas que cultivam o pensamento de inferioridade, acerca de si mesmas, quando se comparam com outras pessoas, à vista da insignificância de suas circunstâncias, ou de um temperamento melancólico e de desalento que lhes é natural, ou de alguma outra causa, enquanto nada sabem da infinita distância que existe entre elas e Deus; e, muito embora estejam prontas a olhar para si como sendo humildes, contudo não possuem a verdadeira humildade. Aquilo que acima de todas as demais coisas nos convém saber de nós mesmos é o que somos em comparação com Deus, que é nosso Criador e aquele em quem vivemos, nos movemos e temos nosso ser, e que é infinitamente perfeito em todas as coisas. E caso ignoremos nossa insignificância quando comparados com ele, então o que é mais essencial para nós, o que é indispensável à genuína humildade, está ausente. Mas, onde este fato é realmente sentido, aí a humildade se sobressai.

Segundo, o senso de nossa insignificância quando comparados com muitos de nossos semelhantes. Pois o homem é não só uma criatura insignificante em comparação a Deus, mas ele é mui insignificante quando comparado com as multidões de criaturas de uma posição superior no universo; e a maioria dos homens é insignificante em comparação a muitos de seus semelhantes. E quando o senso desta insignificância comparativa se origina de um justo senso de nossa insignificância como Deus a vê, então ela é da natureza da genuína humildade. Aquele que tem um correto senso e estima de si mesmo, em comparação a Deus, provavelmente terá seus olhos abertos para contemplar-se corretamente em todos os aspectos. Vendo realmente como ele é com respeito ao primeiro e mais elevado de todos os seres, isso tenderá grandemente a ajudá-lo a ter uma justa apreensão do lugar que ele ocupa entre as criaturas. E aquele que não conhece corretamente o primeiro e mais elevado dos seres, que é a fonte e manancial de todos os demais seres, realmente não pode conhecer tudo corretamente; mas, na medida em que vem ao conhecimento de Deus, então está preparado para e é guiado ao conhecimento das demais coisas, e, então, de si mesmo, quando relacionado com os demais, e quando situado entre eles.

Este conceito de humildade deve aplicar-se aos homens considerados como seres perfeitos, e teria sido verdadeiro de nossa raça, se nossos primeiros pais não houvessem caído e assim envolvido sua posteridade em pecado. Mas a humildade nos homens caídos implica o senso dez vezes maior de insignificância, quer diante de Deus, quer diante dos homens. A insignificância natural do homem consiste em estar ele infinitamente abaixo de Deus em perfeição natural, e em estar Deus infinitamente acima dele em grandeza, poder, sabedoria, majestade etc. Uma pessoa realmente humilde é sensível da pequena extensão de seu próprio conhecimento e da grande extensão de sua ignorância, e da pequena extensão de seu entendimento, quando comparado com o entendimento de Deus. Tal pessoa é sensível de sua debilidade, de quão pequena é sua força e de quão pequena é ela em sua capacidade de agir. Ela é sensível de sua natural distância de Deus; de sua dependência dele; e de que é pelo poder de Deus que ela é sustentada e provida, e que necessita da sabedoria de Deus para ser conduzida e guiada, e de seu poder para capacitá-la a fazer o que deve por e para ele. Ela é sensível de sua sujeição a Deus, e que a grandeza dele consiste propriamente em sua autoridade, de que ele é o soberano Senhor e Rei sobre todos; e que ela se dispõe a sujeitar-se a essa autoridade, quando sente que lhe convém submeter-se à vontade divina e em tudo sujeitar-se à autoridade de Deus. O homem teve esta sorte de pequenez comparativa antes da queda. Então, ele era infinitamente pequeno e insignificante em comparação a Deus; mas sua insignificância natural se tornou muito maior a partir da queda, pois a ruína moral de sua natureza reduziu grandemente suas faculdades naturais, ainda que não as extinguisse.

A pessoa realmente humilde, desde a queda, é também sensível de sua insignificância e vileza *morais*. Isto consiste em sua pecaminosidade. Sua insignificância *natural* é sua *pequenez como criatura*; sua pequenez *moral* é sua *vileza e imundície, como pecador*. O homem antes da queda era infinitamente distante de Deus em suas qualidades ou atributos naturais; o homem caído está infinitamente distante dele também como pecador, e, por isso, imundo. E uma pessoa realmente humilde em alguma medida é sensível de sua insignificância comparativa neste aspecto: ela percebe quão excessivamente imunda é diante de um Deus infinitamente santo, a cujos olhos os céus não são limpos. Ela percebe o quanto Deus é puro e quão imunda e abominável é ela diante dele. Isaías teve esse senso de sua insignificância quando contemplou a glória de Deus e clamou: "Ai de mim! Estou perdido! Porque sou homem de lábios impuros, habito no meio de um povo de impuros lábios, e meus olhos viram o Rei, o Senhor dos Exércitos" (Is 6.5). O humilde senso de nossa insignificância, neste aspecto, implica aversão de nossa própria miséria, tal como a que levou Jó a exclamar: "Eu te conhecia só de ouvir, mas agora meus olhos te veem. Por isso, me abomino e me arrependo no pé e na cinza" (Jó 42.5, 6). Implica ainda aquela contrição e quebrantamento de coração de que fala Davi, quando diz: "Sacrifícios agradáveis a Deus são o espírito quebrantado; coração compungido e contrito, não o desprezarás, ó Deus" (Sl 51.17). E também o que Isaías contemplou quando declarou: "Porque assim diz o Alto, o Sublime, que habita a eternidade, o qual tem o nome de Santo: Habito no alto e santo lugar, mas habito também com o contrito e abatido de espírito, para vivificar o espírito dos abatidos e vivificar o coração dos contritos" (Is 57.15). E tanto o senso de nossa pequenez pessoal quanto o senso de nossa vileza moral diante de Deus, estão implícitos naquela pobreza de espírito de que fala o Salvador, quando afirma: "Bem-aventurados os humildes de espírito, porque deles é o reino do céu" (Mt 5.3).

Além deste senso de nossa própria insignificância e indignidade, que está implícito na humildade, ser muito necessário para conhecermos a Deus, e termos o senso de sua grandeza, sem o qual não podemos conhecer a nós mesmos, precisamos também ter o senso correto de sua excelência e amabilidade. Os demônios e espíritos condenados veem uma grande porção da grandeza de Deus, de sua sabedoria, onipotência etc. Deus os torna sensíveis dessa grandeza, pela qual veem em seus modos de tratá-los e sentem em seus próprios sofrimentos. Por mais indispostos sejam eles em reconhecê-lo, Deus os faz saber o quanto ele está acima deles hoje, e saberão e o sentirão ainda mais, durante e após o julgamento. Eles, porém, não possuem humildade, nem jamais a possuirão, porque, ainda que vendo e sentindo a grandeza de Deus, contudo nada veem e nada sentem de sua amabilidade. E sem isto não pode haver real humildade, pois ela não pode existir a menos que a criatura sinta sua distância de Deus, não só com respeito à sua grandeza, mas também quanto à sua amabilidade. Os anjos e os espíritos redimidos, no céu, veem ambas estas coisas; não só quão maior é Deus do que eles, mas também quão mais amável é ele; de modo que, ainda quando não tenham contaminação e mácula absolutas, como possuem os homens caídos, contudo, em comparação a Deus, lemos que "nem os céus são puros a seus olhos" (Jó 15.15), e "aos seus anjos atribui imperfeições" (Jó 4.18). A partir desse senso de sua insignificância comparativa, as pessoas se tornam sensíveis de quão indignas são da misericórdia ou da observação graciosa de Deus. Jacó expressou esse senso quando disse: "Sou indigno de todas as misericórdias e de toda a fidelidade que tens usado para com teu servo" (Gn 32.10), e Davi, quando exclamou: "Quem sou eu, Senhor Deus, e qual é a minha casa, para que me tenhas trazido até aqui?" (2Sm 7.18). E aquele que realmente se humilha diante de Deus também possui esse senso. Mas, como a humildade consiste no senso de nossa insignificância comparativa, assim ela implica

1.2. *Uma disposição a um comportamento e conduta correspondentes.* Sem isto não há verdadeira humildade. Se pudesse acontecer que nosso entendimento fosse iluminado para ver nossa própria insignificância e, ao mesmo tempo, a vontade e a disposição da alma não agissem de acordo com a humildade, e não se conformassem àquilo que é condizente com nosso senso, mas se oporiam a ela, então não haveria humildade. Como se acabou de dizer, os demônios e os espíritos condenados veem muito de sua pequenez comparativa diante de Deus em alguns aspectos. Sabem que Deus está infinitamente acima deles em poder, conhecimento e majestade. E, no entanto, não conhecendo nem sentindo sua amabilidade e excelência, as vontades e disposições deles de modo algum agem de acordo e se conformam ao que é conveniente à sua insignificância; e assim eles não possuem humildade, mas se acham saturados de orgulho. Sem pretender fazer menção de cada coisa em nosso comportamento correspondente a um senso peculiar de nossa insignificância e vileza a que a humildade nos dispôs – pois isso incluiria a totalidade de nosso dever para com Deus e para com o homem –, eu gostaria de especificar algumas coisas que são dignas de nota, em referência a Deus e em referência ao homem, respectivamente.

Primeira, algumas coisas *em nosso comportamento para com Deus*, às quais a humildade nos disporá. Como a primeira delas, a humildade disporá uma pessoa a *sincera e livremente reconhecer sua insignificância ou pequenez diante de Deus*. A pessoa percebe quão conveniente e oportuno é que ela faça este reconhecimento; e o faz de boa vontade, e até mesmo com deleite. Ela confessa livremente sua própria nulidade e vileza, e se declara indigna de qualquer misericórdia e se vê merecedora de toda miséria. A disposição da alma humilde é rebaixar-se diante de Deus e humilhar-se no pó, em sua presença. A humildade também dispõe alguém *a nutrir desconfiança de si próprio e a depender tão-somente de Deus*. A pessoa orgulhosa, que tenha uma elevada opinião de sua própria sabedoria, ou força, ou retidão, é autoconfiante. Mas a humilde não se dispõe a confiar em si mesma, mas desconfia de sua própria suficiência; e sua disposição é confiar em Deus, e com deleite se lança totalmente nele como seu refúgio, justiça e força. A pessoa humilde se dispõe muito mais *a renunciar toda a glória do bem que possui ou faz, e dá toda a glória a Deus*. Caso haja nela algo que seja bom, ou algum bem feito por ela, sua disposição não é gloriar-se ou ufanar-se nele diante de Deus, e sim atribuir tudo a Deus, e, na linguagem do salmista, declara: "Não a nós, Senhor, não a nós, mas ao teu nome dá glória, por amor de tua misericórdia e de tua fidelidade" (Sl 115.1). Reiterando, a disposição da pessoa humilde é *sujeitar-se totalmente a Deus*. Seu coração não se opõe a uma plena e absoluta sujeição à vontade divina, mas se inclina para ela. Ela se dispõe a sujeitar-se aos mandamentos e leis de Deus, porquanto vê ser certo e preferível que aquele que é tão infinitamente inferior a Deus lhe esteja sujeito; reconhece ser uma honra pertencer a Deus, sujeitar-se ao seu reinado e receber dele as leis. E se dispõe igualmente a sujeitar-se à providência e viver diariamente à disposição de Deus, e de bom grado sujeitar-se à sua vontade como manifestada no que ele lhe ordena; e, muito embora Deus ordene aflição, circunstâncias desfavoráveis e deprimentes, como sua porção no mundo, ela não murmura, mas, sentindo sua insignificância e indignidade, é sensível ao fato de que as administrações aflitivas e dolorosas são o que ela merece, e que suas circunstâncias são melhores do que ela merece. E, por mais enigmáticos sejam os tratos divinos em relação à fé que com frequência vemos manifestados nos que são eminentes em graça, ela está pronta a dizer com Jó: "Ainda que ele me mate, nele esperarei" (Jó 13.15-ARC). E, como a humildade implica uma disposição a esse comportamento para com Deus, assim,

Segunda, ela dispõe *a um comportamento para com os homens* compatível com nossa insignificância comparativa. Mostrarei isto salientando que tipo de comportamento a humildade tende a prevenir. Ela tende, em primeiro lugar, a prevenir *um comportamento pretenso e ambicioso* entre os homens. A pessoa que se acha sob a influência de uma disposição de humildade se contenta com aquela situação, entre os homens, que Deus lhe apraz conceder, e não é ávida por honras, e não afeta parecer superior e exaltada acima de seus semelhantes. Ela age com base no princípio daquele dito do profeta: "E procuras tu grandezas? Não as procures" (Jr 45.5); e também daquela injunção do apóstolo: "Não sejais sábios aos vossos próprios olhos" (Rm 12.16). A humildade tende ainda *a prevenir um comportamento ostensivo*. Se a pessoa realmente humilde desfruta de alguma vantagem ou benefício de algum tipo, seja temporal ou espiritual, acima de seus semelhantes, ela não fará qualquer exibição disto. Se ela possui habilidades naturais maiores que as dos demais, ela não fará estardalhaço e exibição delas, ou cuidará para que os outros não conheçam sua superioridade nesta área. Se ela possui uma experiência espiritual notável, não se apressará para que os homens a conheçam em virtude da honra que porventura obtenha dela; não almejará ser estimada dos homens como um santo eminente e fiel servo do céu; pois para ela é algo de pouca importância o que os homens pensem dela. Caso faça algum bem, ou cumpra seu dever de certo modo com dificuldade e renúncia, ela não se esforça para que os homens o observem, nem se preocupa se porventura não o notarem. Seu comportamento não é o dos fariseus que, como lemos (Mt 23.5), faziam todas as suas obras para que fossem vistos pelos homens; mas, se fizer algo com sinceridade, ela se contenta com o fato de que o grande Ser que vê em secreto a contemple e a aprove.

A humildade tende ainda a prevenir *um comportamento arrogante e presunçoso*. Aquele que está sob a influência da humildade não se preocupa em assumir tanto sobre si; e, quando se acha entre outros, não corre para eles como se esperasse e insistisse que lhe seja demonstrada uma grande porção de respeito. Seu comportamento não acarreta a ideia de ser superior entre aqueles que se acham acima dele, e que é alguém a quem se deva demonstrar o principal respeito e cujo julgamento deve ser buscado e seguido. Tal pessoa não vai ao extremo de esperar que todos se curvem diante dela e a ela se sujeitem, dando-lhe espaço, como se ninguém fosse tão importante quanto ela. Tal pessoa não assume ares de importância em sua conversação comum, nem na administração de seus negócios, nem nos deveres da religião. Ela não se precipita em lançar mão daquilo que não lhe pertence, como se fosse detentora de poder quando de fato não o possui; como se a terra devesse estar-lhe sujeita às ordens e devesse agir de acordo com sua inclinação e propósitos. Ao contrário, ela rende toda a devida deferência ao juízo e inclinações dos outros, e seu comportamento leva consigo a impressão de que sinceramente recebe e age em conformidade com aquele ensino do apóstolo: "Nada façais por partidarismo ou vanglória, mas por humildade, considerando cada um os outros superiores a si mesmo" (Fp 2.3). Ao falar das coisas da religião, tal pessoa não dá a impressão, seja em sua linguagem, seja em seu comportamento, de alguém que se estima como um dos melhores santos de todo o grupo, mas, ao contrário, se porta como se pensasse, na expressão do apóstolo, ser "o menor de todos os santos" (Ef 3.8).

A humildade tende também *a prevenir um comportamento desdenhoso*. Tratar os demais com escárnio e desdém é uma das piores e mais ofensivas manifestações de orgulho para com eles. Mas aqueles que estão sob a influência de uma atitude humilde estão longe de tal comportamento. Não desprezam nem olham para aqueles que se acham abaixo deles com arrogante ar de superioridade, como se mal fossem dignos de se aproximar deles, ou de ter qualquer respeito por eles. Têm consciência de que não há diferença tão vasta entre eles e seus semelhantes que justifique tal comportamento. Não são encontrados tratando com escárnio e desdém o que os outros dizem, ou falando do que fazem com reflexões ridículas e sarcásticas, ou se assentando e relatando o que outros teriam falado ou feito, simplesmente para fazer zombaria. Ao contrário, a humildade dispõe uma pessoa a um comportamento condescendente para com os mais mansos e mais humildes, e a tratar os inferiores com cortesia e afabilidade, como sendo sensível de sua própria fraqueza e desprezível condição diante de Deus, e que é tão-somente Deus que a faz, em algum aspecto, diferir de outros, ou de dar-lhe vantagem sobre eles. A pessoa realmente humilde terá sempre a disposição de ceder ao que é simples (Rm 12.16). Mesmo que seja uma pessoa de grande importância, e ocupe lugares de confiança e honra públicas, a humildade a disporá a tratar seus inferiores de maneira cordial, e não de uma maneira arrogante e desdenhosa, a ponto de ufanar-se de sua grandeza.

A humildade tende ainda *a prevenir um comportamento voluntarioso e obstinado*. Aqueles que vivem sob a influência da humildade não impõem sua própria vontade, seja nas atividades públicas, seja nas privadas. Não serão dogmáticos e inflexíveis, como aqueles que insistem que tudo transcorra de acordo com o que inicialmente propuseram, e manifestam uma disposição que de modo algum é indulgente, mas criam toda dificuldade que possam e tornam os outros tão intranquilos quanto eles mesmos, e impedem que tudo seja feito com alguma tranquilidade, caso não seja feito de acordo com sua própria mente e vontade. Não são como alguns a quem o apóstolo Pedro descreve (2Pe 2.10), atrevidos e arrogantes, sempre centrados no fato de que suas ideias é que devem prevalecer, e, caso isto não suceda, então, passam a fazer oposição e a aborrecer os outros. Ao contrário disso, a humildade leva os homens a uma disposição em servir em favor de outros, prontos a agir em favor da paz e do proveito de outros, a agir de acordo com suas inclinações em muitas coisas boas, e a ceder aos seus juízos nos quais não sejam inconsistentes com a verdade e a santidade. Uma pessoa realmente humilde procura não ser inflexível em nada senão na causa de seu Senhor e Mestre, que é a causa da verdade e da virtude. Nisto ela é inflexível, porque Deus e a consciência o requerem; mas em coisas de menor importância, e que não envolvem seus princípios como alguém que segue a Cristo, e nas coisas que só dizem respeito a seus próprios interesses privados, ela está pronta a ceder aos outros. E se percebe que outros são contumazes e irracionais em sua disposição, ela não permite que isso a leve a ser irredutível e voluntariosa em sua disposição para com eles, mas, ao contrário, age conforme os princípios ensinados em passagens tais como: "Não vos vingueis a vós mesmos, amados, mas dai lugar à ira; porque está escrito: A mim me pertence a vingança; eu retribuirei, diz o Senhor" (Rm 12.19); "Por que não sofreis, antes, a injustiça? Por que não sofreis, antes, o dano?" (1Co 6.7); "E ao que demandar contigo e tirar-te a túnica, deixa-lhe também a capa. Se alguém te obrigar a andar uma milha, vai com ele duas" (Mt 5.40, 41).

A humildade tenderá ainda *a prevenir um comportamento crítico*. Algumas pessoas estão sempre prontas a dirigir críticas aos que se acham acima ou abaixo delas, enquanto que nunca se dispõem a arrastar aqueles que estão abaixo para que subam à sua própria posição. Mas aquele que está sob a influência da humildade evitará ambos esses extremos. De um lado, estará disposto a que todos se elevem àquele posto que sua diligência e valor do caráter os qualifiquem; e, do outro, ele estará disposto a que seus superiores sejam conhecidos e reconhecidos em seu lugar e lhes rende todas as honras que lhes são devidas. Não desejará que todos se ponham no mesmo nível, pois bem sabe ser preferível que na sociedade haja gradações; que alguns estejam acima de outros, e sejam honrados e sejamos submetidos a eles como líderes. E, portanto, ele se dispõe a contentar-se com este arranjo divino, e, concordemente com ele, a conformar-se tanto sua atitude quanto seu comportamento a preceitos tais como os seguintes: "Pagai a todos o que lhes é devido: a quem tributo, tributo; a quem imposto, imposto; a quem respeito, respeito; a quem honra, honra" (Rm 13.7); "Lembra-lhes que se sujeitem aos que governam, às autoridades; sejam obedientes, estejam prontos para toda boa obra" (Tt 3.1).

A humildade também tende, uma vez mais, *a prevenir um comportamento que a si mesmo se justifica*. Aquele que vive sob a influência da humildade, caso incorra numa falha, como todos em algum momento são passíveis de cair, ou se em alguma coisa ele tiver prejudicado a alguém, ou desonrado o nome e caráter cristãos, se disporá a reconhecer sua falha e em seu íntimo a envergonhar-se dela. Esse mesmo não será renitente em deixar-se reconduzir ao senso de sua falha, nem a testificar desse senso mediante um reconhecimento de seu erro. Interiormente, ele se humilhará por isso, e se prontificará a mostrar sua humildade daquela maneira que o apóstolo salienta, ao dizer: "Confessai, pois, vossos pecados uns aos outros, e orai uns pelos outros, para serdes curados. Muito pode, por sua eficácia, a súplica do justo" (Tg 5.16). O orgulho é que torna os homens tão excessivamente refratários em confessar suas falhas quando incorrem numa, e os impede de pensar que o ato de envergonhar-se ante a verdade constitui sua mais elevada honra. Mas a humildade no comportamento torna os homens prontos ao seu dever neste aspecto, e, se este comportamento prevalece como deve, então ela os guiará a agir com prazer e até mesmo com deleite. E quando alguém ministrar a tal pessoa uma admoestação ou reprovação cristã por qualquer falha, a humildade a disporá a tomá-la cordialmente, e inclusive com gratidão. É o orgulho que torna os homens tão constrangidos quando são reprovados por algum de seus semelhantes, tanto que às vezes chegam a não suportar a reprovação, se tornam irados e manifestam grande amargura de espírito. A humildade, ao contrário, os disporá não só a tolerarem tais reprovações, mas também a estimá-las e valorizá-las como marcas de bondade e amizade. "Fira-me o justo", diz o salmista, "será isso mercê; repreenda-me, será como óleo sobre minha cabeça" (Sl 141.5).

Havendo assim mostrado o que é a humildade em sua natureza, e ao que ela nos guiará, na atitude e no comportamento, respectivamente, com respeito tanto a Deus quanto ao nosso semelhante, segundo me propus, sigo mostrando

2. *Que a caridade é humilde.* Eu gostaria de fazer isso em dois particulares: primeiro, mostrando como a caridade, ou amor divino, implica e tende à humildade, e, então, mostrando como tais exercícios desta caridade, como o evangelho tende a manifestar, implicam e tendem especialmente à humildade.

2.1. *A caridade, ou amor divino, implica e tende à humildade.*

Primeiro, ela *implica* humildade. A caridade, ou amor divino, como já se demonstrou, é a suma do cristão, e por certo implica em humildade, como uma qualificação essencial. O verdadeiro amor divino é um amor humilde; e aquele amor que não for humilde, na verdade não é divino. E isto parece evidente à luz de duas considerações: porque o senso da amabilidade de Deus peculiarmente revela que Deus opera a humildade; e porque, quando Deus é realmente amado, ele é amado como um Ser superior infinito. Em primeiro lugar,

Porque o senso da amabilidade de Deus é peculiarmente aquela descoberta de Deus que opera a humildade. O senso ou descoberta da grandeza de Deus, sem a visão de sua amabilidade, não fará isso; mas é a descoberta de sua amabilidade que opera e torna a alma realmente humilde. Toda graça é operada no coração através do conhecimento de Deus ou pela clara descoberta de suas perfeições; e o conhecimento dessas perfeições é o fundamento de toda graça. É a descoberta ou senso de Deus como amorável, e não só amorável, mas também como infinitamente superior a nós em amabilidade, que opera a humildade no coração. Não produzirá humildade ter meramente senso do fato de que Deus está infinitamente acima de nós, e que há uma infinita distância entre ele e nós, em grandeza. Isso nada efetuará para tornar o coração humilde, a menos que sejamos também sensíveis de que há uma infinita distância entre ele e nós em sua amabilidade. E isto é evidente à luz da obra da lei no coração do pecador, e da experiência dos demônios e dos espíritos condenados. Sob a obra da lei no coração, as pessoas podem ter senso da terrível grandeza de Deus e, no entanto, não ter humildade, porquanto não têm o senso de sua amabilidade. Toda a obra do Espírito, da lei e do evangelho no coração é operada pela convicção; e há um tipo de convicção que os homens naturais possuem no tocante a Deus, que os desperta e os faz sentir o risco que correm; e esta é uma convicção da terrível grandeza de Deus, se revelando nos requerimentos e denúncias de sua lei. Mas eles podem ter, e às vezes têm isto, e, no entanto, não possuírem humildade; e a razão é que não possuem o senso de quanto Deus está acima deles em amabilidade. Esta é a única coisa que falta; e, sem ela, não serão humildes.

E a mesma coisa se manifesta da experiência dos demônios e dos espíritos condenados. Eles possuem um nítido senso de que Deus lhes é infinitamente superior em grandeza, porém não possuem humildade, visto que não sentem quanto ele lhes é superior em amabilidade. Como já se observou, Deus faz com que os demônios e os espíritos perdidos saibam e sintam que ele lhes é superior em grandeza e poder, e que em suas mãos eles são uma nulidade; e, no entanto, são orgulhosos e não possuem humildade. E no dia do juízo, e depois dele, divisarão sua grandeza com muito mais clareza. Quando Cristo vier sobre as nuvens do céu, rodeado por seus anjos, e com a glória de seu Pai, então, os ímpios, inclusive os reis e os grandes governantes, e os ricos capitães, e os homens poderosos deste mundo, perceberão que ele lhes é infinitamente superior em grandeza; e quando virem sua terrível majestade, eles se esconderão de sua face. E igualmente os demônios verão a grandeza de Deus, e ao mesmo tempo tremerão numa medida muito mais intensa do que agora tremem, somente de pensarem nela. E aos demônios, e aos homens perversos, se dará que saibam que ele é o Senhor. Eles saberão como testemunhas pessoais. Saberão pelo que veem e pelo que sentem, quando a sentença for executada sobre eles, de que realmente Deus lhes é superior e que diante dele não passam de nulidade, como lemos no profeta Ezequiel: "O rei se lamentará, e o príncipe se vestirá de horror, e as mãos do povo da terra tremerão de medo; segundo seu caminho lhes farei, e com seus próprios juízos os julgarei; e saberão que eu sou o Senhor" (Ez 7.27). Mas ainda que vejam tão clara e terrivelmente que Deus lhes é infinitamente superior em grandeza, contudo não possuirão humildade. Eles verão a si próprios numa infinita distância de Deus, porém seus corações não aquiescerão a esta distância, e seu sentimento tentará refutá-la. Porque não verão a amabilidade de Deus, não reconhecerão que estão dele a uma infinita distância neste aspecto, e, portanto, não se deixarão guiar à humildade. E sua experiência mostra que é o senso da infinita distância que a criatura está do Criador, em amabilidade, que causa a verdadeira humildade. É isto que causa humildade nos anjos celestiais e nos santos terrenos. E visto ser este senso da amabilidade de Deus que opera a humildade, daí podemos aprender que o amor divino implica humildade, porquanto o amor é apenas a disposição do coração para com Deus como amorável. Se o conhecimento de Deus como amorável causa humildade, então o respeito para com Deus, como amorável, implica humildade. E deste amor para com Deus suscita o amor cristão para com o ser humano; e, portanto, segue-se que tanto o amor para com Deus, quanto o amor para com o ser humano, de cuja união redunda aquilo mesmo que o apóstolo chama de caridade, igualmente implica humildade.

E transparece ainda mais que o amor divino implica humildade, porque, quando Deus é realmente amado, ele é amado como um superior infinito. O verdadeiro amor para com Deus não é amor para com ele como um igual; pois todo aquele que realmente ama a Deus o honra como Deus, isto é, como um Ser infinitamente superior a todos os demais seres, em grandeza e excelência. É amor para com um Ser que é infinitamente perfeito em todos os seus atributos, o Senhor supremo e Soberano absoluto do universo. Mas, se é amor para com Deus como infinitamente superior a nós mesmos, então o amor é exercido por nós como inferiores infinitos e, portanto, ele é um amor humilde. Ao exercê-lo, olhamos para nós mesmos como infinitamente insignificantes e inferiores diante de Deus, e o amor procede de nós como tais. Mas, amar a Deus desta maneira equivale a amá-lo em humildade e com um amor humilde. Assim o amor divino *implica* humildade.

Segundo, ele *tende* também à humildade. Humildade não é apenas uma qualidade no amor divino, mas é também um efeito dele. O amor divino não só implica humildade em sua natureza, mas também tende a fomentá-lo e a produzi-lo, bem como a provocar seus exercícios como consequências e frutos do amor. A humildade está não somente implícita no amor, como se fosse uma parte do amor, mas é um fruto e produção uniforme do amor; e isso especialmente de duas maneiras. Em primeiro lugar, o amor inclina o coração *àquela atitude e comportamento que conhecem a adequada distância do amado*. É a inimizade contra Deus que leva os corações dos homens a fazer tão forte oposição ao amor para com ele, negando aquele comportamento que efetua o pleno e adequado reconhecimento da distância que existe entre eles e Deus. Aqueles por quem os homens sentem um grande amor se dispõem a honrá-los e a reconhecer a superioridade deles sobre si mesmos, e que eles mesmos lhes são mui inferiores; e isto os leva a render-lhes a honra que vem de tal reconhecimento, especialmente se forem em grande medida seus superiores. Os demônios conhecem sua distância de Deus, porém não a conciliam; e o principal dos demônios almejava ser igual a Deus, e inclusive acima dele, porque não possuía amor para com ele. E assim em certa medida se dá com os homens, enquanto vivem sem o amor divino. Mas, quando o amor penetra o coração, então a inclinação da alma é para todo aquele humilde respeito que convém à distância que existe entre Deus e nós. E assim o amor para com o ser humano, oriundo do amor para com Deus, dispõe a um humilde comportamento para com eles, inclinando-nos a render-lhes toda a honra e respeito que lhes são devidos.

E, em segundo lugar, o amor para com Deus tende a uma *aversão pelo pecado contra Deus*, e então, por causa desse pecado, nos humilhamos diante dele. Na medida em que algo é amado, tudo o que lhe é contrário é odiado. E, portanto, justamente na proporção em que amamos a Deus, na mesma proporção sentiremos aversão pelo pecado que é contra ele. E, sentindo aversão pelo pecado que é contra Deus, nós mesmos sentiremos aversão por ele, e em razão dele nos humilharemos diante de Deus. Havendo assim mostrado como o amor divino, que é a suma da índole cristã, implica e tende à humildade, agora passo a mostrar

2.2. Como o evangelho tende a suscitar tais exercícios do amor e como especialmente o implicam e tendem para ele. Ser cristão e ser evangélico equivalem à mesma coisa. É o cristão que a revelação cristã tende a guiar; e, a revelação cristã é o mesmo que o evangelho. Ora, tais exercícios de amor, os quais o evangelho busca ativar, tende e implica, de uma maneira especial, a humildade; e isso por várias razões.

Primeira, porque o evangelho nos conduz a *amar a Deus como um Deus infinitamente condescendente*. O evangelho, acima de todas as coisas do mundo, põe em realce a excessiva condescendência de Deus. Nenhuma outra manifestação que Deus já fez de si mesmo exibe uma condescendência tão maravilhosa como faz a revelação cristã. O evangelho ensina como Deus, que se humilha em contemplar as coisas que se encontram no céu e na terra, inclinou-se tanto que notou, com um gesto infinitamente gracioso, tão pobres e vis vermes se arrastando no pó e se preocupou com sua salvação, a ponto de enviar seu Filho unigênito para morrer por eles, a fim de que fossem perdoados e elevados e honrados e introduzidos na eterna comunhão com ele e no perfeito desfrute dele mesmo, no céu para todo o sempre. De modo que o amor a que a revelação cristã nos conduz é amor para com Deus em sua condescendência, e nos conduz também aos exercícios do amor que nos convém nutrir para com Deus, que possui uma condescendência tão infinita; e tais atos de amor são, necessariamente, humildes atos de amor, pois na criatura não há disposição que seja mais adaptada à condescendência do Criador do que a humildade. A condescendência de Deus não é propriamente humildade, porque, pelas razões já dadas, a humildade é uma virtude tão-somente daqueles seres que possuem insignificância comparativa. E, no entanto, Deus, por sua infinita condescendência, mostra que sua natureza é infinitamente remota do orgulho e hostilidade, e, portanto, sua condescendência algumas vezes é expressa como humildade; e, de nossa parte, a humildade é a conformidade peculiar com a condescendência de Deus, tanto quanto que pode haver numa criatura. Sua condescendência tende a produzir humildade de nossa parte.

Segunda, o evangelho nos leva a *amar a Cristo como uma pessoa humilde*. Cristo é o Deus-homem; possuindo ambas, a natureza divina e a humana; e assim ele possui não só condescendência, que é uma perfeição divina, mas também humildade, que é uma excelência da criatura. Ora, o evangelho nos apresenta Cristo como aquele que é manso e humilde de coração; como o mais perfeito e excelente exemplo de humildade que já existiu; como aquele em quem se manifestaram as maiores realizações e expressões de humildade em seu autoaviltamento. Ainda que ele subsistisse "na forma de Deus, não julgou como usurpação o ser igual a Deus; antes, a si mesmo se esvaziou, assumindo a forma de servo, tornando-se em semelhança de homens; e, reconhecido em figura humana, a si mesmo se humilhou, tornando-se obediente à morte, e morte de cruz" (Fp 2.6-8). Ora, o evangelho nos leva a amar a Cristo como uma pessoa muito humilde; e, portanto, amá-lo com aquele amor que é próprio a ser exercido por tal pessoa, equivale a exercermos um amor humilde. E isto se faz ainda mais verdadeiro, porque o evangelho nos leva a amar a Cristo não só como uma pessoa humilde, mas também como um Salvador, Senhor e Cabeça humilde. Se nosso Senhor e Mestre é humilde, e o amamos como tal, certamente nos convém que sejamos seus discípulos e servos com a mesma atitude; pois seguramente não convém que o servo seja mais orgulhoso ou menos aviltado do que seu Mestre. Como Cristo mesmo nos informa: "O discípulo não está acima de seu mestre, nem o servo, acima de seu senhor. Basta ao discípulo ser como seu mestre, e ao servo, como seu senhor. Se chamaram Belzebu ao dono da casa, quanto mais aos seus domésticos" (Mt 10.24, 25). E uma vez mais nos informa que seu próprio exemplo de humildade se propunha a que o imitássemos (Jo 13.13-16), e ainda outra vez declara a seus discípulos: "Sabeis que os governadores dos povos os dominam e que os maiorais exercem autoridade sobre eles. Não é assim entre vós; pelo contrário, quem quiser tornar-se grande entre vós, será esse o que vos sirva; e quem quiser ser o primeiro entre vós, será vosso servo; tal como o Filho do homem, que não veio para ser servido, mas para servir e dar sua vida em resgate por muitos" (Mt 20.25-28).

Terceira, o evangelho nos leva a *amar a Cristo como Salvador crucificado*. Como nosso Salvador e Senhor, ele sofreu a mais profunda ignomínia e foi entregue para sofrer a mais aviltante morte, muito embora fosse ele o Senhor da glória. Isto bem poderia acender a humildade de seus seguidores, e conduzi-los a um amor humilde para com ele. Porque, ao enviar Deus seu Filho ao mundo para sofrer uma morte tão aviltante, ele, por assim dizer, derramou menosprezo sobre toda a glória terrena da qual os homens costumam se vangloriar, no fato que ele o deu como Salvador e Cabeça de todo seu povo eleito, para que ele se manifestasse em circunstâncias bem distantes da glória terrena e em circunstâncias da mais profunda ignomínia e vergonha terrenas. E Cristo, ao dispor-se a ser aviltado, e a sofrer, não só desdenhou de toda glória e grandeza terrenas, mas também exibiu sua humildade da maneira a mais clara. Se então nos considerarmos seguidores daquele Jesus manso, humilde e crucificado, andaremos humildemente diante de Deus e dos homens todos os dias de nossa vida terrena.

Quarta, o evangelho tende ainda a guiar-nos aos humildes exercícios do amor, porque ele nos leva a *amar a Cristo como aquele que foi crucificado por nossa causa*. O mero fato de que Cristo foi crucificado constitui um forte argumento em favor de nossa humildade, visto que somos seus seguidores. Mas sua crucificação *por nós* constitui um argumento muito mais forte em favor da nossa humildade. Pois a crucificação de Cristo por nós é o maior testemunho de Deus contra nossos pecados que já foi dado. Ele mostra que a aversão que Deus sente por nossos pecados é mais profunda do que qualquer outro ato ou evento que Deus já dirigiu ou permitiu. A medida da aversão que Deus sente por nossos pecados é demonstrada em havê-los punido de modo tão terrível, e em os haver executado com tanta ira, mesmo quando os imputou contra seu próprio Filho. De modo que este é o mais forte induzimento à nossa humildade que se pode apresentar, e isto por duas razões: porque é a maior manifestação da vileza daquilo pelo que devemos ser humildes, e também o mais forte argumento para amarmos aquela humilde atitude que o evangelho produz. A excelência de Cristo, e o amor de Cristo transparecem mais em haver ele mesmo se oferecido para ser crucificado em nosso lugar do que em qualquer outro de seus atos; de modo que essas coisas, consideradas simultaneamente, tendem acima de todas as demais coisas a arrastar-nos aos exercícios do amor humilde. Na aplicação deste tema, podemos ver

1. *A excelência da atitude cristã*. Lemos que "o justo serve de guia para o seu companheiro" (Pv 12.26). E muito desta excelência no cristão genuíno consiste em seu espírito manso e humilde, que o faz semelhante ao seu Salvador. O apóstolo fala desta atitude como sendo o mais rico de todos os ornamentos: "Seja, porém, o homem interior do coração, unido ao incorruptível de um espírito manso e tranquilo, que é de grande valor diante de Deus" (1Pe 3.4). O tema nos leva

2. *A nos examinarmos e vermos se de fato somos de um espírito humilde*. "Eis o soberbo!", diz o profeta, "sua alma não é reta nele" (Hc 2.4). E o fato de que "Deus resiste o soberbo" (Tg 4.6), ou, como está no original, "se põe em batalha armado contra ele", mostra o quanto ele sente aversão pelo espírito orgulhoso. E nem todo o que mostra e aparenta humildade passa no teste do evangelho. Há várias imitações dele que não se enquadram na realidade. Há aqueles que afetam humildade; outros que revelam uma apatia natural e são carentes de um caráter íntegro;

outros são melancólicos ou desesperançados; outros, sob as convicções da consciência, pelas quais, com o passar do tempo, se tornam deprimidos, revelam um espírito alquebrado; outros parecem grandemente aviltados nos momentos de adversidade e aflição, ou possuem um coração naturalmente enternecido sob as iluminações comuns da verdade; em outros há um tipo de humildade simulada, operada pelas ilusões de Satanás – e tudo isto pode ser uma simulação da humildade genuína. Examine-se, pois, e veja qual é a natureza de sua humildade, se é dos tipos superficiais, ou se é de fato operada pelo Espírito Santo em seu coração; e não repouse satisfeito até que descubra se está presente em você aquela atitude e comportamento daqueles a quem o evangelho considera humildes.

3. *O tema exorta os que são estranhos à graça de Deus a que busquem essa graça, para que, assim, tomem posse da humildade.* Caso seja esse seu caráter, então você se encontra destituído do espírito cristão, que é o espírito da graça, e, portanto, totalmente destituído de humildade. Seu espírito é do tipo orgulhoso; e mesmo que não pareça que você se conduz orgulhosamente entre os homens, contudo está se exaltando contra Deus ao recusar submeter-lhe seu coração e vida. E, ao agir assim, você está desconsiderando e desafiando a soberania de Deus, e ousando contender com seu Criador, muito embora ele ameace terrivelmente os que agem assim. De modo arrogante, você está desdenhando a autoridade de Deus, ao recusar render-lhe obediência e ao viver em desobediência; ao recusar a conformar-se à sua vontade e a aquiescer às humilhantes condições e modo de salvação que Cristo impõe; e ao confiar em sua própria força e justiça, em vez daquela que Cristo tão graciosamente oferece.

Ora, no tocante a tal atitude, considere que este é, num sentido especial, o pecado dos demônios. "Não seja neófito", diz o apóstolo, "para não suceder que se ensoberbeça e incorra na condenação do diabo" (1Tm 3.6). E considere ainda quão odioso e abominável é tal atitude diante de Deus, e quão horrivelmente ele o tem ameaçado, declarando que "abominável é ao Senhor todo arrogante de coração; é evidente que não ficará impune" (Pv 16.5); e, outra vez, "Seis coisas o Senhor aborrece, e a sétima sua alma abomina: Olhos altivos..." (Pv 6.16, 17a); e, outra vez, que "a soberba do homem o abaterá" (Pv 29.23); e: "Tu salvas o povo humilde, mas com um lance de vista, abates os altivos" (2Sm 22.28); e, outra vez, "o Senhor dos Exércitos formou este desígnio para denegrir a soberba de toda beleza, e envilecer os mais nobres da terra" (Is 23.9). Considere ainda como Faraó, Coré, Hamã, Belsazar e Herodes foram terrivelmente punidos pelo orgulho de seu coração e conduta; e assim somos admoestados, por seu exemplo, a nutrir um espírito humilde e a andar humildemente com Deus e com os homens. Finalmente,

4. *Que todos sejam exortados a buscar solicitamente o máximo de um espírito humilde e a diligenciar-se por ser humildes em todo seu comportamento para com Deus e para com os homens.* Busque um profundo e permanente senso de sua insignificância comparativa diante de Deus e dos homens. Conheça a Deus. Confesse sua nulidade e demérito diante dele. Não confie em si mesmo. Confie tão-somente em Deus. Renuncie toda e qualquer glória, exceto a que pertence a Deus. Renda-se de coração à sua vontade e serviço. Evite um comportamento egoísta, ambicioso, ostensivo, presumido, arrogante, zombeteiro, obstinado, voluntarioso, crítico e que a si mesmo se justifica;

e busque diligentemente, mais e mais, aquele espírito humilde que Cristo manifestou enquanto viveu sobre a terra. Considere os muitos motivos para esse espírito. A humildade é um traço essencial e distintivo em toda a verdadeira piedade. É o acompanhante de toda graça e, de uma maneira peculiar, tende à pureza do sentimento cristão. É o ornamento do espírito; a fonte de alguns dos mais doces exercícios da experiência cristã; o sacrifício mais aceitável que podemos oferecer a Deus; o objeto das mais ricas de suas promessas; o espírito com que habitaremos a terra e com o qual ele nos coroará de glória, no céu por vir. Busque, pois, solicitamente, e nutra diligentemente e em espírito de oração, a atitude humilde, e Deus andará com você aqui e agora; e quando seus dias findarem aqui, ele o receberá àquelas honras outorgadas ao seu povo à destra de Cristo.

MENSAGEM 8

A CARIDADE EM OPOSIÇÃO AO EGOÍSMO

O amor ... "não procura os seus interesses" (1Co 13.5b).

Havendo mostrado a natureza da caridade, ou amor, com respeito ao bem dos outros, em dois particulares, a saber, que ela é bondosa para com eles e não inveja seus bens e bênçãos; e também com respeito ao nosso próprio bem, a saber, que ela não é orgulhosa, seja em espírito, seja em comportamento, passo para o próximo ponto apresentado pelo apóstolo, a saber, que a caridade "não procura seus próprios interesses". Evidentemente, temos aqui a doutrina destas palavras, a saber:

A CARIDADE, OU AMOR CRISTÃO, É O OPOSTO DO EGOÍSMO.

A ruína que a queda produziu na alma humana consiste exatamente em haver ela perdido os mais nobres e mui benevolentes princípios de sua natureza; em haver-se escravizado totalmente ao poder e governo do egoísmo. Antes, exatamente como Deus o criou, o homem era exaltado, nobre e generoso; agora, porém, ele se acha aviltado, é ignóbil e egoísta. Imediatamente após a queda, a mente humana se reduziu de sua grandeza e expansão primitivas a uma excessiva pequenez e contração; e, como em outros aspectos, aconteceu especialmente neste. Antes, sua alma vivia sob o governo daquele nobre princípio do amor divino, no qual ele foi agigantado à compreensão de todas as suas criaturas amigas e de seu bem-estar. E não só isso, mas ele não se confinava dentro de limites tão minúsculos como eram as fronteiras da criação, mas se expandiu no exercício do santo amor para com seu Criador, e ultrapassou o infinito oceano do bem e foi, por assim dizer, tragado por ele e veio a ser um com ele. Mas, tão logo cometeu transgressão contra Deus, imediatamente perdeu estes nobres princípios, e toda esta excelente amplidão da alma humana se esvaiu; e, se viu reduzido, por assim dizer, a um pequeno espaço, circunscrito e encerrado em si mesmo, à exclusão de todas as demais coisas. O pecado, como algum poderoso adstringente, reduziu sua alma a pequeníssimas dimensões do egoísmo; e Deus foi abandonado, e igualmente foram abandonadas as criaturas de seu convívio, e o homem buscou refúgio em seu próprio universo interior e veio a ser totalmente governado por princípios e sentimentos mesquinhos e egoístas. O amor próprio veio a ser o senhor absoluto de sua alma, e os princípios mais nobres e espirituais de seu ser bateram asas e fugiram. Deus, porém, apiedando-se do homem em sua miséria, deu início à obra da redenção e, pelo glorioso evangelho de seu Filho, começou a obra de recondução da alma do homem, de seu confinamento e constrangimento aos nobres e divinos princípios pelos quais no início ela foi animada e governada. E é através da cruz de Cristo que ele faz isto; pois nossa união com ele nos proporciona participação de sua natureza. E assim o cristianismo restaura na alma um excelente alargamento, avanço e liberalidade, e a possui novamente com aquele amor ou caridade divina da qual lemos no texto, por meio da qual a alma abraça outra vez as criaturas que são suas companheiras e se devota ao seu Criador e se deixa consumir nele. E assim a caridade, que é a suma do espírito cristão, de tal modo participa da gloriosa plenitude da natureza divina, que ela já "não busca seus próprios interesses", ou seja, é *contrária a um espírito egoísta*. Detendo-me neste pensamento, gostaria, antes de tudo, de mostrar a natureza daquele egoísmo do qual a caridade é a outra face da moeda; em seguida, como a caridade lhe faz oposição; e, por último, algumas das evidências que sustentam a doutrina.

1. *Gostaria de mostrar a natureza daquele egoísmo ao qual a caridade se opõe*. E aqui eu gostaria de observar o seguinte:

1.1. *Negativamente, o amor cristão, ou caridade, não é contrário a todo amor próprio*. Não é contrário ao cristianismo dizer que uma pessoa deve amar a si própria; ou, dizendo a mesma coisa, ela deve amar sua própria felicidade. Se o cristianismo tendesse a destruir o amor de alguém por si próprio e por sua própria felicidade, então tenderia inclusive a destruir o próprio espírito humano; mas, no próprio anúncio do evangelho, como um sistema de paz na terra e boa vontade para com os homens (Lc 2.14), ele mostra não somente que não destrói a humanidade, mas também que, no mais elevado grau, promove seu espírito. Que uma pessoa deve amar sua própria felicidade, é tão necessário à sua natureza quanto é à faculdade da vontade; é impossível que tal amor seja destruído de alguma outra maneira do que destruindo sua própria existência. Os santos amam sua própria felicidade. Sim, aqueles que são perfeitos em felicidade, os santos e os anjos no céu, amam sua própria felicidade; de outro modo, aquela felicidade que Deus lhes deu não lhes seria felicidade; pois aquilo que alguém não ama não lhe pode produzir qualquer felicidade.

Que amar a si próprio é lícito se faz evidente também do fato de que a lei de Deus faz do amor próprio uma regra e medida pelas quais se regula nosso amor aos demais. É assim que Cristo ordena: "Amarás o teu próximo como a ti mesmo" (Mt 19.19), o que certamente pressupõe que podemos, e devemos, amar a nós mesmos. Não lemos "amarás *mais* que a ti mesmo", e sim "*como* a ti mesmo". Temos a ordem de amar nosso a próximo, logo após a ordem de amar a Deus; e, portanto, devemos amar-nos com um amor que segue aquele que exercemos para com Deus mesmo. E o mesmo transparece também do fato de que as Escrituras, de um ao outro extremo da Bíblia, estão saturadas de motivos que são apresentados para o exato propósito de desenvolver-se o princípio do amor próprio. Tais são todas as promessas e ameaças da Palavra de Deus, seus chamados e convites, seus conselhos para que busquemos nosso próprio bem, e suas advertências a nos precavermos da miséria. Essas coisas não podem exercer influência sobre nós de nenhuma outra maneira, senão quando tendem a afirmar nossas esperanças ou temores. Pois que propósito haveria em fazer a alguém alguma promessa de felicidade, ou pronunciar sobre ele alguma ameaça de miséria, se o mesmo não nutre amor pela primeira, ou não teme a segunda? Ou que razão pode haver em ministrar-lhe conselho para que busque uma, ou adverti-lo a evitar a outra? E assim se faz evidente, negativamente, que a caridade, ou o amor cristão, não é contrário a *todo* amor próprio. No entanto, observo ainda mais:

1.2. *Positivamente, o egoísmo ao qual a caridade, ou o amor cristão, se opõe, é meramente um amor próprio desordenado.* Aqui, não obstante, vem a lume a questão: em que consiste este amor próprio desordenado? Este é um ponto que requer seja bem expresso e claramente estabelecido; pois a refutação de muitos escrúpulos e dúvidas que às vezes as pessoas nutrem depende dele. E, portanto, respondo:

Primeiro, que a imoderação do amor próprio *não consiste em amarmos nossa própria felicidade, e sim em ser ele tão absoluto e levado ao extremo*. Não presumo que se possa ordenar a alguém que ame sua própria felicidade, se considerarmos que o amor, absoluta, e não comparativamente, possa existir em grau tão elevado, ou que ele seja algo passível ou ao aumento, ou à diminuição. Pois entendo que o amor próprio, neste sentido, não é o resultado da queda, mas é necessário, e o qual pertence à natureza de todos os seres inteligentes, e que Deus o fez igual em todos; e que os santos, e os pecadores, e todos igualmente, amam a felicidade e possuem a mesma inclinação inalterada e instintiva para desejá-la e buscá-la. A mudança que ocorre numa pessoa, quando é convertida e santificada, não é que seu amor pela felicidade diminui, mas tão-somente que ele é regulado com respeito aos seus exercícios e influência, e aos cursos e objetivos a que ele conduz. Quem dirá que as almas felizes, no céu, não amam a felicidade tão realmente quanto os miseráveis espíritos no inferno? Se seu amor pela felicidade diminuir por se tornarem santas, então sua própria felicidade diminuirá; pois quanto menos uma pessoa ama a felicidade, menos ela a desfruta e, consequentemente, será menos feliz.

Quando Deus, através da conversão, conduz uma alma, de um estado e condição miseráveis, a um estado feliz, ele lhe imprime aquela felicidade que antes não possuía, porém ao mesmo tempo não lhe destrói seu amor pela felicidade. E assim, quando um santo cresce em graça, ele se torna ainda mais feliz que antes; porém seu amor pela felicidade, e seu desfrute dela, não se tornam menores quando sua própria felicidade aumenta, pois isso equivaleria o aumento da felicidade em um, e sua diminuição em outro. Mas, em cada caso em que Deus torna feliz uma alma miserável, ou uma alma feliz ainda mais feliz, ele conserva o mesmo amor pela felicidade que existia antes. E assim, indubitavelmente, os santos devem manter o princípio de amor por sua própria felicidade, ou amor por si mesmo, o que equivale à mesma coisa, que o ímpio possui. De modo que, se considerarmos, em termos absolutos, o amor que alguém tem por si próprio, ou seu amor por sua própria felicidade, é evidente que o amor próprio desordenado, não consiste na existência do amor em grau elevado, porque ele é igual em todos. Observo, porém:

Segundo, que a imoderação do amor próprio, a qual consiste em um egoísmo corrupto, jaz em duas coisas: (1) *em ser comparativamente grande demais*; (2) *em depositarmos nossa felicidade naquilo que se confina em si mesmo*. Em primeiro lugar, o grau de amor próprio pode ser comparativamente tão imenso, que o grau de sua influência passa a ser desordenado. Ainda que o grau do amor que os homens nutrem por sua própria felicidade, tomado absolutamente, seja o mesmo em todos, contudo a proporção que seu amor próprio mantém em relação ao seu amor pelos outros pode não ser a mesma. Se compararmos o amor que alguém tem por si próprio com o amor que ele tem pelos demais, pode-se dizer que ele ama demais a si próprio – isto é, numa proporção exagerada. E ainda que isto se deva a um defeito do amor pelos demais, em vez de um excesso de amor por si próprio, contudo o amor próprio, por este excesso de amor pessoal, por si só se torna desordenado neste aspecto, a saber, que ele se torna desordenado em sua influência e governo sobre o homem. Pois embora o princípio do amor próprio, considerado em si mesmo, não seja em todos maior do que se houver uma devida proporção de amor por Deus e pelas criaturas que vivem conosco, contudo, a proporção sendo maior, sua influência e governo sobre o homem se tornam maiores; e assim sua influência se torna desordenada por razão da fraqueza ou ausência de outro amor que restrinja ou regule tal influência.

Para ilustrar isso, podemos imaginar o caso de um servo no meio de uma família, o qual anteriormente fora mantido no posto de servo, e cuja influência nos negócios da família não era desordenado, enquanto o poder de seu senhor era maior que o dele; e, no entanto, se mais tarde o senhor vier a ser mais fraco e perder seu poder, e o resto da família perder seu poder anterior, ainda que o poder do servo de modo algum aumente, contudo, a proporção de seu poder pode ser reforçada, então, sua influência pode vir a ser desordenada; e, em vez de viver em sujeição e ser servo, naquela casa ele pode se tornar senhor. E assim o amor próprio se torna desordenado. Antes da queda, o homem amava a si mesmo, ou a sua própria felicidade, tanto quanto após a queda; anteriormente, um princípio superior de amor divino tinha a posse do trono, e tinha tal força que regulava e a dirigia totalmente o amor próprio. Contudo, desde a queda, o princípio do amor divino perdeu sua força, ou, melhor, morreu; de modo que o amor próprio, prosseguindo em sua força anterior, e já não possuindo nenhum princípio superior a regulá-lo, se tornou desordenado em sua influência, e passou a governar onde deveria estar sujeito e ser meramente um servo. O amor próprio, pois, pode tornar-se desordenado em sua influência por ser comparativamente tão grande, e não por ser tão pequeno seu amor por Deus e pelas criaturas de sua convivência, tal como é nos santos, que neste mundo ainda têm um forte resquício de corrupção; ou por não possuírem nenhum amor, como é o caso dos que não possuem em seus corações o amor divino. Assim, a imoderação do amor próprio, com respeito a seu grau, não o existe quando considerada absolutamente, e sim comparativamente, ou com respeito ao nível de sua influência. Em alguns aspectos, os perversos não se amam suficientemente – não tanto quanto fazem os santos; pois não amam a vereda de seu próprio bem-estar ou felicidade; e neste sentido algumas vezes se diz dos perversos que odeiam a si mesmos, ainda que, em outro sentido, amam demasiadamente a si próprios.

Em segundo lugar, é mais verídico dizer que o amor próprio, ou o amor que o homem nutre por sua própria felicidade, pode ser desordenado, quando ele *põe tal felicidade nas coisas que se confinam a ele próprio*. Neste caso, o erro não está tanto no grau de seu amor por si próprio, mas no canal do qual ele flui. Não está no grau com que ele ama a sua própria felicidade, e sim em colocar sua felicidade onde não deveria, e em limitar e confinar seu amor. Alguns, embora amem sua própria felicidade, não põem essa felicidade em seu próprio bem confinado, ou naquele bem que se limita a ele mesmo, e sim o põem mais no bem comum – naquilo que constitui o bem de outrem, ou no bem que outros desfrutam. O amor que alguém sente por sua própria felicidade, quando coloca a felicidade no bem estar do outro, não é propriamente chamado de egoísmo, mas é o exato oposto disto. No entanto, outros há que, em seu amor por sua própria felicidade, põem essa felicidade nas coisas boas que confinam ou limitam a si próprios, à exclusão dos demais. E isto é egoísmo. Esta é uma coisa claríssima e diretamente tencionada por aquele amor próprio que a Escritura condena. E quando lemos que a caridade [ou amor] não busca o que é propriamente seu, devemos entender isto como sendo seu próprio bem privado – o bem que se limita a ela mesma. A expressão "seus próprios interesses" constitui uma frase de apropriação, e leva em sua significação, propriamente, a ideia de limitação a si própria. E, assim, a frase semelhante em Filipenses 2.21, "todos eles buscam o que é seu próprio", leva a ideia do bem que se confina e se apropria para si próprio, ou o bem que alguém possui exclusivamente para si, e no qual ele não tem comunhão ou parceria com outro, mas que o possui tão circunscrito e limitado a si, a ponto de excluir os demais. É assim que a expressão deve ser entendida em 2 Timóteo 3.2, "pois os homens serão egoístas", pois a frase é da mais estrita significação, a saber, que eles se limitam tão-somente a si próprios, e excluem todos os demais.

Porém é possível que alguém se ame o quanto possa, no exercício de um elevado grau de amor por sua própria felicidade, anelando incessantemente por ela, e ponha essa felicidade numa posição tal que, no próprio ato de buscá-la, ele se encontre no sublime exercício de amor a Deus; como, por exemplo, quando a felicidade pela qual ele anela é a satisfação em Deus ou a contemplação de sua glória, ou a manutenção da comunhão com ele. Ou de alguém colocar sua felicidade na glorificação de Deus. Pode parecer-lhe que a maior felicidade que porventura conceba seja dar a Deus a glória máxima que ele possa, e então aspirar por esta felicidade. E, ao aspirar por ela, ele ame aquilo para o que olha como sendo sua felicidade; pois se ele não amasse o que, neste caso, estima como sendo sua felicidade, então não o aspiraria; e amar sua felicidade é amar a si próprio. E, no entanto, no mesmo ato, ele ama a Deus, porque deposita neste sua felicidade; pois nada pode, com propriedade, ser chamado de amor por alguém ou por algo do que pondo nisto nossa felicidade. Assim, as pessoas podem colocar sua felicidade, consideravelmente, no bem de outrem – por exemplo, seu próximo – e, desejando a felicidade que consiste em buscar o bem deles, tais pessoas podem, ao buscá-la, amar a si próprias bem como sua própria felicidade. E, no entanto, isto não constitui egoísmo, porque não é um amor que se confina a si próprio; e sim o amor próprio do indivíduo que flui de um canal que emana para si e para outros. O ego que ele ama é, por assim dizer, alargado e multiplicado, de modo que, nos próprios atos em que ama a si próprio, ele ama igualmente aos demais. E este é o espírito cristão, o excelente e nobre espírito do evangelho de Jesus Cristo. Esta é a natureza daquele amor divino, ou caridade cristã que é expressa no texto. Um espírito cristão é contrário àquele espírito egoísta que consiste no amor próprio que vai após os objetos que se confinam e se limitam a ele próprio –

tais como a riqueza terrena, ou a honra que consiste em estar no mundo num pedestal muito acima de seus semelhantes, ou sua própria tranquilidade e conveniência terrenas, ou o prazer e gratificação de seus próprios apetites e paixões físicos.

Uma vez estabelecido que esse egoísmo se opõe ao espírito cristão, passo a mostrar, como propus:

2. *Como a caridade, ou amor cristão, é oposto ao egoísmo.* É possível mostrar isto nestes dois particulares: (1) que o espírito de caridade, ou amor cristão, nos leva a buscar não só nossas próprias coisas, mas também as de outrem; (2) e que ele nos dispõe, em muitos casos, a nos privarmos de, ou a partilharmos com outros nossas próprias coisas. Vejamos:

2.1. *A caridade, ou amor, leva os que a possuem a buscar não só suas próprias coisas, mas também as coisas de outrem.*

Primeiro, o amor busca *agradar e glorificar a Deus*. As coisas que são deleitosas a Deus e a Cristo, e que tendem à glória divina, são chamadas coisas de Cristo, em oposição às nossas próprias coisas, de acordo com o que lemos: "Pois todos buscam o que é propriamente seu, não o que é de Cristo Jesus" (Fp 2.21). O cristianismo requer que tomemos a Deus e a Cristo como nosso fim principal; e todos os cristãos, na medida em que vivem como cristãos, têm por lema isto: "Para eles o viver é Cristo". Dos cristãos se requer que vivam de tal modo para agradar a Deus, para que experimentem "qual seja a boa, agradável e perfeita vontade de Deus" (Rm 12.2). Devemos ser aqueles servos de Deus que em todas as coisas buscam agradar a nosso Senhor, no dizer do apóstolo: "Não servindo à vista, como para agradar a homens, mas como servos de Cristo, fazendo, de coração, a vontade de Deus" (Ef 6.6). E, assim, em todas as coisas se requer que "quer comais, quer bebais, ou façais qualquer outra coisa, fazei tudo para a glória de Deus" (1Co 10.31). E esta, seguramente, é a atitude que se opõe à busca egoística.

Segundo, aqueles que possuem o espírito de caridade, ou amor cristão, possuem o espírito que busca o bem de seus semelhantes. Assim, o apóstolo ordena: "Não tenha cada um em vista o que é propriamente seu, senão também cada qual o que é dos outros" (Fp 2.4). Devemos buscar o bem espiritual dos outros; e, se possuímos o espírito cristão, desejaremos e buscaremos seu bem-estar e felicidade espirituais, sua salvação do inferno, para que glorifiquem e desfrutem a Deus para todo o sempre. E o mesmo espírito nos disporá a desejar e a buscar a prosperidade temporal dos outros, como diz o apóstolo: "Ninguém busque o seu próprio interesse, e sim de outrem" (1Co 10.24). E de tal modo devemos buscar seu prazer, que, ao mesmo tempo, devemos buscar seu benefício, como o apóstolo nos preceitua: "Assim como também eu procuro, em tudo, ser agradável a todos, não buscando meu próprio interesse, mas o de muitos, para que sejam salvos" (1Co 10.33); e, outra vez, "cada um de nós agrade ao próximo no que é bom para edificação" (Rm 15.2).

Mais particularmente, porém, sob este tópico, gostaria de observar que amor cristão, ou a caridade, quando exercido em favor dos semelhantes, opõe-se ao egoísmo, expondo *uma simpatia e misericórdia*. Ele dispõe as pessoas a considerar não só suas próprias dificuldades, mas também as cargas e aflições de outros, e as dificuldades de suas circunstâncias, e a estimar o caso dos que se acham em apertos e necessidades como se fossem propriamente seus. Uma pessoa que cultiva um espírito egoísta está pronta a tornar gigantescas as aflições que ora enfrenta, como se suas privações ou sofrimentos fossem maiores que os de outras pessoas; e, se ela não estiver sofrendo, está pronta a crer que não é intimada a usar o que tem em sua posse para prestar socorro aos outros. Uma pessoa egoísta não está apta a discernir as carências alheias, senão que, ao contrário, as ignora e dificilmente se deixa persuadir a vê-las e a senti-las. Ao contrário disso, uma pessoa de espírito caridoso está apta a ver as aflições alheias e a observar sua gravidade, enchendo-se de preocupação pelo próximo como se ela mesma estivesse em dificuldades. E também se prontifica a ajudar os outros e se deleita em suprir suas carências e em aliviar suas dificuldades. Ela se regozija em obedecer àquela injunção do apóstolo: "Revesti-vos, pois, como eleitos de Deus, santos e amados, de ternos afetos de misericórdia, de bondade, de humildade, de mansidão, de longanimidade" (Cl 3.12); e nutre o espírito de "sabedoria... lá do alto" (Tg 3.17), que é "plena de misericórdia"; e, como o bom homem mencionado pelo salmista (Sl 37.26), ela é "compassiva", isto é, cheia de misericórdia.

E, por exercer simpatia e misericórdia, assim a caridade, quando age em favor dos semelhantes, é o oposto do egoísmo, e, portanto, o amor é *generoso*. Ele não só busca o bem daqueles que se acham em aflição, mas está pronto a solidarizar-se com todos e a tudo fazer para a promoção de seu bem sempre que houver oportunidade. Ele não esquece de fazer o bem e de solidarizar-se (Hb 13.16), porém obedece à exortação: "Por isso, enquanto tivermos oportunidade, façamos o bem a todos, mas principalmente aos da família da fé" (Gl 6.10). Não há necessidade de ampliar este ponto, tendo já insistido nele extensamente na preleção sobre "a caridade é bondosa".

E, como o espírito de caridade, ou amor cristão, é o oposto do espírito egoísta, em que ela é compassiva e generosa, assim é também nisto: *ela dispõe uma pessoa a ser dedicada à causa pública*. Uma pessoa de espírito íntegro não cultiva pontos de vista estreitos e privados, mas revela profundo interesse e preocupação pelo bem da comunidade a que pertence, e particularmente pela cidade ou vila na qual reside, bem como pelo verdadeiro bem-estar da sociedade da qual é membro. Deus ordenou aos judeus que foram levados para o cativeiro babilônico que buscassem o bem daquela cidade, ainda quando ela não fosse seu país natalício, e, sim, apenas a cidade de seu cativeiro. Sua injunção foi: "Procurai a paz da cidade para onde vos desterrei e orai por ela ao Senhor, porque em sua paz vós tereis paz" (Jr 29.7). E a pessoa que cultiva o verdadeiro espírito cristão se sente solícita pelo bem de seu país e do lugar de sua residência, e estará disposta a gastar-se por seu melhoramento. Os judeus recomendaram a Cristo certo homem (Lc 7.5), como alguém que amava sua nação e que lhes construíra uma sinagoga; e isso é mencionado para lembrar que alguns de Israel provocaram a Deus, porque "não vos afligis com a ruína de José" (Am 6.6). Registrou-se para a perene honra de Ester que ela mesma jejuou e orou, e incitou outros a jejuarem e a orarem pelo bem-estar de seu povo (Et 4.16). E o apóstolo Paulo expressa a mais profunda preocupação pelo bem-estar de seus patrícios (Rm 9.1-3). E os que são possuídos do espírito de caridade cristã são de um senso ainda mais dilatado, pois se preocupam não só pelo desenvolvimento da comunidade, mas também pelo bem-estar da igreja de Deus e de todo o povo de Deus, individualmente. Precisamente desse espírito era Moisés, o homem de Deus, e por isso intercedia ardentemente pelo povo visível de Deus e se declarava pronto a morrer para que eles fossem poupados (Ex 32.11, 32). E desse mesmo espírito era Paulo, que de tal modo se preocupava com o bem-estar de todos, fossem judeus, fossem gentios, que estava disposto a ser como eles eram, se isso servisse para salvar alguns dentre eles (1Co 9.19-23).

O espírito de amor cristão disporá especialmente os que estiverem envolvidos nos negócios públicos, a saber, os ministros, magistrados e todos os oficiais públicos, para que busquem o bem público. Disporá os magistrados a agirem como pais da comunidade, com aquele cuidado e preocupação pelo bem público que o pai de família sente por sua própria casa. Esse espírito os fará vigilantes contra os perigos públicos e os estimulará ao uso de sua autoridade na promoção do benefício público; não se deixando governar por motivos egoísticos em sua administração; não procurando apenas ou principalmente enriquecer a si próprios, ou a tornar-se grandes e progredir nas custas dos espólios de outrem, como fazem mui frequentemente os líderes perversos; mas esforçando-se por agir em prol do verdadeiro bem-estar de todos a quem se estende sua autoridade. E o mesmo espírito disporá os pastores a não buscarem propriamente o que é seu, e a tudo fazer para extorquirem de seu povo o máximo que possam, a fim de enriquecer a si e a suas famílias, e, sim, a buscar o bem do rebanho sobre o qual o grande Pastor os colocou: para alimentar, velar sobre eles e guiá-los às boas pastagens, e os defenderem dos lobos e feras selvagens que procuram devorá-los. E assim, seja qual for o posto de honra ou influência em que formos colocados, mostremos que, nele, somos solícitos pelo bem público, de modo que o mundo seja melhor para nele vivermos, e que, quando partirmos dele, se diga a nosso respeito, como tão nobremente se disse de Davi, que ele "serviu à sua própria geração, conforme o desígnio de Deus" (At 13.36). Mas,

2.2. *A caridade, ou amor, também nos dispõe, em muitos casos, a nos privarmos de nossos próprios bens e a repartirmos, para o bem de outrem.* Ele nos dispõe a repartirmos nosso próprio interesse temporal e pessoal, e total e livremente a renunciá-lo em favor da honra de Deus e do avanço do reino de Cristo. Essa foi precisamente a atitude do apóstolo Paulo, quando exclamou: "Pois estou pronto não só para ser preso, mas até para morrer em Jerusalém pelo nome do Senhor Jesus" (At 21.13). E a mesma disposição nos disporá muitas vezes a renunciar ou a repartir nosso próprio interesse pessoal para o bem de nossos semelhantes. Ele nos prontificará, em toda e qualquer ocasião, a ajudá-los, ou a socorrê-los, conduzindo-nos com coração voluntário a repartir nosso bem menor para que eles recebam um bem maior. E o caso pode chegar a tal ponto que "devemos dar nossa vida pelos irmãos" (1Jo 3.16). Agora, porém, não insistirei muito neste ponto, pois provavelmente terei ocasião de falar mais sobre ele em alguma outra parte do contexto. Então, sigo em frente como me propus.

3. *Observemos algumas das evidências que sustentam a doutrina que estamos examinando.* A veracidade da doutrina de que o espírito de caridade, ou amor cristão, é o exato oposto de um espírito egoístico, transparecerá, se considerarmos a natureza do amor, em geral, a natureza peculiar do amor cristão ou divino e a natureza do amor cristão para com Deus e para com o ser humano, em particular.

3.1. *A natureza do amor, em geral*. Este, na medida em que for real e verdadeiramente sincero, é de uma natureza difusa, e defende os interesses de outrem. Isso se dá com o amor de afeição natural e amizade terrena. Na medida em que haja alguma afeição ou amizade real, as partes entre as quais ele subsiste não buscam simplesmente seus próprios interesses particulares, mas defendem e buscam os interesses recíprocos. Buscam não só suas próprias coisas, mas também as coisas de seus amigos. O egoísmo é um princípio que oprime o coração e o confina a seu próprio ego, enquanto o amor o expande e o estende a outrem. Pelo exercício do amor, o ego de uma pessoa de tal modo se estende e se expande, que outros, na medida em que são amados, se tornam, por assim dizer, partes de si mesmos, de modo que, até onde se promove o interesse deles, ele crê que o seu próprio interesse é promovido; e até onde o deles é prejudicado, também se prejudica o seu. Isto transparecerá ainda mais se considerarmos:

3.2. *A natureza peculiar do amor cristão ou divino*. É peculiarmente verdadeiro que a caridade ou amor cristão está acima do princípio egoístico. Ainda que todo amor real por outrem busque o bem e adote os interesses dos que são amados, contudo todo e qualquer outro amor, excetuando este, tem seu fundamento, num sentido, no princípio egoístico. Assim se dá com a afeição natural que os pais sentem por seus filhos, e com o amor que os parentes nutrem uns pelos outros. Se excetuarmos os impulsos do instinto, o amor próprio é a mola mestra do amor. É porque os homens se amam, que amam aquelas pessoas e coisas que são suas, ou que se relacionam tão de perto, e que olham para elas como pertencentes a eles, e que, pela constituição da sociedade, têm seu interesse e honra vinculados ao que é seu. Assim, o egoísmo se faz presente nas amizades mais estreitas que existem entre os homens. O egoísmo é a fonte donde elas emanam. Algumas vezes a gratidão natural, pois o bem que fazem a outrem, ou o benefício que lhes prestam, lhes é revertido, dispõe os homens, através do amor próprio, a nutrirem um respeito semelhante por aqueles que lhes demonstraram bondade, ou por meio de quem seu interesse egoísta foi promovido. E, algumas vezes, os homens naturais se deixam levar pela amizade que sentem por outrem, pelas qualificações que percebem ou encontram neles, donde esperam pela promoção de seu próprio bem temporal. Se percebem que outros estão dispostos a ser-lhes respeitosos, e a prestar-lhes honra, então o amor por sua própria honra os levará a fomentar tal amizade; ou se percebem sua generosidade para com eles, então o amor por seu próprio proveito os disporá a fomentar amizade por essa conta; ou se descobrem neles uma grande familiaridade de interesses, em disposição e modos, o amor próprio os disporá a fomentar amizade com eles em razão do desfrute que terão em sua sociedade, ou porque esta concordância com eles, em seu temperamento e maneiras, os leva a aprovar seu próprio temperamento e maneiras. E assim há muitas outras maneiras nas quais o amor próprio se torna a fonte daquele amor e amizade que amiúde se manifestam entre os homens naturais. A maior parte do amor que há no mundo provém deste princípio, e, por isso, ele não vai além da natureza. E a natureza não pode ir além do amor próprio, mas tudo o que os homens fazem provém, de uma maneira ou outra, desta raiz.

No entanto, o amor divino, ou a caridade que se acha expressa no texto bíblico, é algo que se põe acima do amor próprio, visto ser ele algo supranatural, ou acima e além de tudo o que é natural. Ele não é um ramo que brota da raiz do amor próprio, como a afeição natural e as amizades terrenas, sendo assim o amor que as pessoas podem nutrir umas pelas outras, e às vezes nutrem. Mas, como o amor próprio é a fonte dos princípios naturais, assim o amor divino é a fonte de princípios supranaturais. O amor divino é algo de um tipo superior, e mais nobre que qualquer planta que nasce e cresce naturalmente num solo como o coração do homem. Ele constitui uma planta transplantada para a alma do jardim celestial, pelo santo e bendito Espírito de Deus, e assim tem sua vida em Deus, não em si próprio. E, portanto, não há outro amor tão acima do princípio egoístico como o amor cristão; nenhum amor que seja tão livre e desinteressado, e em cujo exercício Deus é tão amado por si mesmo e por sua própria causa, e os homens sejam amados, não por causa de sua relação consigo mesmos, mas por causa de sua relação com Deus, na qualidade de seus filhos, e como aqueles que são as criaturas de seu poder, ou sob a influência de seu Espírito. E, portanto, o amor divino, ou caridade, acima de todo amor que há no mundo, é contrário ao espírito egoísta. O outro, ou o amor natural, em alguns aspectos pode ser contrário ao egoísmo, muito embora possa, e às vezes consiga, mover os homens a uma forte liberalidade e generosidade em favor dos que amam; e, no entanto, em outros aspectos, ele se harmoniza com o espírito egoísta, porque, se investigarmos sua origem, nós descobriremos ser ele proveniente da mesma raiz, a saber, um princípio de amor próprio. O amor divino, porém, tem sua nascente onde está sua raiz – em Jesus Cristo; e, portanto, ele não é deste mundo; é de um universo mais elevado; e tende a voltar para lá, donde veio. E como ele não emana do ego, assim não tende ao ego. Ele se deleita na honra e glória de Deus, para sua causa, e não meramente para a causa do ego; e busca o bem e se deleita no bem dos homens, em sua causa e na causa de Deus. E visto que esse amor divino é de fato um princípio muito acima e contrário ao espírito egoísta, ele se põe muito acima disto, a saber, ele se manifesta até mesmo em prol dos inimigos; e sua natureza e tendência é sobrepor-se à ingratidão e ao mal, e aos que nos injuriam e odeiam – o que é diretamente contrário à tendência de um princípio egoísta; este amor cristão se coloca inteiramente acima da natureza – assemelha-se menos ao homem e muito mais a Deus. Que o amor cristão, ou caridade, é contrário ao espírito egoísta, é muitíssimo evidente à luz

3.3. *Da natureza deste amor para com Deus e para com o ser humano, em particular.*

Primeiro, da natureza deste amor *para com Deus*. Se considerarmos o que as Escrituras nos informam sobre a natureza do amor para com Deus, vamos descobrir que elas ensinam que, os que realmente amam a Deus, o amam tão plenamente a ponto de se devotarem a ele e a seu serviço. Somos instruídos sobre isto na suma dos dez mandamentos: "Amarás, pois, o Senhor, teu Deus, de todo o teu coração, de toda a tua alma, de todo o teu entendimento e de toda a tua força" (Mc 12.30). Nestas palavras está contida uma descrição do amor correto para com Deus; e nos ensinam que os que o amam corretamente se lhe devotam totalmente. Eles lhe devotam tudo: todo seu coração, toda sua alma, toda sua mente e toda sua força, ou todos seus poderes e faculdades. Seguramente, uma pessoa que dá totalmente a Deus tudo isto, nada retém, mas se devota total e inteiramente a ele, sem fazer qualquer reserva; e todos os que possuem verdadeiro amor por Deus possuem o espírito para fazer isto. Tal coisa mostra o quanto o princípio do verdadeiro amor para com Deus está acima do princípio egoísta. Pois caso o ego se devote inteiramente a Deus, então há algo, acima do ego, que o vence; algo superior ao ego, que o toma e faz dele uma oferta a Deus. A pessoa egoísta nunca se devota a outrem. Sua natureza é devotar tudo ao ego. Aqueles que possuem verdadeiro amor para com Deus o amam em sua qualidade de Deus e como o Deus supremo; enquanto que a natureza do egoísmo é pôr-se no lugar de Deus e fazer do ego um ídolo. Aquilo que os homens consideram supremo, os egoístas devotam tudo também. Aqueles que endeusam o ego, devotam-lhe tudo; mas aqueles que amam a Deus, como Deus, devotam-lhe tudo.

Que o amor cristão, ou caridade, é contrário a um espírito egoísta, transparecerá ainda mais se considerarmos o que as Escrituras ensinam.

Segundo, da natureza deste amor *para com o homem*. E há duas descrições principais e mui notáveis, que a Bíblia nos dá de um amor realmente gracioso para com nossos semelhantes, cada uma das quais deve ser focalizada.

A *primeira* delas é o requerimento de que amemos nossos semelhantes como amamos a nós mesmos. Temos isto no Antigo Testamento: "Amarás o teu próximo como a ti mesmo" (Lv 19.18); e Cristo cita estas palavras como sendo a soma de todos os deveres da segunda tábua da lei (Mt 22.39). Ora, isto é contrário ao egoísmo, pois o amor não é de tal natureza que confine o coração a si mesmo, mas o impele aos outros, tanto quanto a si mesmo. Ele nos dispõe a olhar para nossos semelhantes como sendo, por assim dizer, um só conosco; e não somente a considerar nossas próprias circunstâncias e interesses, mas também as carências de nossos semelhantes, tal como fazemos com as nossas; não apenas levando em conta nossos desejos pessoais, mas também os desejos de outrem, e fazendo a eles o que gostaríamos que fizessem conosco.

E a *segunda* descrição notável que as Escrituras nos dão da caridade cristã é que ela mostra quão contrária é ao egoísmo, a saber, amando aos outros como Cristo nos amou. Ele disse: "Novo mandamento vos dou: que vos ameis uns aos outros, assim como eu vos amei, que também vos ameis uns aos outros" (Jo 13.34). Denomina-se de "novo mandamento" em distinção àquele antigo: "Amarás a teu próximo como a ti mesmo" (Lv 19.18). Não que o dever de se amar aos outros, que é a substância do mandamento, fosse novo, pois no Antigo Testamento se requeria o mesmo tipo de amor que se requer hoje. Mas é chamado "novo mandamento" neste aspecto: que a regra e o motivo, os quais nós devemos hoje mais especialmente observar, são novos nesta era do evangelho. Outrora, a regra e motivo mais especialmente em pauta eram que amássemos a nós mesmos – que amemos a nosso semelhante *como a nós mesmos*. Hoje, porém, nestes dias do evangelho, e visto que o amor de Cristo já se manifestou tão maravilhosamente, o motivo e regra mais especialmente em pauta é o amor de Cristo para conosco – que devemos amar a nosso semelhante *como Cristo nos amou*. Aqui ele é chamado de "*novo* mandamento"; e assim, em João 15.12, Cristo o denomina de "*meu* mandamento", dizendo tacitamente: "O *meu* mandamento é este: que ameis uns aos outros, assim como eu vos amei". Que amemos uns aos outros como nos amamos, é o mandamento de Moisés; mas o mandamento de Deus, nosso Salvador, é que amemos uns aos outros como Cristo nos amou. É o mesmo mandamento no que tange à sua substância, como dado outrora, porém com nova luz irradiando nele, emanando do amor de Jesus Cristo, e um novo reforço que ele lhe agregou, além do que Moisés dissera. De modo que esta regra, de amarmos os outros como Cristo nos amou, nos mostra mais claramente e em um grau mais acentuado o nosso dever e obrigação, com respeito ao amor que devemos aos nossos semelhantes, mais do que a expressa por Moisés.

Mas, deixando de parte esta digressão, consideremos como a descrição que Cristo dá do amor cristão para com os demais mostra que ele é contrário ao egoísmo, por considerar de que maneira Cristo nos expressou amor, e quanto há no exemplo de seu amor que reforça o oposto de um espírito egoísta. E podemos notar isto em quatro coisas:

Primeira, Cristo amou até mesmo *aqueles que eram seus inimigos*. Além de não haver nenhum amor por Cristo naqueles a quem ele amou, eles nutriam profunda inimizade, e faziam isso com base em um princípio de ódio concreto por Cristo. "Mas Deus prova o seu próprio amor para conosco pelo fato de ter Cristo morrido por nós, sendo nós ainda pecadores." "Porque, se nós, quando inimigos, fomos reconciliados com Deus, mediante a morte de seu Filho, muito mais, estando já reconciliados, seremos salvos por sua vida" (Rm 5.8, 10).

Segunda, tal foi o amor de Cristo para conosco, que lhe aprouve, *em alguns aspectos, olhar para nós, como se olhasse para si próprio*. Por seu amor para conosco, se simplesmente aceitarmos seu amor, de tal modo nos adotou, e nos uniu ao seu coração, que lhe aprouve falar de nós e considerar-nos como a si próprio. Seus eleitos lhe eram, desde toda a eternidade, queridos como a menina de seus olhos. Ele os contemplou como se contemplasse a si próprio, de tal modo que considerou as preocupações deles como sendo suas, e os interesses deles como sendo seus; e inclusive ele tomou a culpa deles como sendo sua, tomando-a sobre si por meio de uma graciosa apropriação, para que ela fosse vista como sendo propriamente sua, através daquela divina imputação em virtude da qual são tratados como inocentes, enquanto ele sofre por eles. E seu amor tem procurado uni-los a si a ponto de torná-los, por assim dizer, membros de seu corpo, de modo que são sua carne e seus ossos, como ele mesmo parece afirmar em Mateus 25.40, quando declara: "Sempre que o fizestes a um destes meus pequeninos irmãos, a mim o fizestes".

Terceira, tal foi o amor de Cristo para conosco, que gastou-se, por assim dizer, em nosso favor. Seu amor não se fundamentava em mero sentimento, nem em leves esforços e pequenos sacrifícios, e, muito embora fôssemos inimigos, contudo de tal modo nos amou que teve suficiente coragem para negar-se a si mesmo e empreender os maiores esforços e enfrentar os maiores sofrimentos em nosso favor. Ele renunciou sua própria tranquilidade, seu conforto, seu interesse, sua honra e sua riqueza; tornou-se pobre, proscrito, desprezado e não tinha onde reclinar a cabeça; e tudo isso ele fez em nosso interesse! E não só isso, mas derramou seu próprio sangue por nós, e ofereceu-se em sacrifício à justiça de Deus, para que fôssemos perdoados e aceitos e salvos! E

Quarta, Cristo assim nos amou, *sem qualquer expectativa de que viéssemos a amá-lo.* Ele não estava em necessidade de algo que pudéssemos fazer por ele, e bem sabia que nunca seríamos capazes de requerer dele que nos fosse bondoso, ou mesmo fizéssemos algo para merecer sua bondade. Ele sabia que éramos pobres, miseráveis e proscritos e de mãos vazias, para que pudéssemos receber dele algo, senão que nada tínhamos para restituir-lhe. Ele sabia que não tínhamos dinheiro ou qualquer valor com que comprar algo, e que ele graciosamente nos daria todas as coisas de que necessitávamos, ou, então, viveríamos eternamente sem elas. E, porventura, não viveremos bem longe de um espírito egoísta, e completamente em oposição ao egoísmo, se amarmos uns aos outros da maneira como Cristo nos amou, ou se tivermos o mesmo espírito de amor para com os demais, justamente como Cristo fez em nosso favor? Se esta é nossa disposição, nosso amor para com os outros não dependerá do amor deles para conosco, senão que faremos justamente o que Cristo fez por nós – amando-os, ainda quando sejam inimigos. Não só buscaremos nossas próprias coisas, mas, em nossos corações, seremos tão unidos aos outros que velaremos por suas coisas como fazemos com as nossas. Demonstraremos interesse por seu bem, justamente como Cristo demonstrou pelo nosso; e estaremos prontos a ceder e repartir nossas próprias coisas, em muitos casos, para que os outros tenham, justamente como Cristo fez conosco. Estaremos sempre prontos e dispostos a fazer essas coisas em benefício de outrem, sem qualquer expectativa de ressarcimento da parte deles, como Cristo fez tão grandes coisas por nós, sem qualquer expectativa de restituição ou ressarcimento. Se essa for nossa atitude, não viveremos sob a influência do egoísmo, mas seremos altruístas em princípio, no coração e vida.

Na aplicação deste tema, eu gostaria de fazer o seguinte uso dele: dissuadir a todos de um espírito e prática egoístas e exortar a todos a que busquem aquela atitude e vivam aquela vida que é o exato oposto do egoísmo. Para que, buscando tal disposição através do amor divino, você devote seu coração a Deus e a sua glória, e assim você ame a seu semelhante como ama a si mesmo, ou, melhor, como Cristo o tem amado. Não busque apenas suas próprias coisas, mas também as coisas que sirvam ao bem-estar de outrem. E para que você se deixe estimular a esta prática, em adição aos motivos já apresentados, então que considere três coisas:

Primeira, que você não seja propriamente seu. Como você não podia criar a si próprio, assim não foi criado *para* si próprio. Você não é o *autor* nem o *fim* de sua própria existência. Tampouco é você que sustenta sua existência, ou o que faz provisão para si mesmo, ou que dependa de si próprio. Outro há que o criou, que o preserva, que lhe faz provisão e de quem depende; e ele o criou para ele mesmo e para o bem das criaturas com as quais você vive, e não apenas para si próprio. Ele pôs diante de você fins mais elevados e mais nobres do que você mesmo, inclusive o bem-estar de seus semelhantes, e da sociedade, e dos interesses de seu reino; e por essas coisas devemos labutar e viver, não só no tempo, mas também visando à eternidade.

E, se porventura você é cristão, como tantos professam ser, então, num sentido peculiar, "não sois de vós mesmos. Porque fostes comprados por preço" (1Co 6.19, 20); "mas pelo precioso sangue, como de cordeiro sem defeito e sem mácula, o sangue de Cristo" (1Pe 1.19). E isto é imposto como um argumento para que os cristãos não visem a si próprios, e sim a glória de Deus; pois o apóstolo adiciona: "Agora, pois, glorificai a Deus em vosso corpo" (1Co 6.20). Por natureza, você viveu em condição miserável e perdida, um cativo nas mãos da justiça divina e um miserável escravo a serviço do pecado e de Satanás. E Cristo o redimiu, e assim você lhe pertence, pois ele o comprou. Por um justíssimo título, você lhe pertence, e não a si próprio. E, portanto, doravante não deve tratar-se como se propriamente pertencesse a si próprio, buscando tão-só, ou principalmente, seus próprios interesses ou deleites; pois, se você agir assim, será culpado de usurpar a Cristo. E, como não pertence a si próprio, assim nada do que possui lhe pertence por direito. As capacidades de seu corpo e mente, suas possessões externas, seu tempo, talentos, influências e confortos – nada, absolutamente nada, lhe pertence; tampouco tem qualquer direito de usá-los, como se fossem suas propriedades absolutas, como provavelmente fará, se imaginar que essas coisas só existem para seu benefício privado, e não para a honra de Cristo e para o bem de seus semelhantes. Consideremos:

Segunda, como você, por sua própria profissão de ser cristão, está unido a Cristo e a seus irmãos cristãos. Cristo e todos os cristãos estão de tal modo entrelaçados, que todos são um só corpo; e Cristo é a Cabeça deste corpo, e os cristãos são seus membros. "Assim também nós, conquanto muitos, somos um só corpo em Cristo e membros uns dos outros" (Rm 12.5); e, outra vez, "Pois, em um só Espírito, todos nós fomos batizados em um corpo, quer judeus, quer gregos, quer escravos, quer livres. E a todos nós foi dado beber de um só Espírito" (1Co

12.13). Quão inconveniente, pois, é que um cristão seja egoísta e se preocupe tão-somente com seus interesses privados! No corpo natural, a mão está pronta a servir à cabeça, e todos os membros estão prontos a servir uns aos outros. O que sucederia se as mãos tudo fizessem para seu próprio proveito? Porventura, elas não são continuamente empregadas tanto em benefício das demais partes do corpo como de si próprias? O que elas fazem diariamente não é para o bem comum de todo o corpo? E assim se pode dizer também dos olhos, dos dentes, dos pés, que são todos eles empregados, não para seu próprio benefício, nem para seu próprio limitado e parcial bem-estar, mas para o conforto comum e bem-estar de todo o corpo. E, se a cabeça fosse desonrada, todos os membros do corpo não seriam imediatamente empregados e ativados a remover a desonra e a pôr a honra na cabeça? E se algum dos membros do corpo fosse ferido, se enfraquecesse e tivesse dor, porventura todos os membros do mesmo corpo não se engajariam imediatamente na proteção daquele membro fraco e sofredor? Não seriam os olhos empregados a velarem por ele, e os ouvidos a atentarem bem nas prescrições médicas, e os pés em irem aonde se busca alívio, e as mãos em aplicarem os remédios providenciados? Assim sucede ao corpo cristão. Todos os seus membros devem ser auxiliares e consoladores uns dos outros, e assim promovendo seu bem-estar e felicidade mútuos, bem como a glória de Cristo, a Cabeça. Uma vez mais, consideremos:

Terceira, que, ao buscar a glória de Deus e o bem de seus semelhantes, você toma a mais segura via na qual Deus busca seus interesses e promove seu bem-estar. Caso você se devote a Deus, sacrificando-lhe todos os seus interesses, certamente você não estará sendo destituído. Muito embora pareça negligenciar a si próprio, e negar a si próprio, e ignorar seu ego com o fim de imitar a benevolência divina, por certo Deus cuidará de você; e fará provisão para que seu interesse seja provido e seu bem-estar, assegurado. Você não sofrerá a menor perda por todos os sacrifícios que fizer por ele. Para a glória dele, se dirá: ele não será seu devedor, mas você se dará cem vezes mais, mesmo nesta vida, além dos eternos galardões que ele lhe outorgará no porvir. Eis sua própria declaração: "E todo aquele que tiver deixado casas, ou irmãos, ou irmãs, ou pai, ou mãe [ou mulher], ou filhos, ou campos, por causa de meu nome, receberá muitas vezes mais [os outros evangelistas adicionam: 'já no presente'] e herdará a vida eterna" (Mt 19.29); e a força desta declaração se aplica a todos os sacrifícios feitos por Cristo ou em favor de nossos semelhantes. Cristo expressa, fazendo uso de um número definido, a grandeza do galardão para esta vida; mas ele não faz uso de números, por maiores que sejam, quando lhes apresenta o galardão prometido para o porvir. Ele simplesmente diz que receberiam a vida eterna, porquanto o galardão é tão imenso e excede tanto a tudo o que as pessoas gastem e renunciem por Cristo, que nenhum número é suficiente para descrevê-lo.

Caso você seja egoísta, e faz de si mesmo e de seus interesses pessoais o seu ídolo, Deus o abandonará à sua própria sorte, para que promova seus próprios interesses o quanto possa. Mas se você não buscar seus próprios interesses de maneira egoística, mas buscar as coisas que são de Jesus Cristo e as coisas que promovem o bem de seus semelhantes, então, Deus tomará sob seu encargo seu interesse e felicidade, e ele é infinitamente mais apto a prover e promover sua felicidade do que você poderia fazer. Os recursos do universo cumprem suas ordens, e ele pode facilmente ordenar a todos eles que sejam subservientes ao seu bem-estar. De modo que, não buscar o que é propriamente seu, sem egoísmo, é a melhor maneira de você buscar o que é seu, no melhor sentido. É o curso mais direto que você pode tomar a fim de assegurar-se de sua mais elevada felicidade. Ao receber a ordem de não ser egoísta, não lhe foi exigido, como já se observou, que não ame e não busque sua própria felicidade, e sim meramente que não busque principalmente seus interesses pessoais e únicos. Mas se você depositar em Deus sua felicidade, glorificando-o e servindo-o pela prática do bem – desta maneira, acima de todos os demais, você estará promovendo sua riqueza, honra e prazer, aqui na terra, e no porvir obterá uma imarcescível coroa de glória e eternos prazeres à destra de Deus. Se buscar, no espírito egoísta, assenhorear-se de tudo quanto possa, então, perderá tudo e, no fim, ainda será expulso do mundo, desnudo e infeliz, à eterna pobreza e desprezo. Mas se você não buscar o que é propriamente seu, e, sim, as coisas de Cristo e o bem de seus semelhantes, Deus mesmo será seu, Cristo será seu e o Espírito Santo será seu, bem como todas as coisas serão suas. Sim, "porque tudo é vosso: seja Paulo, seja Apolo, seja Cefas, seja o mundo, seja a vida, seja a morte, sejam as coisas presentes, sejam as futuras, tudo é vosso, e vós, de Cristo, e Cristo, de Deus" (1Co 3.21-23).

Que estas coisas, pois, inclinem todos nós a sermos menos egoístas do que somos, bem como a buscarmos mais do princípio contrário e mui excelente. O egoísmo nos constitui um princípio inerente; e, toda a corrupção de nossa natureza consiste radicalmente nesse princípio; mas, considerando o conhecimento que temos do cristianismo, e quão numerosos e poderosos são os motivos que ele apresenta, seremos muito menos egoístas do que somos, e menos prontos a buscar nossos próprios interesses, e somente estes. Quanto há deste espírito nocivo e quão pouco daquele espírito nobre, excelente e difuso que agora se acha posto diante de nós! Mas, seja qual for a causa disto, quer tenha se originado de nosso cultivo de tão mesquinhas noções do cristianismo, e de não havermos apreendido Cristo como deveríamos fazer, ou proveniente dos hábitos egoístas que nos foram transmitidos por nossos pais – qualquer que seja a causa, esforcemo-nos por vencê-la, para que cresçamos na graça de um espírito altruísta, e assim glorifiquemos a Deus e pratiquemos o bem em benefício dos homens.

MENSAGEM 9

A CARIDADE SE OPÕE À IRA OU RANCOR

O amor "não se exaspera" (1Co 13.5).

Havendo declarado que a caridade se opõe aos dois grandes vícios principais, a saber, *orgulho* e *egoísmo*, aquelas profundas fontes do pecado e da perversidade, as quais fluem perenemente e se enraízam no coração, em seguida o apóstolo mostra duas coisas que comumente são os frutos deste orgulho e egoísmo, a saber, o espírito de ira e o espírito de censura. Eu gostaria de chamar sua atenção para o primeiro destes pontos, a saber, que a caridade "não se exaspera". A doutrina aqui posta diante de nós é que:

A CARIDADE, OU AMOR CRISTÃO, É O EXATO OPOSTO DE UM ESPÍRITO OU DISPOSIÇÃO DE IRA OU RANCOR.

Ao falar desta doutrina, pergunto, primeiramente, no que consiste esse espírito ou índole de ira, ao qual o espírito cristão se opõe; e, em segundo lugar, apresento a razão pela qual o espírito cristão se lhe opõe.

1. *O que é esse espírito de ira ou rancor ao qual a caridade, ou o amor cristão, se opõe?* Não é a toda forma de ira que o cristianismo se opõe e é contrário. Lemos em Efésios 4.26: "Irai-vos, e não pequeis"; o que parece pressupor que existe certa ira que não é pecado, ou que em alguns casos é possível irar-se, e, no entanto, sem ofender a Deus. E, portanto, pode-se responder, numa única expressão, que o espírito cristão, ou espírito de caridade, se opõe a toda ira indevida e imprópria. Mas a ira pode ser indevida ou imprópria em quatro aspectos: em sua *natureza*, em sua *ocasião*, em seu *fim* e em sua *medida*.

1.1. *A ira pode ser indevida e imprópria no tocante à sua natureza*. A ira pode ser definida como sendo uma ardente e mais ou menos violenta oposição contra qualquer mal real ou suposto, ou em vista de qualquer falha ou ofensa da parte de alguém. Toda ira é oposição da mente a um mal real ou suposto; mas de modo algum é a oposição da mente ao mal que é propriamente chamado de *ira*. Há uma oposição do juízo que não é ira; pois a ira é a oposição, não do juízo frio, e sim do espírito do homem, isto é, de sua disposição ou coração. Aqui, porém, uma vez mais, o que se pode chamar de ira, não é de modo algum a oposição do espírito contra o mal. Há uma disposição do espírito contra o mal *natural* que sofremos, por exemplo, como na tristeza e mágoa, o que é muito diferente de ira; e, em distinção disto, ira é a disposição ao mal *moral*, ou mal real ou suposto, em agentes voluntários, ou que agem por sua própria vontade, e contra esse tipo de mal como se supõe ser sua falha. No entanto, reiterando, não é toda disposição do espírito contra o mal, ou falha em agentes voluntários, que é ira; pois pode haver uma dessemelhança, sem que o espírito seja excitado ou irado; e tal dessemelhança é uma oposição da vontade e da razão, e nem sempre dos sentimentos – e, para que haja ira, a razão precisa ser deixada de lado. Em toda ira tem diligência e oposição de sentimento, e o espírito é agitado e incitado dentro de nós. A ira é uma das paixões ou afeições da alma, ainda que, quando é chamada de afeição, deve ser, em sua maior parte, considerada uma afeição negativa.

Sendo essa, em geral, a natureza da ira, agora é possível mostrar em que a ira é indevida e imprópria em sua natureza. Este é o caso com toda ira que contém indisposição ou um desejo de vingança. Há quem defina a ira como sendo um desejo de vingança. Mas esta não pode ser considerada uma definição justa de ira em geral; pois se assim o fosse, não haveria ira que não implicasse em indisposição, e o desejo de que algum outro fosse injuriado. Mas, indubitavelmente, existe aquela ira que é consistente com a boa vontade; pois um pai pode ficar irado com seu filho, isto é, pode achar em si uma diligência e oposição de espírito à má conduta de seu filho, e seu espírito pode envolver-se e incitar-se em oposição àquela conduta, bem como a seu filho, enquanto o filho permanecer naquela conduta; e, no entanto, ao mesmo tempo, ele não nutrirá nenhuma indisposição própria em relação a seu filho, mas, ao contrário, uma boa vontade real; e, longe de desejar que o filho seja prejudicado, ele nutre o mais elevado desejo de que ele desfrute de genuíno bem-estar, e sua ira não passa de oposição àquilo que acredita ser-lhe prejudicial. E isto mostra que a ira, em sua natureza geral, consiste antes na oposição ao mal, e não um desejo de vingança.

Se a natureza da ira, em geral, consistisse em indisposição e desejo de vingança, nenhuma ira seria lícita, em qualquer caso;

pois não nos é permitido fomentar indisposição em relação a alguns, e, em qualquer caso, porém, é permitido fomentarmos boa vontade em relação a todos. Cristo requer de nós que desejemos o bem e oremos em favor da prosperidade de todos, inclusive de nossos inimigos e daqueles que impiedosamente nos usam e nos perseguem (Mt 5.44); e a regra ministrada pelo apóstolo é: "Abençoai os que vos perseguem, abençoai e não amaldiçoeis" (Rm 12.14); isto é, devemos desejar o bem e orar pelo bem dos demais, e em nenhum caso desejar seu mal. E assim se proíbe toda e qualquer vingança, se excetuarmos a vingança que a justiça pública aplica ao transgressor, em cuja aplicação os homens não são impelidos por uma causa pessoal, e sim pela de Deus. Eis a regra: "Não te vingarás, nem guardarás ira contra os filhos de teu povo; mas amarás a teu próximo como a ti mesmo" (Lv 19.18); e o apóstolo preceitua: "Não vos vingueis a vós mesmos, amados, mas dai lugar à ira; porque está escrito: A mim me pertence a vingança; eu é que retribuirei, diz o Senhor" (Rm 12.19). De modo que toda ira que contenha indisposição ou um desejo de vingança, é justamente essa que é contrária ao cristianismo; sendo, pois, proibida pelas mais terríveis sanções. Às vezes sucede que a ira, como é expressa na Escritura, está implícita somente no pior sentido, ou naquele sentido dela que implica indisposição e o desejo de vingança; e neste sentido toda ira é proibida, como em Efésios 4.31: "Longe de vós, toda amargura, e cólera, e ira, e gritaria, e blasfêmia, e bem assim toda malícia". E, outra vez, em Colossenses 3.8: "Despojai-vos, igualmente, de tudo isto: ira, indignação, maldade, maledicência, linguagem obscena de vosso falar". E assim a ira pode ser irregular e pecaminosa com respeito à sua natureza. E, portanto,

1.2. *A ira pode ser imprópria e anticristã no tocante à sua ocasião.* Tal impropriedade consiste em não ter ela qualquer causa justa. Cristo fala disto, quando declara: "Todo aquele que [sem motivo] se irar contra seu irmão estará sujeito a julgamento" (Mt 5.22). Este pode ser o caso em três maneiras:

Primeira, quando a ocasião de ira é aquela em que, absolutamente, *não se acha falha na pessoa que é seu objeto.* Este não é um caso raro. Muitas pessoas nutrem uma disposição orgulhosa e impertinente e se mostram iradas em tudo, que, em algum aspecto, for contra elas, ou que lhes seja desagradável, ou contrarie seus desejos, quer seu objeto seja ou não culpado. E assim sucede que às vezes os homens se iram contra outrem por aquelas coisas pelas quais não são culpados, mas que ocorrem meramente por sua ignorância involuntária, ou por sua impotência. São alvos de ira por não haverem feito seu melhor, quando simplesmente a causa foi que as circunstâncias foram tais que não puderam agir de outra maneira. E com frequência pessoas se iram contra outrem, não só porque não acharam falhas neles, mas por aquilo que é realmente bom, e por isso deveriam ser louvados. É sempre assim quando os homens se iram contra Deus e se queixam de sua providência e de suas administrações em relação a eles. Assim, tornar-se queixoso e impaciente, e pôr-se a murmurar contra o procedimento de Deus é um tipo de ira horrivelmente perverso. E, no entanto, com muita frequência, este é precisamente o caso neste mundo perverso. É justamente disto que os israelitas perversos eram muitas vezes culpados, e por isso tantos dentre eles foram destruídos no deserto; e foi por este motivo que Jonas, ainda que fosse um homem bom, se viu culpado quando se irou contra

Deus sem uma causa justa – irou-se, quando deveria ter louvado a Deus, por sua grande misericórdia para com os ninivitas. Com muita frequência, também, os humanos se mantêm, por muito tempo, queixosos em razão de coisas que lhes vêm de encontro, ou por toparem com dificuldades, desapontamentos e emaranhamentos em seus negócios, quando nem percebem que é de Deus que se queixam e se iram, e nem mesmo parecem convencidos de que a culpa é deles próprios. Mas, de fato, este espírito queixoso não pode ser interpretado de outra maneira; e tudo o que porventura pretendem, em última hipótese é feito contra o Autor da providência – contra o Deus que ordena esses acontecimentos cruciais, de modo que tais murmurações e queixas são direcionadas a ele.

E, reiterando, é algo comum que as pessoas se irem contras outras por fazerem o bem, o qual é apenas o seu dever fazer. Nunca houve tanta amargura e ferocidade de ira entre os homens, uns contra os outros, e tanta hostilidade e malícia, por qualquer coisa, como tem havido quando se faz o bem. A história não relata crueldades mais intensas do que aquelas praticadas contra o povo de Deus em razão de sua profissão e prática religiosas. E quão aversivo era aos olhos dos escribas e fariseus que Cristo fizesse a vontade de seu Pai, em tudo o que ele fazia e dizia enquanto viveu aqui na terra! Quando os homens se iram contra os outros, ou contra as autoridades civis ou eclesiásticas, por procederem contra eles em razão de seus erros ou pecados, se iram contra elas porque elas fazem o bem. E este é o caso quando se iram contra seus semelhantes ou irmãos da igreja por apresentarem contra eles um testemunho verídico, e por diligenciarem em conduzi-los à justiça quando o caso o requeira. Muitas vezes os homens se iram contra outros não só por fazerem o bem, mas por praticarem atos de amizade para com eles, como por exemplo, quando se iram contra outros por ministrarem reprovação cristã por algo errado que observam em nós. O salmista disse que aceitaria isto como sendo bondade: "Fira-me o justo, será isso mercê; repreenda-me, será como o óleo sobre minha cabeça, a qual não há de rejeitá-lo" (Sl 141.5). Mas, quando se iram contra tal bondade, tola e pecaminosamente a tomam como sendo injúria. Em todas essas coisas, nossa ira é indevida e inoportuna com respeito à sua ocasião, quando tal ocasião surge não por culpa daquele contra quem estamos irados. E, assim,

Segunda, a ira é imprópria e anticristã no que diz respeito à sua ocasião, *quando as pessoas se iram em momentos passageiros e triviais*, e quando, ainda que haja algo de culposo, contudo a falha é bem pequena, e como tal nem mesmo é digna que nos irritemos e persistamos nela. Deus não nos chama para que nossos espíritos sejam incessantemente dominados por oposição e instigados à ira, a menos que isso se dê em ocasiões importantes. Aquele que se ira por qualquer pequena falha que percebe em outros, sem dúvida é alguém distinto daquele expresso no texto. Da pessoa que se deixa provocar por pequenas ninharias, seguramente não se pode dizer que "não se ressente do mal". Alguns possuem um espírito tão rancoroso, tão queixoso, cujo mau humor se revela por algo tão pequeno que percebe em outros, na família, na sociedade ou nos negócios, que tais faltas não são em nada mais graves que aquelas das quais eles mesmos são culpados todos os dias. Os que assim se iram por toda falta que percebem em outros, se certificarão de viver sempre queixosos, e suas mentes nunca serão serenas. Pois neste mundo não se pode esperar outra coisa senão que veremos continuamente falhas nos outros, bem como em nós mesmos se verão falhas continuamente. É por isso que o cristão é orientado a ser "pronto para ouvir, tardio para falar, tardio para se irar" (Tg 1.19); e somos informados que "aquele que se ira fácil, se porta tolamente". Aquele que guarda seu próprio espírito com diligência, não se irará com frequência nem facilmente. Com sabedoria, ele mantém sua mente serena, bem regulada, não permitindo que nela se fomente a ira, exceto em ocasiões extraordinárias, e quando for especialmente necessário. Vejamos,

Terceira, a ira pode ser imprópria e anticristã, *quando nosso espírito for incitado pelas falhas de outros, principalmente quando elas nos afetarem, mesmo não sendo contra Deus*. Jamais deveríamos ficar irados, senão contra o pecado, sendo a este que sempre devemos opor-nos em nossa ira. Quando nosso espírito for despertado a opor-se contra o mal, que este seja tido como pecado, ou principalmente como sendo contra Deus. Se não houver pecado e nem falta, então não temos razão para fomentar a ira; e se houver falta ou pecado, então este é infinitamente pior contra Deus do que contra nós, e demanda maior oposição justamente por isso. As pessoas pecam em sua ira quando acalentam seu egoísmo; pois não devemos agir como se fôssemos o centro, ou simplesmente em prol de nós mesmos, já que pertencemos a Deus, e não a nós mesmos. Quando se comete uma falta, nisso se peca contra Deus, e as pessoas são prejudicadas por ela; então deveriam preocupar-se, e reagir principalmente contra ela, precisamente por ser contra Deus; pois deveriam sentir-se mais solícitas pela honra de Deus do que por seus próprios interesses. Toda ira, no que tange à ocasião, é ou uma virtude ou um vício, pois não há meio termo, a saber, que ela nem é boa nem má; mas não há virtude nem bondade em opor-se ao pecado, a menos que se lhe oponha *como* pecado. A ira que constitui virtude é aquela que, numa única forma, é chamada de *zelo*. Nossa ira deve ser semelhante à ira de Cristo. Ele era semelhante a um cordeiro, sob as maiores injúrias pessoais, e nunca lemos que se irasse senão na causa de Deus, contra o pecado como tal. E como a ira pode, nestas três maneiras, ser imprópria e anticristã com respeito à ocasião, ou em razão dela, assim

1.3. *Ela pode ser indevida e pecaminosa com respeito a seu fim*. E isto em dois aspectos.

Primeiro, quando nos iramos *sem levar em conta algum fim a ser alcançado por ela*. É desta maneira que a ira vem a ser precipitada e inconsiderada, e se permite que ela surja e forme corpo sem qualquer consideração ou motivo. Na questão, a razão não entra em cena; mas as paixões vão adiante da razão, e se permite que a ira entre em cena antes mesmo que se dê à questão um pensamento sobre qual a vantagem ou benefício de tudo isso, seja para mim mesmo, seja para outrem. Tal ira não é a ira dos homens, e sim a cega paixão de feras brutas; é um tipo de fúria bestial, em vez da afeição de uma criatura racional. Todas as coisas na alma humana devem estar sob o governo da razão, a qual é a mais elevada faculdade de nosso ser; e cada uma das demais faculdades e princípios da alma deve ser governada e dirigida por aquilo que é seu fim próprio. E, portanto, quando nossa ira é desse tipo, ela é anticristã e pecaminosa. Portanto,

Segundo, quando permitirmos que nossa ira *tenha algum alvo errado*. Ainda que a razão nos diga, com respeito à nossa ira, que ela não pode visar à glória de Deus, ou algum benefício real para nós mesmos, mas, em contrapartida, que há nela muito a enganar a nós e a outrem, contudo, porque temos em vista a gratificação de nosso próprio orgulho, ou a extensão de nossa influência, ou, de alguma maneira, desejamos obter superioridade sobre outrem, permitimos a ira como auxílio para alcançar estes ou outros fins, e assim nos deleitarmos em um espírito pecaminoso.

E, por último,

1.4. *A ira pode ser imprópria e anticristã com respeito à sua medida*. E isto, reiterando, em dois particulares: quanto à medida de seu *grau* e a medida de sua *continuidade*.

Primeiro, quando ela é imoderada *em grau*. A ira pode ir muito além do que o caso requeira. E ela costuma ser tão imensa, que impele as pessoas para além do controle de si mesmas, sendo suas paixões tão violentas, que no momento nem mesmo sabem o que fazer, e parecem incapazes de dirigir e dimensionar os seus sentimentos, ou sua conduta. As paixões humanas costumam subir tão alto que as pessoas se deixam, por assim dizer, embriagar-se por elas, de modo que sua razão se desvanece e passam a agir como que fora de si. Mas o grau de ira deve estar sempre regulado por sua meta, e nunca se deve permitir que ela adquira uma proporção tal que a impeça de obter os bons propósitos que a razão se propôs. E quando a ira vai além da medida, então se torna pecaminosa.

Segundo, quando é imoderada *em sua continuidade*. É algo mui pecaminoso quando as pessoas permanecem iradas por muito tempo. A pessoa sábia não somente nos ministra a injunção: "Não te apresses em irar-te", mas também adiciona: "porque a ira se abriga no íntimo dos insensatos" (Ec 7.9); e o apóstolo declara: "Irai-vos, e não pequeis; não se ponha o sol sobre a vossa ira" (Ef 4.26). Se a ira continuar por muito tempo, logo se degenera em malícia, pois o fermento do mal se difunde mais rápido do que o fermento do bem. Se uma pessoa permite que sua ira por outrem permaneça por muito tempo, com rapidez chegará a odiá-lo. E, descobrimos que tal pessoa realmente se acha entre aqueles que retêm rancor em seus corações contra outrem durante semanas após semanas, mês após mês e ano após ano. Por fim, realmente odeiam as pessoas contra quem fomentam assim sua ira, quer seja justa quer não. Este é um pecado terrível aos olhos de Deus. Todos, pois, devem ser excessivamente cuidadosos, a ponto de não permitir que a ira prossiga por muito tempo em seu coração.

Havendo assim mostrado qual é a ira ou espírito rancoroso ao qual se opõe a caridade ou o amor cristão, passo a mostrar, como propus,

2. *Como a caridade, ou o espírito cristão, se lhe opõe.* Gostaria de fazer isso, mostrando, em primeiro lugar, que a caridade ou amor, que é a soma do espírito cristão, é diretamente e em si mesma contrária àquela ira que é pecaminosa; e, em segundo lugar, que os frutos da caridade, que estão mencionados no contexto, lhe são todos eles contrários.

2.1. *A caridade cristã, ou o amor, é diretamente e em si mesma contrária a toda ira excessiva.* O amor cristão é contrário à ira que é excessiva em sua *natureza*, e que tende à vingança, e então implica indisposição; pois a natureza do amor consiste em boa vontade. O amor tende a prevenir as pessoas de se irarem sem justa causa, e estará longe de dispor alguém a irar-se por apenas faltas leves. O amor é o inverso da ira, e jamais lhe cederá em ocasiões triviais, muito menos onde não haja razão para ira. Constitui um espírito maligno e perverso, e não amoroso, quando as pessoas se dispõem a irar-se sem motivo. O amor para com Deus é oposto a uma disposição humana à ira à vista de falhas alheias, principalmente quando as pessoas se sentem ofendidas e injuriadas por tais falhas; ao contrário, se dispõem a olhar para essas falhas como que cometidas contra Deus. Se o amor estiver em ação, ele tenderá a reprimir as paixões irascíveis e a mantê-las em sujeição, de modo que a razão e o amor as orientem e as impeçam de ser imoderadas em grau, ou de permanecer por muito tempo. E a caridade, ou amor cristão, é não só diretamente e em si mesma contrária a toda e qualquer ira excessiva, mas

2.2. *Todos os frutos desta caridade que se mencionam no contexto lhe são também contrários.* E mencionarei apenas dois desses frutos, como representantes de todos os demais, a saber, aquelas virtudes que são contrárias ao orgulho e ao egoísmo.

Primeiro, o amor, ou caridade, é contrário a toda e qualquer ira excessiva e pecaminosa, quando, *em seus frutos, é contrário ao orgulho.* O orgulho é uma causa primordial da ira excessiva. É em decorrência de os homens serem orgulhosos, e em seus corações exaltarem a si próprios, que são vingativos e se deixam dominar, e fazem grandes coisas, de pequenas coisas que acontecem contra eles. Sim, até mesmo tratam como sendo vícios coisas que em si mesmas são virtudes, quando acreditam que sua honra é atingida, ou quando sua vontade é contrariada. É o orgulho que faz com que os homens sejam tão irracionais e precipitados em sua ira, e a levem a um grau tão elevado e a acalentem por tanto tempo, e às vezes a conservem na forma de malícia habitual. Mas, como já vimos, o amor, ou caridade cristã, se opõe inteiramente ao orgulho. E, assim,

Segundo, o amor, ou caridade, é contrário a toda e qualquer ira pecaminosa, quando, *em seus frutos, ele é contrário ao egoísmo*. É porque os homens são egoístas e buscam o que é propriamente seu que são maliciosos e vingativos contra todos quantos se opõem ou interferem em seus próprios interesses. Se os homens não buscassem principalmente seus próprios interesses, pessoais e egoísticos, e sim a glória de Deus e o bem comum, então seu espírito seria em grande medida motivado a buscar mais a causa de Deus do que a sua própria; e não seriam propensos à ira apressada, temerária, imoderada e perenemente persistente, contra qualquer um que porventura os injurie ou os provoque; mas em grande medida se esqueceriam de si mesmos para lembrar de Deus, e se deixariam mover de zelo pela honra de Cristo. O fim ao qual almejam seria não se tornarem grandes, nem satisfazerem sua própria vontade, e sim a glória de Deus e o bem de seus semelhantes. O amor, porém, como já vimos, se opõe a todo e qualquer egoísmo.

Na aplicação deste tema, devemos usá-lo

1. *Na forma de autoexame.* Nossas próprias consciências, se fielmente examinadas e imperativamente inquiridas, nos dirão com presteza se somos, ou se temos sido pessoas com a disposição para a ira ou o rancor, como já descrevemos, a saber, se nossa ira é frequente, ou se cede facilmente ao desgosto, ou permite a perpetuidade da ira. Porventura, nos

temos irado com frequência? Se a resposta é positiva, não há razão para se pensar que tal ira seja de caráter excessivo e sem justa causa e, portanto, pecaminosa? Deus não convoca cristãos ao seu reino a fim de se entregarem a queixas contínuas e para que suas mentes comumente sejam estimuladas e perturbadas com ira. E, porventura, muito da ira que você tem acalentado não tem sido principalmente, se não inteiramente, por sua própria culpa? Os homens costumam com frequência alegar zelo pela religião, pelo dever e pela honra de Deus, como sendo a causa de sua indignação, quando o que está em pauta é o seu próprio interesse pessoal. É notável quão dispostos os homens estão em parecer zelosos por Deus e pela retidão, em casos nos quais sua honra, ou sua vontade, ou seu interesse têm sido tocados, e tomam isto como pretexto para injuriar outros ou se queixar deles; e que grande diferença há em sua conduta em outros casos, em que a honra de Deus é tanto mais ou em grande medida prejudicada e o próprio interesse deles não é o foco especial. No último caso, não há tal aparência de zelo e envolvimento do interesse, e nenhuma solicitude em reprovar, e se queixar, e se irar, mas às vezes uma prontidão em escusar e deixar a reprovação para outros, e mostrar-se frio e hesitante em fazer oposição ao pecado.

E indaga-se ainda mais: que bem sua ira alcançou e o que vocês almejaram através dela? Ou, inclusive, o que vocês têm pensado destas coisas? Tem havido uma grande medida de ira e amargura no que tem acontecido nesta cidade, em ocasiões públicas, e muitos de vocês têm estado presentes em tais ocasiões; e essa ira tem-se manifestado em sua conduta; receio que ela tenha repousado em seu coração. Examinem-se à luz desta questão, e indaguem sobre qual tem sido a natureza de sua ira. Porventura, em grande parte, se não em toda ela, tem havido aquele tipo excessivo e anticristão de ira, de que já falamos? Porventura, ela não tem sido da natureza de indisposição, de malícia e de amargura de coração – uma ira oriunda dos princípios orgulhosos e egoísticos, em razão de seu interesse, ou de sua opinião, ou de seu partido ter sido atingido? Porventura, sua ira tem se afastado tanto daquele zelo cristão que perturba o seu amor, não controla os seus sentimentos, e conduz à descaridade ou vingança na conduta? E como tem sido aquela área em que vocês não devem fomentar a ira? Porventura, o sol não se pôs mais de uma vez sobre sua ira, enquanto Deus e seus semelhantes bem o sabiam? Mais ainda, porventura o sol não se pôs vezes e mais vezes, mês após mês e ano após ano, enquanto o frio do inverno não arrefeceu o calor de sua ira, e o sol de verão não derreteu seu furor, até convertê-los em bondade? E, porventura, aqui não há alguns presentes, que se acham assentados diante de Deus, cuja ira impera em seus corações e arde ali? Ou, se sua ira por algum tempo fica oculta dos olhos humanos, não é como uma chaga antiga nem curada totalmente, mas de modo que o mais leve toque renova a punção; ou como um fogo encoberto nos montes de folhas outonais, o qual ao sopro da mais leve brisa crepita e se transforma em chama? E como a ira age em suas famílias? De todas as sociedades, as famílias constituem as mais intimamente unidas; e seus membros mantêm a mais estreita relação e sob as mais sérias obrigações para com a paz, a harmonia e o amor. E, no entanto, qual tem sido sua conduta no meio da família? Porventura, muitas vezes vocês não têm cedido à queixa, à ira e à impaciência, à rabugice e à descaridade para com aqueles que Deus fez em tão grande medida dependentes de vocês, e os quais se tornam tão facilmente felizes ou infelizes pelo que vocês fazem ou dizem por sua bondade ou maldade? E que tipo de ira vocês têm acalentado no seio da família? Porventura, ela tem sido irracional e pecaminosa, não somente em sua natureza, mas em suas ocasiões, quando aqueles contra quem vocês têm se irado não tiveram nenhuma culpa, ou quando a culpa era trivial e sem intenção, ou quando, quem sabe, vocês mesmos foram a parte culpada dela? E ainda quando, sem haver justa causa, sua ira foi de longa duração e os levou ao mau humor, numa extensão tal que sua própria consciência reprovaria? E, porventura, vocês não têm se irado contra seus vizinhos com quem têm vivido e com quem se relacionam diariamente? E, quem sabe, em ocasiões triviais, e por pequenas coisas, vocês não têm permitido irar-se contra eles? Em todos esses pontos, cabe-nos que nos examinemos e descubramos qual é a natureza de nosso espírito, e por esse meio nos apropriemos do espírito de Cristo.

2. *O tema nos dissuade de e nos adverte contra toda ira excessiva e pecaminosa.* O coração humano é excessivamente inclinado à ira acerbada e pecaminosa, sendo naturalmente saturado de orgulho e egoísmo; e vivemos num mundo cheio de ocasiões que tendem a fomentar esta corrupção que se acha em nosso mundo interior, de modo que não podemos esperar viver em qualquer medida tolerável como cristãos, neste assunto, sem constante vigilância e oração. E devemos não apenas *vigiar* contra os exercícios, mas também *lutar* contra o princípio da ira, e *buscar* energicamente mortificá-la em nosso coração, mediante o estabelecimento e aumento, em nossa alma, do amor e da

humildade divinos. E, para este fim, diversas coisas podem ser consideradas, a saber:

Primeira, considere com muita frequência *seus próprios sentimentos, pelos quais você tem propiciado, tanto a Deus como ao homem, ocasião de descontentamento contra você mesmo*. Em toda sua vida você não consegue satisfazer os requerimentos de Deus, e assim tem incorrido, com justiça, em sua terrível ira; e constantemente tem tido ocasião de orar a Deus para que ele não se ire contra você, e sim que se mostre compassivo para com você. E suas fraquezas têm sido também numerosas para com seus semelhantes, e, constantemente, lhes tem propiciado ocasião de se irarem contra você. É provável que suas falhas sejam tão grandes quanto às deles; e este pensamento deveria levá-lo a não gastar tanto de seu tempo irritando-se com os pequenos ciscos nos olhos deles, enquanto deveria ocupar-se em arrancar as traves dos seus. Geralmente, os que são tão prontos a irar-se contra os outros, e a levar os seus ressentimentos longe demais pelas falhas deles, são igualmente, ou mais ainda, culpados das mesmas falhas. E os que são prontos a irar-se contra os outros por falaram mal deles, com muita frequência são surpreendidos falando mal dos outros, e inclusive, em sua ira, caluniando-os e prejudicando-os. Se outros, pois, nos provocam, em vez de nos irarmos contra eles, que nossos pensamentos, antes de tudo, se voltem para nós mesmos, e que nos avaliemos e passemos a inquirir se, porventura, não somos culpados das mesmas coisas que nos levam à ira, ou culpados de coisas ainda piores. Assim, ponderando sobre nossos próprios fracassos e erros, nos inclinemos a guardar-nos da ira excessiva contra os outros. Levando em conta,

Segunda, como a ira excessiva *destrói o conforto daquele que se deleita nela*. Ela angustia a alma na qual habita, como uma tormenta agita o oceano. Tal ira é inconsistente com a própria felicidade do homem, ou com sua verdadeira paz, ou com seu autorrespeito, em seu interior. As pessoas de índole airosa e rancorosa, cujas mentes estão sempre irritadas, constituem a mais miserável espécie de seres humanos, e vivem uma vida em extremo miserável; de modo que uma ponderação sobre nossa própria felicidade deveria levar-nos a evitar toda e qualquer ira excessiva e pecaminosa. Levando em conta ainda,

Terceira, o quanto esse espírito *incapacita as pessoas para os deveres da religião*. Toda ira excessiva nos indispõe para os piedosos exercícios e os ativos deveres da religião. Ela põe a alma longe daquela doce e excelente constituição do espírito em que desfrutamos da comunhão com Deus, e a qual faz a verdade e as ordenanças mui proveitosas para nós. Daí sucede que Deus nos ordena a não nos aproximarmos de seus altares, enquanto nutrirmos inimizade contra outrem, mas "vai primeiro reconciliar-te com teu irmão, e, então, voltando, faze tua oferta" (Mt 5.24); e o apóstolo declara: "Quero, portanto, que os varões orem em todo lugar, levantando mãos santas, sem ira e sem animosidade" (1Tm 2.8). E, uma vez mais, levando em conta,

Quarta, que, na Bíblia, *as pessoas iracundas são tidas como inaptas para a sociedade humana*. A diretriz expressa de Deus é: "Não te associes com o iracundo, nem andes com o homem colérico, para que não aprendas as suas veredas e, assim, enlaces a tua alma" (Pv 22.24, 25). Tal pessoa é maldita, como uma peste na sociedade, a qual a perturba e inquieta, pondo tudo em confusão. "O iracundo suscita contendas, e o furioso multiplica as transgressões" (Pv 29.22). Sua presença traz desconforto a todos; seu exemplo é nocivo e sua conduta é reprovada tanto por Deus como pelos homens. Que essas considerações, pois, prevaleçam entre todos e levem todos a se precaverem do espírito e índole iracundos, e a cultivarem o espírito de brandura e bondade e amor, que é um espírito celestial.

MENSAGEM 10

A CARIDADE SE OPÕE À CENSURA

O amor "não se ressente do mal" (1Co 13.5).

Havendo observado como a caridade, ou o amor cristão, se opõe não somente ao orgulho e egoísmo, mas também aos frutos ordinários dessas disposições negativas, a saber, um espírito iracundo e um espírito de censura, e havendo já falado do primeiro, passo agora ao último. E, com respeito a este, o apóstolo declara que a caridade "não se ressente do mal". A doutrina expressa nestas palavras evidentemente é esta:

A ATITUDE DE CARIDADE, OU AMOR CRISTÃO, É O OPOSTO DE UM ESPÍRITO DE CENSURA; ou, em outras palavras, é contrária ao pensar ou julgar outros com uma disposição descaridosa.

Caridade, em um dos usos comuns da expressão, significa a disposição de pensar de alguém acima do que a circunstância o permita. Não obstante, como eu já mostrei previamente, este não é o significado bíblico da palavra *caridade*, mas apenas um modo de seu exercício, ou um de seus muitos e ricos frutos. Caridade é de uma extensão muito mais vasta do que isto. Ela significa, como já vimos, o mesmo que amor cristão ou divino e, portanto, é o mesmo que postura cristã. E, em concordância com este ponto de vista, descobrimos aqui a disposição do julgamento caridoso mencionado entre muitos outros bons frutos da caridade, e aqui expresso, como os demais frutos da caridade que se encontram no contexto, *negativamente*, ou mediante a negação do fruto contrário, a saber, a censura, ou a disposição de julgar ou censurar os outros de modo descaridoso. E, ao analisar este ponto, primeiramente gostaria de mostrar a natureza da censura, ou em que ela consiste; e, então, mencionar algumas coisas nas quais ela revela ser contrária ao espírito cristão. Eu gostaria de mostrar:

1. *A natureza da censura ou crítica, ou em que consiste o espírito de censura, ou a disposição de julgar outros de modo descaridoso.* Ela consiste naquela disposição de pensar mal de outros, ou de julgá-los mal, com respeito a três coisas: seu *estado*, suas *qualidades* e suas *ações*.

1.1. A atitude de censura transparece na prontidão de *ajuizar-se mal o estado de outrem*. Em geral se mostra na disposição que temos de imaginar o pior dos que estão perto de nós, quer sejam pessoas não cristãs ou cristãos professos. Com respeito ao último grupo, com frequência, as pessoas são levadas a censurarem os que professam a religião e a condená-los como sendo hipócritas. Não obstante, devemos evitar os extremos. Algumas pessoas são aptas a ser positivas, desde as pequenas coisas que observam nos outros, determinando que sejam pessoas santas; e outras, à vista de tão pequenas coisas, se prontificam tão facilmente a condenar outros, como se não possuíssem em seu coração o menor grau de graça, e como sendo alheios à religião vital e experimental. Mas, tudo faz crer que toda prontidão a uma atitude dessa natureza é destituída de todo e qualquer fundamento na Palavra de Deus. Deus, em sua Palavra, parece ter reservado para si a determinação positiva do estado do homem, como sendo algo a ser mantido em suas próprias mãos, sendo ele o grande e único que sonda os corações dos filhos dos homens.

As pessoas são culpadas de possuir o espírito de censura ou crítica quando condenam a condição de outros, quando pretendem fazer das coisas que não são evidentes a seus olhos como se estas subsistissem num estado viciado, ou quando condenam outros como hipócritas, apenas por causa da maneira providente de Deus tratar com eles, como fizeram os três amigos de Jó que o condenaram como hipócrita somente porque suas aflições eram incomuns e severas. E o mesmo se dá quando os condenam pelas falhas que veem neles, as quais não são maiores do que aquelas que incidem nos filhos de Deus, e não podem ser maiores, ou não tão grandes como em si próprios, ainda quando, a despeito de tais coisas, pensem bem de si próprios como cristãos. E, assim, as pessoas cultivam o espírito de censura quando condenam outros como pessoas não convertidas e carnais, só porque diferem delas em opinião sobre alguns pontos que nem mesmo são fundamentais, ou quando julgam mal sua condição, pelo que observam nela, em razão de não fazerem as devidas concessões ao seu temperamento natural, ou por sua maneira ou falta de educação, ou outras desvantagens peculiares sob as quais labutam; ou quando estão prontas a rejeitar todos como sendo não religiosos e não convertidos, apenas porque suas experiências não se enquadram com as suas próprias, assim estabelecendo a si e a sua experiência pessoal como padrão e norma para os demais; não se sensibilizando daquela vasta variedade e liberdade que o Espírito de Deus permite e usa em sua obra salvífica no coração dos homens, e quão misteriosos e inescrutáveis às vezes são seus caminhos, e especialmente nesta grande obra de fazer os homens novas criaturas em Jesus Cristo. Em todas essas maneiras, os homens agem, não apenas numa conduta de censura ou crítica, mas de modo irracional (em não permitirem que alguém seja cristão sem que tenha suas próprias experiências), como se não permitissem que alguém fosse homem, se não tiver sua própria estatura, e a mesma força, ou a força corporal, e os mesmíssimos traços fisionômicos que eles mesmos têm. Em seguida:

1.2. O espírito de censura transparece na *prontidão de se julgarem mal as qualidades dos outros*. Ele transparece na disposição de ignorar as boas qualidades deles, ou de pensar que eles são destituídos de tais qualidades quando não o são, ou de dar-lhes bem pouca importância; ou de agigantar suas más qualidades e de realçá-las mais do que é justo; ou de considerá-los possuidores daquelas más qualidades que realmente não possuem. Alguns são prontos em acusar outros de ignorância e idiotice, bem como de outras qualidades desprezíveis, quando de modo algum merecem ser assim avaliados por eles. Alguns se mostram aptos em fomentar uma opinião pobre e desprezível de outros, diante de seus associados e amigos, quando uma disposição caridosa revelaria neles muitas coisas boas, a contrabalançar, ou mais que contrabalançar o mal, e francamente abraçá-los como sendo pessoas que não devem ser desprezadas. E alguns se prontificam a atribuir aos outros aquelas qualidades moralmente ruins, das quais eles mesmos se eximem, ou a atribuir-lhes tais qualidades num grau muito mais elevado do que de modo algum merecem. Assim há aqueles que nutrem tal preconceito contra alguns de seus vizinhos, que os consideram como sendo pessoas dotadas do mais profundo grau de orgulho, de egoísmo, ou de espírito rancoroso, ou de malícia, do que realmente são. Em razão do profundo preconceito que se imbuem contra eles, se prontificam a conceber que possuem todas as formas de más qualidades, e não de boas. A seus olhos parecem ser um tipo de homens excessivamente orgulhosos, ou avarentos, ou egoístas, ou de alguma maneira maus, quando aos olhos de outros tudo parece bem. Outros veem suas muitas boas qualidades, e talvez veem muitos paliativos das qualidades dos que não são bons; mas os críticos só vêem aquilo que é negativo, e só falam aquilo que é injusto e depreciativo no que tange às qualidades dos outros.

1.3. O espírito crítico transparece na *prontidão em ajuizar-se mal as ações dos outros*. Por ações, aqui, eu gostaria de ser entendido como que falando de todas as ações humanas voluntárias e externas, quer consistam de palavras, quer de atos. E a atitude crítica de ajuizar-se mal as ações de outrem se descobre em duas coisas:

Primeira, em julgá-los como culpados de más ações *sem qualquer evidência que os constranja a tal juízo*. Um espírito suspeitoso, que leva as pessoas a nutrirem ciúme de outros, e a se prontificarem a suspeitar de que são culpadas de coisas ruins, quando não possuem qualquer evidência das mesmas, constitui um espírito descaridoso e contrário ao cristianismo. Há aqueles que são muito espontâneos em emitir suas censuras sobre outros com respeito àquelas coisas que supõem saltarem à sua vista. Estão prontos a crer que cometem este, ou aquele, ou aquele outro malfeito, em secreto e fora da vista dos homens, ou que têm feito ou dito assim e assim entre seus relacionamentos e no círculo de seus amigos, e que, por algum desígnio ou motivo, conservam essas coisas escondidas dos outros que não revelam o mesmo interesse que eles. Eis as pessoas culpadas de "suspeitas malignas" mencionadas e condenadas pelo apóstolo (1Tm 6.4), e que estão conectadas com "contendas, inveja, difamações".

Além disso, frequentemente há aqueles que revelam um espírito descaridoso e crítico com respeito às ações de outros, que se prontificam em promover e fazer circular más notícias sobre eles. Ouvir meramente um passageiro e mau rumor sobre um indivíduo, em um mundo tão imponderado e mentiroso como é o nosso, está longe de ser evidência suficiente contra alguém, para se crer que ele realmente é culpado do que é noticiado; pois lemos que o diabo, que é chamado "o deus deste mundo", "é mentiroso e o pai da mentira"; e quantos há dentre seus filhos que se lhe assemelham na divulgação de infortúnios! E, no entanto, é algo muitíssimo comum que pessoas façam juízo de outrem, não sobre melhor base ou fundamento além daquilo que ouvem outros dizerem, muito embora não tenham evidência se aquilo que foi dito é verdade ou não. Quando ouvem que alguém fez ou disse assim e assim, então concluem imediatamente que de fato é verdade, sem fazer nenhuma indagação mais acurada, muito embora tudo seja incerto ou mais provavelmente falso, sendo murmurações e cochichos de um boato maldoso. E alguns se acham sempre tão preparados para lançar mão da má notícia, que é como se todo seu prazer estivesse em ouvir sobre a ruína dos outros. Seu espírito parece cobiçar isso; é, por assim dizer, alimento para matar a fome de seus corações depravados, e se nutrem disso, como fazem as aves de rapina ante as carnes mais putrefatas. Fácil e alegremente lançam mão dessas notícias como verídicas, sem qualquer exame, mostrando assim quão contrários são, no caráter e conduta, daquele de quem fala o salmista (Sl 15.1-3), daquele que habita o tabernáculo de Deus e permanece em seu santo monte, e de quem ele declara que "não difama com sua língua, não faz mal ao próximo, não lança injúria contra seu vizinho; o que, a seus olhos, tem por desprezível ao réprobo, mas honra aos que temem ao Senhor; o que jura com dano próprio e não se retrata"; mas "o malfazejo atenta para o lábio iníquo; o mentiroso inclina os ouvidos para a língua maligna" (Pv 17.4). O espírito crítico ou de censura, ao julgar mal as ações alheias, está revelando a si próprio.

Segunda, em obediência à disposição de *dar as piores interpretações às suas ações*. Os críticos são não só aptos em julgar outros culpados de más ações, sem evidência suficiente, mas também são propensos a dar uma má interpretação às suas ações, quando fariam apenas o bem, e talvez o melhor, se admitissem que os outros agiram bem. Com muita frequência, são secretos o desígnio e a finalidade que movem a ação, confinados aos recessos do próprio peito de quem age; e, no entanto, as pessoas comumente são muito propensas a direcionar sua crítica ao ato, sem avaliar o desígnio e a finalidade; este é um tipo de julgamento crítico e descaridoso tão comum, ou mais comum do que qualquer outro. Assim, geralmente, os homens, quando nutrem preconceito contra outrem, formulam más interpretações de suas ações ou palavras que aparentemente são boas, dizendo que estes na verdade estavam agindo com hipocrisia; e isto é especialmente verdade em referência a ofícios e atividades públicos. Se algo for dito ou feito por pessoas em quem haja uma demonstração de preocupação pelo bem público, ou pelo bem do semelhante, ou pela honra de Deus, ou pelo interesse da religião, há quem estará sempre pronto a dizer que tudo isso é feito com hipocrisia, e que realmente o desígnio é a promoção de seus próprios interesses e a promoção de si mesmos; e que estão simplesmente bajulando e enganando outrem, em todo o tempo fomentando algum mau desígnio em seus corações.

Mas é possível que se inquira: "Onde está o mal de ajuizar-se negativamente a outrem, uma vez que nem sempre é ilícito todo e qualquer julgamento negativo de outrem? E onde estão as linhas a serem traçadas?" A isto, respondo:

Primeiro, há pessoas *que são designadas para o propósito de exercerem o ofício de juízes*: nas sociedades civis e nas igrejas, as quais devem julgar imparcialmente os que propriamente se acham sob seu domínio, quer sejam bons quer sejam maus, e passar sentença em conformidade com o que são; aprovar os bons e condenar os maus, em conformidade com as evidências e a natureza do ato feito, e sua concordância ou discordância com a lei que é a norma dos juízes.

Segundo, as pessoas particulares, em seus julgamentos privados de outrem, *que não são obrigadas a privar-se da razão*, para que possam julgar bem a todos. Isto seria claramente contra a razão; pois a caridade cristã não é algo fundado sobre as ruínas da razão, mas há a mais doce harmonia entre razão e caridade. E, portanto, não somos proibidos de julgar todas as pessoas quando houver justa e clara evidência de que são justamente culpadas do mal. Não devemos ser responsabilizados quando julgamos que estas são pessoas ímpias e pobres desditosas sem Cristo, as quais dão flagrante prova de que são assim mediante um curso de ação perversa. "Os pecados de alguns homens", diz o apóstolo, "são notórios e levam a juízo, ao passo que os de outros só mais tarde se manifestam" (1Tm 5.24). Equivale dizer que os pecados de alguns homens são tão claros testemunhos contra si próprios, que são suficientes para condená-los como homens perversos à plena vista do mundo, mesmo antes da vinda daquele dia final de juízo que revelará os segredos do coração de todos. E assim as ações de alguns homens dão tão clara evidência do mal de suas intenções, que nem se precisa julgar os segredos do coração para que seus desígnios e fins sejam considerados perversos. E, portanto, é evidente que nem todo julgamento quanto ao estado de outrem, ou suas qualificações, ou ações constitui uma crítica descaridosa. Mas o mal daquele julgamento em que a censura consiste se baseia em duas coisas:

Primeira, consiste em julgar o mal de outros quando a evidência não obriga a fazê-lo, ou em pensar mal deles, quando o caso admite plenamente pensar bem deles; quando se ignoram as coisas que parecem estar em seu favor, e se levam em conta somente as coisas que são contra eles, e quando estas são engrandecidas e tão enfatizadas em seu demérito. É o mesmo caso quando as pessoas são apressadas e temerárias em julgar e condenar outrem, ainda quando a prudência e a caridade, respectivamente, as obriguem a suspender seu juízo até que se inteirem mais da matéria e todas as circunstâncias estejam bem nítidas diante de seus olhos. As pessoas repetidamente revelam uma grande medida de descaridade e imprudência, quando censuram livremente outros antes que tenham ouvido o que têm a dizer em sua defesa. E daí lermos: "Responder antes de ouvir é estultícia e vergonha" (Pv 18.13).

E o mal daquele julgamento que é crítico está, *em segundo lugar*, na grande satisfação que se sente em se julgar mal a outros. As pessoas podem julgar mal a outros com base em clara e nítida evidência que as leva a julgar; e, no entanto, pode ser para sua tristeza que se vejam obrigadas a julgar como o fazem; justamente como acontece quando um amoroso pai ouve de algum grande crime de um filho com tal evidência, que outra coisa não pode fazer senão crer que é a verdade. Mas, com demasiada frequência, passa-se julgamento contra outros a ponto de mostrar que o indivíduo sente um exagerado prazer em fazê-lo. Ele se mostra tão pronto a julgar mal, e faz isso à luz de uma evidência tão superficial, e leva seu julgamento a tais extremos, que mostra que sua inclinação está nisto, e que ele se deleita em pensar o pior dos outros. Esse profundo deleite em julgar mal a outros também se manifesta em sermos tão inclinados a declarar nosso julgamento e em falar como pensamos mal dos outros. Pode ser quando os ridicularizamos, ou falamos com ironia, ou com espírito de amargura e malícia, ou com manifesto prazer em suas deficiências e erros. Quando julgar mal os outros for contra a inclinação das pessoas, então, estas pessoas serão mais cautelosas em fazê-lo, e não irão além do que a evidência os obrigue, e pensarão o melhor que seja possível daquele caso, e darão uma interpretação mais acurada às palavras e ações dos outros. E quando forem obrigados, contra sua inclinação, a pensar mal de outrem, não se sentirão prazerosos em declará-lo, mas se refrearão de falar dele a qualquer um, e o farão somente quando o senso do dever os levar a fazê-lo.

Havendo assim mostrado a natureza da censura, passo agora, como o propus, a

2. *Mostrar como o espírito de censura é contrário ao espírito de caridade ou amor cristão.*

2.1. *A censura é contrária ao amor para com nosso semelhante.* E isto transparece em três coisas.

Primeira, percebemos que as pessoas são por demais indispostas a julgar o mal em si próprias. Estão sempre prontas a pensar bem de suas próprias qualificações; e, assim, se prontificam a pensar o melhor de sua própria situação. Se há nelas algo que evoca a graça, são excessivamente aptas a concluir que sua situação é favorável; assim, se prontificam a pensar bem de suas próprias palavras e atos, e por demais morosas em pensar mal de si mesmas em quaisquer desses aspectos. A razão é que sentem um imenso amor por si mesmas. E, portanto, se amassem a seu semelhante como amam a si próprias, então o amor teria a mesma tendência com respeito ao próximo.

Segunda, percebemos que as pessoas se sentem relutantes em julgar mal aos que amam. Vemos isso nas pessoas em relação aos que são seus amigos pessoais; e o vemos nos pais em relação a seus filhos. Estão dispostos sempre a pensar bem deles e a pensar ainda melhor de suas qualidades, quer naturais, quer morais. São muito mais hesitantes em receber más notícias a respeito deles do que a respeito de outros, e vagarosos em crer no que se diz contra eles. Estão sempre dispostos a dar o mais favorável crédito às suas ações. E a razão é porque os amam.

Terceiro, percebemos ainda ser um fato universal que, onde prevalece mais o ódio e a indisposição em relação a outros, aí também prevalece muito mais o espírito de censura. Quando as pessoas se desentendem, e surge dificuldade entre elas, e entram em cena a ira e o preconceito, e fomenta-se a indisposição, então prevalece a inclinação de ajuizar-se o pior uns dos outros; certa aptidão em pensar pouco das qualidades uns dos outros e em imaginar que descobriram uns nos outros uma grande quantidade de más qualidades, e algumas que de fato são mui nocivas. E cada um se dispõe a nutrir inveja do que o outro possa fazer, quando estiver ausente e fora da vista; e se dispõe a dar ouvidos às más notícias sobre ele e a crer em cada palavra delas, e se dispõe a dar a pior interpretação possível a tudo o que ele diga ou faça. E mui comumente há uma forte inclinação em pensar-se mal da condição em que ele vive e em censurá-lo como alguém destituído da graça. E, como se dá em casos como este, em que há dificuldade entre pessoas, assim é a tendência nos casos de diferença entre dois partidos. E estas coisas mostram claramente que a censura surge pela ausência de amor cristão para com nosso semelhante, e também surge a facilidade em cultivar essa falta de amor. Só gostaria de acrescentar

2.2. *Que o espírito crítico manifesta um espírito orgulhoso.* E o contexto declara que isto é contrário ao espírito de caridade ou amor cristão. A propensão de julgar e censurar outros revela uma disposição orgulhosa, como se a pessoa crítica cresse ser isenta de tais falhas e manchas, e por isso se sinta justificada em ocupar-se e amargurar-se por envolver outros em suas próprias culpas, censurando-os e condenando-os por elas. Isto está implícito na linguagem do Salvador, no sétimo capítulo de Mateus: "Não julgueis, para que não sejais julgados. Pois, com o critério com que julgardes, sereis julgados; e, com a medida com que tiverdes medido, vos medirão também. Por que vês tu o argueiro no olho de teu irmão, porém não reparas na trave que está no teu próprio? Ou como dirás a teu irmão: Deixa-me tirar o argueiro de teu olho, quando tens a trave no teu? *Hipócrita!*" (Mt 7. 1-5). E também se acha implícito na declaração do apóstolo: "Portanto, és indesculpável, ó homem, quando julgas, quem quer que sejas; porque, no que julgas a outro, a ti mesmo te condenas; pois praticas as próprias coisas que condenas" (Rm 2.1). Se as pessoas fossem humildes em sentir suas falhas pessoais, não seriam tão prontas ou prazerosas em julgar outros, pois a censura que aplicam a outros se voltaria contra si próprias. Pois o mesmo tipo de corrupção que há no coração de uma pessoa está presente no de outra. E se as pessoas que tanto se entretêm em criticar outros olhassem para seu próprio interior, e examinassem seriamente seu próprio coração e vida, com certeza veriam em si as mesmas disposições e comportamento, em um momento ou em outro, que percebem e julgam em outros, ou, ao menos, algo que seja igualmente merecedor de censura. A disposição de julgar e condenar revela uma disposição preconcebida e arrogante. Ela contém a manifestação de uma pessoa que se põe acima das demais, como se fosse apta a ser o senhor e juiz de seus conservos e presumisse que estão de pé ou caem em conformidade com sua sentença. Isto parece implícito na linguagem do apóstolo: "Irmãos, não faleis mal uns dos outros. Aquele que fala mal do irmão ou julga a seu irmão fala mal da lei e julga a lei; ora, se julgas a lei, não és observador da lei, mas juiz" (Tg 4.11). Isto é, não ages como conservo daquele a quem julgas, ou como alguém que está com ele sob a mesma lei, e sim como o legislador da lei e o juiz, cuja função é emitir a sentença prevista nela. E, portanto, no versículo seguinte, agrega-se: "Um só é Legislador e Juiz, aquele que pode salvar e fazer perecer; tu, porém, quem és, que julgas o próximo?" (Tg 4.12). E igualmente em Romanos: "Quem és tu que julgas o servo alheio? Para o seu próprio senhor está em pé ou cai; mas estará em pé, porque o Senhor é poderoso para o suster" (Rm 14.4). Deus é o único Juiz legítimo, e apenas a ideia de sua soberania e domínio deveria refrear-nos da ousadia de julgar ou censurar nossos semelhantes.

Na aplicação deste tema, observo o seguinte:

1. *Reprova-se duramente os que comumente tomam a liberdade de falar mal dos demais.* Somente pensar o mal já é digno de condenação, por certo que merecem condenação mais grave quem não só se dá a liberdade de pensar, mas também de falar mal dos outros, difamando-os com sua língua. A difamação contra os semelhantes, falando por detrás e não na frente, consiste em criticá-los, ou exprimir pensamentos e julgamentos descaridosos sobre suas pessoas e comportamento. E, portanto, falar mal de outros, ou julgar outros, algumas vezes é expresso na Bíblia, como sendo igual ao homem da passagem supracitada do apóstolo Tiago. Quão frequentemente a Escritura condena a calúnia e a difamação! Acerca dos perversos, o salmista declara: "Soltas

a boca para o mal, e a tua língua trama enganos. Sentas-te para falar contra teu irmão e difamas o filho de tua mãe" (Sl 50.19, 20). E o apóstolo fala a Tito: "Lembra-lhes que... não difamem a ninguém; nem sejam altercadores, mas cordatos, dando provas de toda cortesia, para com todos os homens" (Tt 3.1, 2); e, outra vez, lemos em Pedro: "Despojando-vos, portanto, de toda maldade e dolo, de hipocrisias e invejas, de toda sorte de maledicências" (1Pe 2.1). E faz-se menção, como parte do caráter de cada cidadão de Sião, e que estará em pé no santo monte de Deus, que "não difama com sua língua" (Sl 15.3). Portanto, examine-se a si mesmo se porventura não tem sido, com frequência, culpado deste mal; se, com frequência, não tem estado a censurar outros e a expressar seus descaridosos pensamentos sobre eles, especialmente sobre aqueles com quem você tem enfrentado alguma dificuldade, ou que pertence a um partido diferente do seu. E, porventura, não é uma prática à qual você, neste momento, mais ou menos, tem se rendido, dia após dia? Em caso afirmativo, considere quão contrário é isso ao ensino do cristianismo e à solene profissão, seja qual for ela, que você tem feito como cristão; e se deixe admoestar inteiramente e abandone esta prática imediatamente. Seguindo em frente:

2. *Advirta a todos a que não critiquem outros, seja em pensamento, seja verbalmente, como é digno do nome cristão.* E aqui, em adição aos pensamentos já sugeridos, se levem em conta duas coisas:

Primeira, quão frequentemente, quando a verdade se sobressai plenamente, as coisas parecem muito melhores nos outros do que a princípio estávamos prontos a julgar. Há nas Escrituras muitos casos sobre este ponto. Quando os filhos de Ruben, e os de Gade, e a meia tribo de Manasses edificaram um altar junto ao Jordão, o resto de Israel o ouviu e apressadamente concluiu que haviam abandonado ao Senhor, e temerariamente resolveram fazer guerra contra eles. Mas quando a verdade veio à tona, era o contrário; eles estavam erigindo seu altar para um bom propósito, inclusive para o culto divino, como se pode ver em Josué, capítulo 22. Eli pensou que Ana estivesse embriagada, quando compareceu no templo; mas quando a verdade se manifestou, ele ficou satisfeito com o fato de que ela estava dominada pela tristeza e, então, orava e derramava sua alma diante de Deus (1Sm 1.12-16). Davi concluiu, com base no que Ziba lhe informara, que Mefibosete manifestava uma conduta rebelde e traiçoeira contra sua coroa, e de tal modo agiu em seu juízo crítico, que chegou a prejudicar grandemente a Mefibosete; mas quando a verdade veio à tona, ele percebeu algo muito diferente (2Sm 16). Elias julgou mal a condição de Israel, crendo que já não existia nenhum verdadeiro adorador de Deus além dele mesmo; mas quando Deus lhe desvendou o verdadeiro quadro, ele viu diante de si sete mil que não haviam dobrado seus joelhos diante de Baal (1Rs 19). E o quanto a situação cotidiana comumente se assemelha a este quadro! E quão frequentemente, ao se fazer um detido exame, descobrimos que as coisas são muito melhores do que temos ouvido e do que a princípio nos propusemos a julgar! Existem sempre dois lados da mesma história, e em geral é sábio, seguro e caridoso, optar pelo melhor; e, no entanto, provavelmente não há nenhum outro modo em que as pessoas são tão passíveis de erro do que quando presumem que o pior quadro é o verdadeiro, e quando formam e expressam seu juízo acerca dos outros e de suas ações, sem esperar até que a verdade se estabeleça.

Segunda, quão pouca ocasião se nos deparam para emitirmos nossa sentença sobre os outros com respeito ao seu estado, qualificações ou ações que não nos dizem respeito. Nossa grande preocupação deve ser com nossas próprias atitudes. É de infinita importância que vivamos uma boa situação diante de Deus; que estejamos de posse de boas qualidades e princípios; e que nos portemos bem e ajamos com metas certas e para fins certos. Mas deve ser de menor importância para nós como os outros agem. Há pouca necessidade de emitirmos nossa crítica, ainda que merecidamente, quando de nada podemos ter certeza; pois a questão está nas mãos de Deus, que é infinitamente mais apto que nós para divisar a realidade. E há um dia designado para sua decisão. De modo que, se presumirmos julgar os outros, não só assumimos uma tarefa que não nos pertence, mas a estaremos realizando antes do tempo. "Portanto", diz o apóstolo, "nada julgueis antes do tempo, até que venha o Senhor, o qual não somente trará à plena luz as coisas ocultas das trevas, mas também manifestará os desígnios dos corações; e, então, cada um receberá seu louvor da parte de Deus" (1Co 4.5).

Terceira, Deus tem ameaçado que, *se formos encontrados julgando e condenando alguém, com um espírito crítico, estaremos condenando a nós próprios.* "Não julgueis", diz ele, "para que não sejais julgados. Pois com o critério com que julgardes, sereis julgados" (Mt 7.1, 2). E, outra vez, o apóstolo indaga: "Tu, ó homem, que condenas os que praticam tais coisas e fazes as mesmas, pensas que te livrarás do juízo de Deus?" (Rm 2.3). Estas são ameaças pavorosas que emanam dos lábios daquele grande

Ser que será nosso Juiz no último dia, por quem nos convém que sejamos infinitamente absolvidos e de quem uma sentença de condenação nos aterrará de uma maneira inexprimível, se, por fim, formos esmagados por ela para todo o sempre. Portanto, como nós mesmos não queremos receber condenação da parte dele, então não confiramos aos outros tal medida.

MENSAGEM 11

TODA GRAÇA GENUINAMENTE CRISTÃ NO CORAÇÃO TENDE A UMA PRÁTICA SANTA NA VIDA

O amor ... "não se alegra com a injustiça, mas regozija-se com a verdade" (1Co 13.6).

Havendo mencionado, nos dois versículos precedentes, muitos dos bons frutos da caridade, e mostrado como ela tende a um excelente comportamento em muitos particulares, o apóstolo agora sumaria estas e todas as boas tendências da caridade, com respeito à conduta ativa, dizendo: ela "não se alegra com a injustiça, mas regozija-se com a verdade". Como se quisesse dizer: "Eu já mencionei muitas coisas excelentes para as quais tende a caridade, e já mostrei como a caridade é contrária a muitas coisas ruins. Mas não necessito continuar multiplicando exemplos, porque, numa palavra, a caridade é contrária a tudo que na vida e na prática é ruim, e ela tende a tudo o que é bom – ela não se alegra com a injustiça, mas regozija-se com a verdade".

Tudo indica que por "injustiça", aqui, está em pauta tudo o que é pecaminoso na vida e na prática; e, por "verdade", tudo o que é saudável na vida, ou tudo o que está incluso na prática cristã e santa. De fato, a palavra *verdade* é usada na Bíblia de modo variado. Algumas vezes significa as verdadeiras doutrinas da religião; algumas vezes, o conhecimento dessas doutrinas; outras vezes, a veracidade ou fidelidade; e ainda, outras vezes, significa toda a virtude e santidade, incluindo o conhecimento e a recepção de todas as grandes verdades das Escrituras, bem como a conformidade com elas na vida e na conduta. Neste último sentido, a palavra é usada pelo apóstolo João, quando afirma: "Pois fiquei sobremodo alegre pela vinda de irmãos e por seu testemunho de tua verdade, como tu andas na verdade" (3Jo 3). Tomando a palavra neste sentido, e generalizando a proposição, temos a doutrina como é sugerida pelo texto:

TODA GRAÇA GENUINAMENTE CRISTÃ NO CORAÇÃO TENDE A UMA PRÁTICA SANTA NA VIDA.

Negativamente, o apóstolo declara que a caridade se opõe a toda perversidade, ou à prática nociva; e, *positivamente,* que ela tende a toda retidão, ou prática santa. E, como se pode generalizar o princípio, e, igualmente, como a caridade tem se mostrado ser a suma de toda graça verdadeira e salvífica, a doutrina que tem sido declarada parece claramente contida nas palavras do texto, a saber, a doutrina de que toda graça genuinamente cristã tende a uma prática santa. Caso alguém tenha a noção da *graça,* com sendo algo introduzido no coração, e, ali confinado e adormecido, e que sua influência não governa todo o homem como um ser ativo – ou, se presumir que a mudança causada pela graça, ainda que ela de fato melhore o próprio coração, contudo não tem a tendência para um melhoramento correspondente da vida externa –, essa pessoa tem uma noção muito errônea da graça. E, tanto é assim, que gostaria de tentar esclarecer, primeiramente, mediante alguns argumentos em favor da doutrina que já foi expressa; e, em segundo lugar, mostrando sua veracidade com respeito às graças particulares.

1. *Eu gostaria de expressar alguns argumentos em apoio à doutrina de que toda a verdadeira graça no coração tende a uma prática santa na vida.*

1.1. *A prática santa é a meta daquela eterna eleição que é o primeiro fundamento da concessão de toda verdadeira graça.* A prática santa não é a base e a razão da eleição, como presumem os arminianos, os quais imaginam Deus elegendo os homens para a vida eterna com base numa *previsão* de suas boas obras; mas a vida santa é a meta e finalidade da eleição. Deus não elege os homens *porque* ele prevê que serão santos, e sim *para* fazê-los e *para que* eles mesmos sejam santos. Assim, na eleição, Deus ordenou que os homens andem nas boas obras, no dizer do apóstolo: "Pois somos feitura dele, criados em Cristo Jesus *para* as boas obras, as quais Deus de antemão preparou para que andássemos nelas" (Ef 2.10). E, outra vez, lemos que os eleitos são escolhidos para este exato fim: "Assim como nos escolheu, nele, antes da fundação do mundo, para sermos santos e irrepreensíveis perante ele" (Ef 1.4). E assim Cristo informa a seus discípulos: "Não fostes vós que me escolhestes a mim; pelo contrário, eu vos escolhi a vós outros e vos designei para que vades e deis fruto, e vosso fruto permaneça" (Jo 15.16). Ora, a eterna eleição divina é o primeiro fundamento da concessão da graça salvífica. E alguns possuem essa graça salvífica, enquanto que outros não a possuem, porquanto alguns, desde a eternidade, foram escolhidos por Deus, e outros não o foram. E, visto que a prática santa é o escopo e alvo daquilo que é o primeiro fundamento da concessão da graça, esta mesma prática santa é, indubitavelmente, a tendência da própria graça. De outro modo, seguir-se-ia que Deus usa de um certo meio para a obtenção de um fim; e este meio não é adequado à obtenção desse fim e não tem nenhuma tendência para o mesmo. É ainda verdade

1.2. *Que a redenção, pela qual a graça é adquirida, tende ao mesmo fim*. A redenção realizada por Cristo é o próximo fundamento da concessão da graça para todos os que a possuem. Cristo, por seus méritos, nas grandes coisas que ele realizou e sofreu no mundo, adquiriu graça e santidade para seu próprio povo – "E a favor deles eu me santifico a mim mesmo, para que eles também sejam santificados na verdade" (Jo 17.19). E assim Cristo redimiu os eleitos e lhes adquiriu graça, a fim de que pudessem andar em prática santa. Ele, mediante sua morte, os reconciliou com Deus, a fim de salvá-los das obras ímpias, para que sejam santos e impolutos em suas vidas, diz o apóstolo – "E a vós outros também que, outrora, éreis estranhos e inimigos no entendimento por vossas obras malignas, agora, porém, vos reconciliou no corpo de sua carne, mediante sua morte, para apresentar-vos perante ele santos, inculpáveis e irrepreensíveis" (Cl 1.21, 22). Quando o anjo apareceu a José, ele lhe informou que o menino que nasceria de Maria seria chamado Jesus, isto é, Salvador, porque ele salvaria seu povo dos pecados deles (Mt 1.21). E declara-se que a santidade de vida é o propósito da redenção, ao dizer que Cristo "a si mesmo se deu por nós, a fim de remir-nos de toda iniquidade e purificar, para si mesmo, um povo exclusivamente seu, zeloso de boas obras" (Tt 2.14). Assim, somos informados que Cristo "morreu por todos, para que os que vivem não vivam mais para si mesmos, mas para aquele que por eles morreu e ressuscitou" (2Co 5.15). E para este fim lemos que ele a si mesmo se ofereceu a Deus, pelo Espírito eterno, sem mancha, para que seu sangue purificasse nossa consciência de obras mortas, a fim de servirmos ao Deus vivo (Hb 9.14).

O notabilíssimo tipo da obra da redenção mediante o amor divino, em toda a história veterotestamentária, foi a redenção dos filhos de Israel do Egito. Mas o viver santo de seu povo era o fim que Deus teve em vista naquela redenção, como ele repetidas vezes notificou ao faraó, quando de vez em quando lhe dizia pelos lábios de Moisés e Arão: "Deixa meu povo ir, para que me sirva". E temos no Novo Testamento uma expressão semelhante com respeito à redenção de Cristo, onde lemos: "Bendito seja o Senhor, Deus de Israel, porque visitou e redimiu seu povo, e nos suscitou plena e poderosa salvação na casa de Davi, seu servo, como prometera, desde a antiguidade, por boca de seus santos profetas, para nos libertar de nossos inimigos e das mãos de todos os que nos odeiam; para usar de misericórdia com os nossos pais e lembrar-se de sua santa aliança e do juramento que fez a Abraão, o nosso pai, de conceder-nos que, livres das mãos de inimigos, o adorássemos sem temor, em santidade e justiça perante ele, todos os nossos dias" (Lc 1.68-75). Todas essas coisas deixam muitíssimo claro que o fim da redenção é que sejamos santos. Temos mais um ponto que se mostra procedente:

1.3. *Que a vocação eficaz, ou aquela conversão salvífica na qual a graça tem início na alma, visa ao mesmo fim.* Deus, por meio de seu Espírito, e através de sua verdade, chama, desperta, convence, converte e guia ao exercício da graça a todos quantos, desde o dia da operação divina, são dispostos até o fim a uma prática santa. "Pois somos feitura dele", diz o apóstolo, "criados em Cristo Jesus para boas obras, as quais Deus de antemão preparou para que andássemos nelas" (Ef 2.10). O apóstolo informa aos cristãos tessalonicenses que Deus não os havia chamado à impureza, e sim à santidade (1Ts 4.7). E outra vez é escrito: "Pelo contrário, segundo é santo aquele que vos chamou, tornai-vos santos também vós mesmos em todo o vosso procedimento" (1Pe 1.15). É também verdade

1.4. *Que o conhecimento e entendimento espirituais, que são os assistentes interiores de toda verdadeira graça no coração, tendem a uma prática santa.* Um verdadeiro conhecimento de Deus e das coisas divinas é um conhecimento prático. Muitos perversos têm adquirido em grande medida um mero conhecimento especulativo das coisas da religião. Os homens podem tomar posse de vasta erudição, e esta erudição em grande medida pode consistir em seu conhecimento da divindade, da Bíblia e das coisas pertinentes à religião, e podem ser capazes de arrazoar com grande poder sobre os atributos de Deus e das doutrinas do cristianismo e, no entanto, pode seu conhecimento não conseguir ser um conhecimento salvífico, mas, somente e simplesmente especulativo e não prático. Aquele que tem uma correta e salvífica familiaridade com as coisas divinas divisa a excelência da santidade e todas as vias da santidade, porquanto divisa a beleza e excelência de Deus, as quais consistem de sua santidade; e, pela mesma razão, o mesmo divisa a odiosidade do pecado e de todas as veredas do pecado. E se uma pessoa divisa a odiosidade das veredas do pecado, certamente isto tende a que ela evite tais veredas; e se ela divisa a beleza das veredas da santidade, isto tende a incliná-la a andar nelas.

Aquele que conhece a Deus sabe muito bem que ele é digno de ser obedecido. Faraó não entendia por que deveria obedecer a Deus, porquanto não tinha conhecimento do Ser divino, e, por isso, afirma: "Quem é o Senhor para que eu lhe ouça eu a voz e deixe ir a Israel?" (Êx 5.2). Implicitamente, esta é a razão por que os perversos agem injustamente ou praticam a iniquidade, e se conduzem tão perversamente, que não detêm nenhum conhecimento espiritual, no dizer do salmista: "Acaso, não entendem todos os obreiros da iniquidade, que devoram o meu povo, como quem come pão, que não invocam o Senhor?" (Sl 14.4). E quando Deus descreve o verdadeiro conhecimento de si mesmo ao povo de Israel, ele o faz por meio deste seu fruto: que ele conduziria a uma prática santa. "Julgou a causa do aflito e do necessitado; por isso, tudo lhe ia bem. Porventura, não é isso conhecer-me?" (Jr 22.16). E o apóstolo João nos informa que a guarda dos mandamentos de Cristo é um fruto infalível de nosso conhecimento dele; e ele estigmatiza como um grosseiro hipócrita e mentiroso àquele que pretende conhecer a Cristo e, no entanto, não guarda seus mandamentos (1Jo 2.3, 4). Se uma pessoa possui conhecimento e discernimento espirituais, isso tende a que ela cultive um espírito excelente. "Quem retém as palavras possui o conhecimento, e o sereno de espírito é homem de inteligência" (Pv 17.27). Esse espírito excelente conduzirá a um comportamento correspondente. E o mesmo transparece também

1.5. *De uma consideração mais imediata do princípio da própria graça, e se verá que a tendência de toda graça cristã é ao viver prático.* E aqui,

Primeiro, transparece que toda graça cristã genuína tende ao viver prático, porque *a vontade é a faculdade que comanda as ações e práticas do homem*. A sede imediata da graça está na vontade ou disposição. Isto mostra que toda graça genuína tende à prática santa; e não existe sequer um dos atos humanos do qual se possa dizer propriamente que pertence ou que faça parte de seu viver prático, em qualquer assunto, que não esteja no comando da vontade. Quando falamos do viver prático de uma pessoa, apontamos para aquelas coisas que ela faz como agente livre e voluntário, ou seja, aquelas coisas que ela faz mediante um ato de sua vontade; de modo que toda a prática de uma pessoa é direcionada pela faculdade da vontade. Todos os poderes executivos do homem, sejam do corpo, sejam da mente, estão sujeitos à faculdade da vontade mediante a constituição daquele que criou o homem e que é o grande Autor de nossa existência. A vontade é a fonte da prática, tão realmente quanto a cabeceira de uma nascente é a fonte da corrente que flui dela. E, portanto, se um genuíno princípio de graça está sediado nesta faculdade, então necessariamente tende à prática; tanto quanto o fluxo de água na fonte tende ao seu fluxo na corrente.

Segundo, é a definição de graça, a saber, que *ela constitui um princípio de ação santa*. Que é graça senão um princípio de santidade, ou um princípio santo no coração? Mas o termo *princípio* se relaciona a algo do qual ela é um princípio. E se graça é um princípio, do que ela é um princípio senão de ação? Princípios e ações são correlatos, e necessariamente se relacionam uns com os outros. Assim, a própria ideia de um princípio de vida é um princípio que age na vida. E assim, quando falamos de um princípio de entendimento, temos em vista um princípio de onde fluem atos de entendimento. E, portanto, por um princípio de pecado está implícito um princípio de onde emanam atos de pecado. E, do mesmo modo, quando falamos de um princípio de graça, temos em vista um princípio de onde emanam atos de graça, ou ações graciosas. Um princípio de graça tem tanta relação com a prática como uma raiz tem com a planta da qual ela é a raiz. Se existe uma raiz, esta é a raiz de alguma coisa; ou a raiz de algo que realmente cresce dela, ou que tende a produzir alguma planta. É absurdo falar de uma raiz que seja a raiz de nada; e, portanto, é absurdo falar de um princípio de graça que não tenda à graça na prática.

Terceiro, uma coisa que distingue o que é real e substancial daquilo que é apenas uma sombra ou aparência é que o real é *eficaz*. Uma sombra ou pintura de uma pessoa, ainda que seja tão distinta ou bem delineada, ou forneça uma representação tão vívida, e ainda que seja a pintura de uma pessoa mui forte, ou mesmo de um poderoso gigante, nada pode fazer. Nada se realiza e pode passar através dela, porquanto não é real, e sim uma mera sombra ou imagem. Entretanto, uma substância, ou realidade, é algo eficaz. E assim se dá com o que está no coração do homem. Aquilo que é apenas uma aparência ou imagem da graça, ainda que se assemelhe com a graça, não é eficaz, porquanto carece de realidade e substância. Mas aquilo que é real e substancial é eficaz, e sendo de fato algo que perpassa a vida. Em outros termos, o que é eficaz se representa na prática. E, assim, seguindo em frente,

Quarto, a natureza de um princípio de graça deve ser *um princípio de vida, ou um princípio vital*. Por toda parte, as Escrituras nos ensinam isto. Ali, os homens naturais, que não possuem no coração nenhum princípio de graça, são representados como que mortos, enquanto que os que possuem graça são representados como que estando vivos, ou possuindo em si um princípio de vida. Mas a natureza de um princípio de vida é ser um princípio de ação e operação. Uma pessoa morta não age, nem se move, nem realiza algo; mas, nas pessoas vivas, a vida surge por meio de um curso contínuo de ação, dia e noite. Elas se movem, andam e trabalham e preenchem seu tempo com ações que são os frutos da vida.

Quinto, a genuína graça cristã é não só um princípio de vida, *mas um princípio excessivamente poderoso*. Daí lermos sobre "o poder da piedade", como em 2 Timóteo 3.5; e aprendemos que há nesta graça um poder divino, tal como foi operado em Cristo quando ressuscitou dos mortos. Mas, quanto mais poderoso é qualquer princípio, mais eficaz é ele para produzir aquelas operações e aquela prática à qual tende.

Havendo assim mostrado, em geral, que toda genuína graça no coração tende a uma prática santa na vida, prossigo, como propus,

2. *Mostrando o mesmo com respeito às graças cristãs particulares*. E aqui observo que este é o caso,

2.1. *Com respeito a uma verdadeira e salvífica fé no Senhor Jesus Cristo*. Há algo que distingue em grande medida aquela fé que é salvífica daquela que é apenas comum. A verdadeira fé é aquela que opera; enquanto que uma fé falsa é estéril e inoperante. E, portanto, o apóstolo descreve uma fé salvífica como sendo "a fé que atua pelo amor" (Gl 5.6). O apóstolo Tiago nos informa: "Mas alguém dirá: Tu tens fé, e eu tenho obras; mostra-me essa tua fé sem as obras, e eu, com as obras, te mostrarei minha fé" (Tg 2.18). Mas, mais particularmente,

Primeiro, a convicção do entendimento e do juízo, que está implícita na fé salvífica, *tende a uma prática santa*. Aquele que possui uma fé genuína se convence da realidade e certeza das grandes coisas da religião; e aquele que se convence da realidade dessas coisas se deixará influenciar por elas, e estas governarão suas ações e comportamento. Se os homens ouvem de grandes coisas, as quais, se verdadeiras, os agitam intimamente, e não creem no que ouvem, não se deixarão mover muito por elas, tampouco alterarão sua conduta pelo que ouvem. Mas se realmente creem no que ouvem e o considerarem como certo, serão influenciados por isso em suas ações, e em vista disso alterarão sua conduta e agirão mui diferentemente do que fariam se nada ouvissem. Vemos que isto é assim em todas as coisas de grande importância que aos homens parecem reais. Se uma pessoa ouve notícias importantes, que a levam a preocupar-se, e de modo algum percebemos que se modifica em sua prática, prontamente concluímos que tal pessoa não lhe deu crédito como um fato verdadeiro; pois sabemos que a natureza humana é tal que ela governará suas ações pelo que crê e do que se convence. E assim, se os homens realmente se convencem da veracidade das coisas que ouvem do evangelho, acerca de um mundo eterno e da salvação eterna que Cristo adquiriu para todos os que aceitam esta verdade, isso influenciará sua prática. Regularão sua prática em conformidade com essa crença, e agirão de tal maneira que os leve obter esta salvação eterna.

Se os homens se deixarem convencer da veracidade indubitável das promessas do evangelho, as quais prometem riquezas, honras e prazeres eternos, e se realmente crerem que tais coisas são imediatamente mais valiosas do que todas as riquezas, honras e prazeres terrenos, por tais coisas esquecerão as que são deste mundo e, se necessário for, venderão tudo e seguirão a Cristo. E se forem plenamente convencidos da veracidade da promessa de que Cristo realmente concederá a seu povo todas essas coisas, e tudo isso lhes parecer real, isto exercerá tal influência em sua prática, que os induzirá a viverem em conformidade com elas. Sua prática será condizente com suas convicções. A própria natureza do homem proíbe que isso seja diferente. Se uma pessoa receber de outra a promessa de que, se ela desfizer-se de uma quantia de dinheiro, receberá mil vezes mais, e se realmente convencer-se da veracidade de tal promessa, prontamente abandonará a primeira na certeza de que obterá a segunda. E assim, aquele que se convence da suficiência de Cristo em libertá-lo de todo mal, e em conduzi-lo à posse de todo bem de que necessita, se deixará influenciar, em sua vida prática, pela promessa que lhe oferece tudo isso. Tal pessoa, enquanto realmente nutrir tal convicção, não temerá crer em Cristo, em tudo o que, de outro modo, lhe pareceria expor-se demais à calamidade, porquanto se convence de que Cristo é capaz de livrá-la. E assim ela não temerá enfrentar outros caminhos de assegurar-se da felicidade terrena, porquanto se convence de que tão-somente Cristo é suficiente para outorgar-lhe toda a felicidade necessária. E, assim,

Segundo, aquele *ato da vontade*, que há na fé salvífica, *tende à prática santa*. Aquele que, pelo ato de sua vontade, realmente aceita Cristo como o Salvador, o aceita como o Salvador do *pecado*, e não meramente como o Salvador da *punição* do pecado. Mas é impossível que alguém receba sinceramente a Cristo como Salvador do pecado e dos caminhos do pecado, se não quiser e não almejar, sinceramente, no coração e na vida, afastar-se de todos os caminhos do pecado; pois aquele que não quiser que o pecado se afaste dele não pode querer receber a Cristo como seu Salvador à parte de tais caminhos pecaminosos. E assim, repito, aquele que recebe a Cristo mediante uma fé viva, o abraça como Senhor e Rei, a governá-lo e a reinar nele, e não meramente como sacerdote a fazer expiação por ele. Mas, escolher a Cristo, e abraçá-lo como Rei, é o mesmo que render-se em submissão à sua lei, e em obediência à sua autoridade e mandamentos; e aquele que faz tal coisa vive uma vida de prática santa.

Terceiro, toda a verdadeira confiança em Deus, que está implícita na fé salvífica, *tende à prática santa*. Assim, a verdadeira confiança difere de toda falsa confiança. Confiar em Deus, seguindo um caminho de negligência, é o que na Escritura se chama tentar a Deus; e confiar nele, seguindo um caminho de pecado, é o que se chama presunção, que é algo terrivelmente ameaçado em sua Palavra. Mas aquele que verdadeira e corretamente confia em Deus, confia nele seguindo a vereda da diligência e santidade; ou seja, a vereda da prática santa. A própria ideia de depositarmos confiança em outro equivale a descansar ou viver em aquiescência mental e emocional na plena persuasão de sua suficiência e fidelidade, de modo que estamos plenamente prontos a nos arriscarmos com ele em nossas ações. Mas aqueles que na prática e ação não se deixam persuadir da suficiência e fidelidade de outro, nada arriscam. Não se envolvem em qualquer ação, ou curso de ação, e, assim, nada ousam fazer, e, portanto, não se pode dizer que realmente confiam. Aquele que realmente confia em outro se aventura em sua confiança. Assim se dá com os que realmente confiam em Deus. Descansam na plena persuasão de que Deus é suficiente e fiel, a ponto de continuarem nesta confiança, seguindo a Deus; e, se necessário for, enfrentam por ele dificuldades e asperezas, porque ele prometeu que nada perderiam seguindo este curso; e nutrem tal confiança, que podem e se aventuram em sua promessa, enquanto que os que não se dispõem a aventurar-se assim, mostram que de fato não confiam em Deus. Os que nutrem plena confiança em Deus, a qual está implícita numa fé viva, não temerão confiar em Deus com todas as suas posses. Assim é com respeito à confiança nos homens, a saber, se aqueles em quem temos plena confiança desejam de nós algo emprestado, e prometem restituir-nos e pagar-nos um cêntuplo, não devemos temer a correr o risco, e realmente agimos assim. Então, os que sentem plena confiança em Deus, não temem render-se ao Senhor. E, se confiamos em Deus, não temeremos aventurar-nos a trabalhar, a lutar, a vigiar, a sofrer e a fazer tudo por ele, uma vez que ele tão profusamente prometeu galardoar tais coisas com aquilo que infinitamente sobrepuja a todas as perdas, ou dificuldades, ou tristezas que, porventura, experimentarmos no caminho do dever. Se nossa fé é salvífica, então ela nos conduzirá tão concretamente à aventura com Deus, na mais plena confiança em seu caráter e promessas. E como a fé, em si mesma e em tudo o que está implícito nela, tende à prática santa, assim é o caso

2.2. Com respeito a todo o verdadeiro amor para com Deus. Amor é um princípio ativo – um princípio que encontramos sempre ativo nas coisas deste mundo. O amor para com nossos semelhantes sempre nos influencia em nossas ações e prática. O mundo inteiro da raça humana é mantido em ação dia e noite, ano após ano, principalmente pelo amor de um tipo ou de outro. Aquele que ama o dinheiro, em sua vida prática se deixa influenciar por esse amor, e é mantido por ele na perseguição contínua da riqueza. Aquele que ama a honra, em sua vida prática se deixa governar por esse amor, e suas ações, ao longo de toda a vida, são reguladas por seu desejo de possuí-la. E quão diligentemente os que amam os prazeres carnais correm após eles em seu viver prático! E assim aquele que realmente ama a Deus também se deixa influenciar por esse amor em seu viver prático. Essa pessoa segue constantemente a Deus na trajetória de sua vida: busca sua graça, aceitação e glória.

A razão ensina que as ações de uma pessoa constituem o mais infalível teste e evidência de seu amor. Assim, se uma pessoa professa uma grande medida de amor e amizade para com outra, a razão, em tal caso, ensina a toda a humanidade que a evidência convincente de ser ela uma amiga real e sincera, como professa ser, é que em seus atos realmente demonstra ser amiga, e não só em suas palavras; e que ela está disposta, se necessário for, a renunciar-se em benefício de seu amigo, e a tudo fazer, em seu próprio interesse privado, para praticar um ato de bondade em seu favor. Se uma pessoa sempre professa ser bondosa ou amiga, outra pessoa sábia não confiará em sua declaração, a não ser que tenha diante de si a prova e evidência de tal afirmação em seu comportamento; a menos que em suas ações tal pessoa lhe demonstre ser fiel e constante amiga, pronta a tudo fazer e a tudo sofrer por sua amiga. Ela confiará na evidência de seu amor mais do que na mais intensa declaração verbal, ou mesmo nos mais solenes juramentos sem tal evidência. E assim, se virmos uma pessoa que, por seu constante comportamento, se mostra pronta a esforçar-se e a expor-se em favor de Deus, a razão ensina que desta forma ela dá evidência do amor para com Deus, mais do que se dependesse apenas de uma confissão verbal de que em seu coração sente profundo amor por Deus. E assim, se virmos uma pessoa que, pelo que contemplamos do curso de sua vida, parece seguir e imitar a Cristo, e se expõe grandemente pela honra de Cristo e pelo avanço de seu reino no mundo, a razão ensina que ela assim dá maior evidência da sinceridade e força de seu amor pelo Salvador do que se apenas declarasse que o ama e notificasse como seu coração em determinada ocasião se alargou de amor por ele, enquanto, ao mesmo tempo, ela recuou de fazer algum grande esforço por Cristo, ou saiu do caminho que leva à promoção de seu reino, e está pronta a justificar-se quando chamada a exercer sua atividade ou a renunciar a si própria por seu Salvador.

Há vários caminhos para o exercício do amor sincero para com Deus, e todos eles tendem à prática santa. Um deles é ter Deus na mais elevada *estima*; pois temos na mais elevada estima aquilo que amamos, e naturalmente revelamos essa estima em nosso comportamento. Outro modo de demonstrarmos nosso amor para com Deus é *optando* por ele acima de todas as demais coisas; e se o escolhermos sinceramente acima de todas as demais coisas, então, realmente, nós deixaremos às demais coisas por ele, quando, em nossa prática, enfrentarmos a provação;

e quando, na trajetória de nossa vida, suceder que Deus e nossa honra, ou Deus e nosso dinheiro, ou Deus e nossa tranquilidade forem concomitantemente postos diante de nós, de modo que nos apeguemos a um e abandonemos o outro; então, se realmente escolhemos a Deus acima dessas demais coisas, em nossa prática nos apegaremos a Deus e deixaremos essas coisas de lado. Outro caminho para o exercício do amor para com Deus está em nossos *desejos* por ele; e estes também tendem à prática. Aquele que realmente nutre ardente desejo por Deus se sentirá impelido a buscá-lo com todas as suas forças. Ele se aplicará a isso como se aplica a um negócio, precisamente como fazem os homens por este mundo, quando sentem ardentes desejos por um bem que acreditam ser alcançável. Ainda outro caminho para o exercício do amor para com Deus está em nos *deleitarmos* nele, e encontrarmos nele satisfação e felicidade, e isto também tende à prática. Aquele que real e sinceramente se deleita mais em Deus do que nas demais coisas, e acha sua satisfação em Deus, não o abandonará por outras coisas; e assim, por meio de sua conduta, ele mostra, de fato, que vive satisfeito nele, tendo-o como seu senhor. E, assim se dá em todos os casos. Se, porventura, temos desfrutado de alguma posse, e então, mais tarde, nós a abandonamos em troca de algo melhor, isto constitui uma evidência de que não vivíamos plenamente satisfeitos com ela, e que não nos deleitávamos nela acima de todas as demais coisas. Em todos esses casos, os sentimentos e escolhas serão notados na prática.

2.3. *Todo arrependimento genuíno e salvífico tende à prática santa*. No original neotestamentário, a palavra comumente traduzida por "arrependimento" significa *uma mudança da mente*;

e lemos que os homens se arrependem do pecado quando mudam sua mentalidade com respeito a ele, de modo que, ainda quando anteriormente o estimavam e o aprovavam, agora o reprovam totalmente e sentem por ele uma total aversão. No entanto, essa mudança mental deve e tende a uma mudança correspondente na prática. Percebemos que isto acontece universalmente nas demais coisas. Se uma pessoa anteriormente se engajara em alguma ocupação ou negócio, qualquer que seja, e então muda seu pensamento sobre ele, então mudará também sua prática, e desistirá daquele negócio ou ocupação, ou modo de vida, e mudará sua atividade para alguma outra coisa. Sentir pesar pelo pecado é algo pertinente ao arrependimento salvífico. Mas o pesar pelo pecado, se for pleno e sincero, tenderá, na prática, ao abandono do pecado. Esse é o caso em tudo. Se uma pessoa tem permanecido por muito tempo em algum caminho ou forma de comportamento, e depois se convence da loucura e pecaminosidade dele, e sinceramente se compunge e se entristece por ele, o efeito natural e necessário disto será que o evitará no futuro. E se, porventura, continuar nele justamente como fazia antes, ninguém crerá que sinceramente se compunge por o haver praticado outrora. E assim,

2.4. *Toda humildade genuína tende à prática santa*. Esta é uma graça fartamente recomendada e instada na Bíblia; a humildade é, repetidas vezes, expressa para distinguir a verdadeira experiência cristã daquela que é simulada. Mas esta graça no coração tem uma tendência direta à prática santa na vida. Um coração humilde tende a um comportamento humilde. Aquele que é sensibilizado de sua própria pequenez e nulidade, e excessiva indignidade, se disporá, por um senso da humildade, a portar-se de forma humilde diante de Deus e dos homens. Aquele que uma vez tinha um coração orgulhoso, e em sua conduta vivia sob o domínio do orgulho, se mais tarde seu coração sofrer mudança e vier a ser humilde, necessariamente sofrerá uma mudança correspondente em seu comportamento. Ele não mais parecerá orgulhoso, nem desdenhoso, nem ambicioso em sua conduta, como fora até então, quando parecia ao máximo estar acima dos demais, e tudo fazia, quanto estivesse nele, para condenar os demais, e demonstrar-se insatisfeito ou mesmo enfurecido contra os que pareciam pôr-se no caminho de sua glória terrena. Pois foi proveniente do orgulho do coração que tal comportamento se manifestou, antes que fosse mudado; e, portanto, se agora há uma grande alteração com respeito a esse orgulho do coração, e ele é mortificado na alma e banido dela, e a humildade é implantada em seu lugar, seguramente haverá também uma alteração na conduta e prática; pois a humildade do coração é um princípio que sofre uma forte tendência à prática, tal como fazia outrora o orgulho no coração; e, portanto, se este é mortificado, e aquela assume seu posto, então a prática orgulhosa que procedia do coração orgulhoso cessará proporcionalmente, e a prática humilde, que é o fruto natural da conduta transformada, se manifestará.

A genuína humildade cristã do coração tende ainda a tornar as pessoas resignadas à vontade de Deus, e as levará a serem pacientes e submissas à sua santa mão ante as aflições que porventura lhes envie, e se encherão de profunda reverência para com a Deidade, e tratarão as coisas divinas com o mais profundo respeito. Ela conduz ainda a um manso comportamento em relação aos homens, tornando-nos condescendentes para com os inferiores, respeitosos para com os superiores, e para com todos afáveis, pacíficos, tratáveis, altruístas, não invejando o que é dos outros, mas se contentando com sua própria condição, de um espírito sereno e tranquilo, não inclinados a nos ressentirmos das injúrias, porém prontos a perdoar. E, seguramente, todos esses são traços pertinentes à prática santa. E assim, seguindo em frente,

2.5. *Todo verdadeiro temor de Deus tende à prática santa*. A principal coisa implícita nas Escrituras pelo temor de Deus é uma santa solicitude ou medo de ofendermos a Deus, pecando contra ele. Ora, se uma pessoa realmente teme ofender a Deus, e se habitualmente se esquiva até do pensamento de pecar contra ele, isto seguramente a fará fugir de pecar contra ele. Os homens se esquivam daquilo de que têm medo. Se uma pessoa declara ter medo, por exemplo, de uma serpente venenosa, porém é vista não se cuidando de esquivar-se dela, mas se mostra ousada em ficar bem perto dela, quem crerá em sua declaração? O temor de Deus e a observação de todos os seus mandamentos estão enfeixados como necessariamente oriundos um do outro, como lemos em Deuteronômio: "Se não tiveres cuidado de guardar todas as palavras desta lei, escritas neste livro, para temeres este nome glorioso e terrível, o Senhor, teu Deus" (28.58). E José apresenta como razão de sua justa e misericordiosa conduta para com seus irmãos, que ele temia a Deus, como lemos em Gênesis 42.18: "Fazei o seguinte e vivereis, pois temo a Deus". E, ainda lemos em Provérbios que "o temor do Senhor consiste em aborrecer o mal; a soberba, a arrogância, o mau caminho e a boca perversa, eu os aborreço" (8.13). Jó apresenta como razão de esquivar-se do pecado, "porque o castigo de Deus seria para mim um assombro, e eu não poderia enfrentar a sua majestade" (Jó 31.23). E Deus mesmo, quando fala de Jó como alguém que "se desvia do mal", menciona seu temor de Deus como sendo a base e a razão de tal comportamento: "Homem íntegro e reto, temente a Deus e que se desvia do mal" (Jó 1.8). E seja qual for a pessoa, na medida em que reine nela o temor de Deus, este levará seu possuidor a esquivar-se do pecado e a almejar a santidade de vida. Continuando,

2.6. *O espírito de gratidão e louvor tende à prática santa*. A sincera gratidão a Deus nos leva a um comportamento condizente com os benefícios recebidos. Consideramos isto como uma segura evidência de genuína gratidão ou reconhecimento para com nossos semelhantes. Se alguém demonstra para com seu semelhante alguma bondade notável, e este se sente realmente grato, então se prontificará, em se apresentando uma ocasião, a praticar-lhe um ato de bondade em retribuição. E ainda quando não pudermos premiar a bondade de Deus para conosco, fazendo algo que lhe seja proveitoso, contudo um espírito de gratidão nos disporá a fazermos o máximo que pudermos para ser-lhe agradáveis e aceitáveis, ou o que, porventura, tenda a declarar a sua glória. Se alguém apiedar-se de outro que se encontrava em grande aflição, ou em risco de uma morte terrível, e, movido por esta compaixão, gastar-se em grande medida em proveito de sua defesa e livramento, e enfrentar grandes dificuldades e sofrimentos em seu favor, e por esses meios realmente o livrar; e se este expressa grande gratidão para com seu libertador, e no entanto em suas ações e curso de conduta se lhe opõe e o desonra e lança-lhe desdém e lhe faz grande injúria, ninguém daria muita atenção a todas as suas declarações de gratidão. Se ele realmente é grato, jamais agirá assim perversamente para com seu benfeitor. E assim ninguém pode ser realmente grato a Deus pelo agonizante amor de Cristo, e pela infinita misericórdia e amor de Deus para consigo, e contudo viver uma vida perversa. Sua gratidão, se é sincera, o levará a viver santamente. O mesmo é verdade

2.7. *De um cristão que se aparta do mundo e que cultiva uma mentalidade celestial, cuja tendência é à prática santa.* Falo destas duas coisas em conjunto, pois em grande medida são uma e a mesma coisa, expressas negativa e positivamente. Não apartar-se do mundo é o mesmo que cultivar uma mentalidade mundana; e, em contrapartida, ser realmente cristão afastado do mundo é não ser mundano, e sim cultivar uma mentalidade celestial. E esta graça, como todas as demais mencionadas, tende à prática santa. Se o coração for afastado do mundo, ele tenderá a afastar-se da conduta do mundo; e se o coração for posto nas coisas celestiais, coisas essas que não pertencem ao mundo, ele tenderá a levar-nos às coisas celestiais. Aquele cujo coração é livre do mundo, na prática não se manterá agarrado ao mundo, a ponto de ser excessivamente relutante em abrir mão de alguma parte dele. Se uma pessoa, ao falar de sua experiência, conta como, num dado momento, sentiu seu coração apartado do mundo, de modo que este lhe era como nada e mera vaidade, e, no entanto, se na prática ela parece tão violenta como sempre, em conformidade com o mundo, e em grande medida mais solícita por ele do que é pelas coisas celestiais, tais como o crescimento em graça e em conhecimento de Deus, e no dever, então sua confissão pública será de pouco peso em comparação com sua prática. E assim, se sua conduta revela que pensa mais nos tesouros terrenos do que nos tesouros celestiais, e se, quando tiver conquistado o mundo ou alguma parte dele, ela abraça esta conquista mundana e parece excessivamente relutante em deixar mesmo uma pequena parcela dela, em vez de comportar-se piedosa e caridosamente, mesmo quando Deus lhe promete mil vezes mais no céu, tal pessoa não fornece a mínima evidência de estar desprendida do mundo, ou que prefere as coisas celestiais às coisas do mundo. A julgar por seu viver prático, há uma triste razão de se crer que sua confissão pública é falsa. O mesmo é também verdade

2.8. *A respeito do amor cristão para com os homens, a saber, que este também tende à prática santa.* Se o amor humano for sincero, ele tenderá à prática e atos de amor. Amor exagerado, e não sincero, é o que apenas aparece em palavra e língua, e não em obras; mas, o amor que é sincero e realmente verdadeiro, se manifestará nos atos, no dizer do apóstolo: "Filhinhos, não amemos de palavra, nem de língua, mas de fato e de verdade. E nisto conheceremos que somos da verdade, bem como, perante ele, tranquilizaremos nosso coração" (1Jo 3.18, 19). Nenhum outro amor pelos irmãos, exceto aquele que se revela em atos de amor, será de algum proveito a alguém. "Se um irmão ou uma irmã estiverem carecidos de roupa e necessitados do alimento cotidiano, e qualquer dentre vós lhes disser: Ide em paz, aquecei-vos e fartai-vos, sem, contudo, lhes dar o necessário para o corpo, qual é o proveito disso?" (Tg 2.15, 16).

A experiência mostra que aqueles que nutrem um sincero amor para com os outros se prontificam tanto a fazer quanto a sofrer por eles. Somos mui prontos a crer que os pais amam seus próprios filhos, porque isto é natural; e esse tipo de amor geralmente prevalece em todo o mundo. Mas, como é incrível que um homem não ame a seus próprios filhos, contudo, se houver um pai que contemple seu filho em circunstâncias aflitivas e não se ponha a caminho para ajudá-lo, ou que geralmente não trate a seus filhos com consideração e bondade, porém dia após dia aja como se não tivesse nenhum cuidado com o seu conforto, ou com o que viesse a suceder-lhe, dificilmente creríamos que em seu coração houvesse algo de amor paterno. O amor por nossos filhos nos disporá a atos amorosos para com eles. E assim o amor por nosso semelhante nos disporá a todas as formas de boa prática em favor de nosso semelhante. Assim, o apóstolo declara, quando, após sumariar os vários mandamentos da segunda tábua da lei, diz: "Não adulterarás, não matarás, não furtarás, não cobiçarás, e, se há qualquer outro mandamento, tudo nesta palavra se resume: Amarás o teu próximo como a ti mesmo. O amor não pratica o mal contra o próximo; de sorte que o cumprimento da lei é o amor" (Rm 13.9, 10). Uma vez mais, e finalmente, a mesma observação se aplica

2.9. *A uma verdadeira e graciosa esperança, a qual também tende à prática santa.* Uma falsa esperança tem exatamente a tendência de produzir o inverso da prática santa. A falsa esperança tende à licenciosidade – encoraja os homens em seus desejos e luxúrias pecaminosos, e os lisonjeia e os estimula ainda quando estejam no caminho do mal. Mas a esperança genuína, longe de endurecer os homens no pecado e torná-los displicentes em seu dever, tende a incitá-los a uma vida de santidade, a despertá-los para o dever e a fazê-los mais cuidadosos em evitar o pecado, e mais diligentes em servir a Deus. "E a si mesmo se purifica todo o que nele tem esta esperança, assim como ele é puro" (1Jo

3.3). Uma esperança graciosa tem esta tendência, com base na natureza da felicidade aguardada, a qual é uma felicidade santa; uma felicidade que, quanto mais o homem busque e espere, mais ele é vivificado e iluminado na disposição de ser santo. E tem também esta tendência com base no respeito que a pessoa tem pelo Autor da felicidade esperada; pois espera que ela provenha de Deus, como o fruto de sua misericórdia imerecida e infinita; e, portanto, pelo mesmo motivo de gratidão, o coração se engaja e se estimula a buscar aquilo que lhe é deleitoso. A esperança tem a mesma tendência com respeito aos meios pelos quais ela espera obter a felicidade, de nenhuma outra maneira senão pelo caminho do evangelho, que é através de um Santo Salvador, apegando-se a ele e seguindo-o. E, finalmente, tem a mesma tendência mediante a influência daquilo que é a fonte imediata de toda a esperança graciosa, que é a fé em Cristo; e essa fé é sempre operante, e opera por meio do amor, purifica o coração e produz frutos santos na vida.

Assim já se mostrou, antes de tudo através de argumentos gerais, e por meio de uma indução de particulares, nos quais todas as principais graças cristãs têm sido mencionadas, a saber, que toda graça genuína no coração tende à prática santa na vida, tão verdadeiramente como a raiz da planta tende ao crescimento da própria planta, ou como a luz tem a tendência de brilhar, ou o princípio da vida de manifestar-se nas ações da pessoa viva.

Na aplicação do tema,

1. *Podemos ver uma razão primordial por que a prática cristã e as boas obras são tão sobejamente instadas nas Escrituras como uma evidência de sinceridade em graça.* Cristo nos deu esta razão

geral como uma norma, a saber, que devemos julgar os homens por seus frutos (Mt 7.16-20); e ele insiste, de uma maneira mui enfática, dizendo que realmente o ama aquele que guarda seus mandamentos (Jo 14.21); e declara que a pessoa que o ama guardará a sua Palavra, e a pessoa que não o ama não a guardará (Jo 14.23, 24). Desse fato podemos ver a razão por que o apóstolo Paulo insiste tanto neste ponto, declarando àqueles a quem escreve que, caso alguém pretenda pertencer ao reino de Deus, e contudo não guarda a Palavra de Deus, ou é hipócrita ou enganador de si mesmo. Eis sua linguagem: "Sabei, pois, isto: nenhum incontinente, ou impuro, ou avarento, que é idólatra, tem herança no reino de Cristo e de Deus. Ninguém vos engane com palavras vãs; porque, por essas coisas vem a ira de Deus sobre os filhos da desobediência" (Ef 5.5, 6). "Ou não sabeis que os injustos não herdarão o reino de Deus? Não vos enganeis: nem impuros, nem idólatras, nem adúlteros, nem efeminados, nem sodomitas, nem ladrões, nem avarentos, nem bêbados, nem maldizentes, nem roubadores herdarão o reino de Deus" (1Co 6.9, 10). "E os que são de Cristo Jesus crucificaram a carne, com suas paixões e concupiscências" (Gl 5.24). "Porque, se viverdes segundo a carne, caminhais para a morte; mas se, pelo Espírito, mortificardes os feitos do corpo, certamente vivereis" (Rm 8.13). Tudo isto nos ensina a razão por que a mesma coisa recebe tanta insistência do apóstolo Tiago, em vários lugares com os quais já estamos familiarizados, e do apóstolo João, mais que quase qualquer outro tema. É porque Deus quer que isto esteja profundamente impresso em todos: *que as boas obras são a única evidência satisfatória de que realmente nossa alma possui a graça.* É por meio de nossa prática que

Deus nos julga aqui na terra, e é por meio de nossa prática que ele julgará a todos nós no grande e último dia.

2. *À vista deste tema, que todos nós nos examinemos, se de fato sua graça é real e sincera.* Que cada um, diligentemente e no espírito de oração, indague se todas as suas graças tendem à prática santa e são vistas dia e noite na sua vida e conduta. Aqui, porém, mesmo algumas pessoas realmente piedosas podem estar prontas a dizer que, se elas se julgam por sua prática, então inevitavelmente se condenarão, porquanto falham tanto e com tanta frequência, e tão amiúde se extraviam do caminho, que às vezes dificilmente aparentam serem filhos de Deus. No entanto, a isso respondo que as pessoas que se examinam por sua prática, descobrirão que falham muitíssimo a cada dia, e com frequência se extraviam do caminho; mas, ainda podem ver que nenhuma causa justa em sua prática pode condená-las, pois quando falamos de uma vida de prática cristã, e quando as Escrituras falam do curso da vida como sendo cristão, não significa que a vida seja perfeita e impecável; ao contrário, a vida cristã pode ser acompanhada de muitas, e excessivamente grandes, imperfeições, e, no entanto, ainda é uma vida santa, ou uma vida verdadeiramente cristã. Pode-se demonstrar tal vida tão claramente, e mesmo necessariamente, porque a graça que o indivíduo possui é do tipo que tende à prática santa. Seus frutos podem ser de tal natureza, que seja uma evidência positiva da boa natureza da árvore, e suas obras sejam tais que exibam sua fé. E caso você requeira ainda mais luz, então eu diria: sejam quais forem suas imperfeições e falhas, examine-se se de fato encontra as seguintes evidências de que a graça que possui é do tipo que tende à prática santa.

Primeiro, a graça que você presume possuir exerce tal influência que *torna aversivas, dolorosas e humilhantes as coisas em que você tem fracassado na prática santa*? Ela exerce tal influência em sua mente que torna suas práticas pecaminosas, de outrora, odiosas a seus olhos, e o tem levado a deplorá-las diante de Deus? E tem tornado odiosas a seus olhos aquelas coisas presentes em sua conduta que, desde sua professa conversão, têm sido contrárias à prática cristã? E o grande fardo de sua vida é que sua prática não melhora? Realmente é doloroso para você que você tenha falhado ou recaído em pecado? E você se prontifica, de acordo com o exemplo do santo Jó, a aborrecer-se por isso e a arrepender-se no pó e nas cinzas? E, como Paulo, a lamentar sua miséria e a orar para ser libertado do pecado ou, como se diria, do corpo desta morte?

Segundo, você leva consigo, habitualmente, o medo do pecado? Você não só lamenta, e se humilha ante os pecados de outrora, porém teme o pecado futuro? E você nutre medo dele porque em si ele é um mal tão odioso à sua própria alma e ofensivo a Deus? Você o teme como um terrível inimigo ao qual frequentemente tem enfrentado, e sente que ele passa a ser-lhe algo doloroso? E você o teme como algo que o tem prejudicado, ferido e magoado, de modo que gostaria de nunca mais o ver? Você se põe de vigia contra ele, como um homem manteria vigilância contra algo ao qual teme, com aquele medo que levou José a dizer: "como, pois, cometeria eu tamanha maldade e pecaria contra Deus?" (Gn 39.9).

Terceiro, você é sensível à beleza e deleite dos caminhos da prática santa? Você percebe a beleza da santidade e a afabilidade dos caminhos de Deus e de Cristo? No texto lemos que "o amor regozija-se com a verdade"; e ele é dado como o caráter da verdadeira piedade que "se alegra e faz justiça", o que equivale dizer que "se alegra em fazer justiça". E com muita frequência o salmista fala da lei de Deus como sendo seu deleite, e de seu amor pelos mandamentos divinos!

Quarto, você percebe se particularmente estima e se deleita nas práticas que, com razão digna, podem ser chamadas práticas cristãs em distinção à mera moralidade mundana? Por práticas cristãs está implícito o espírito de mansidão, de humildade, de oração, de renúncia, de autonegação, do andar e do comportamento celestiais. Dentre os pagãos, alguns têm sido eminentes por muitas das virtudes morais, e escreveram excelentemente sobre eles, como, por exemplo, sobre sua justiça, generosidade, constância etc.; porém, estavam longe de cultivarem um espírito cristão humilde, de autodesconfiança, de renúncia e de confiança em Deus que leva ao ato de oração. Viviam totalmente alienados da mansidão, e não permitiam, nem mesmo sonhavam, que o perdão e o amor pelos inimigos fossem virtudes. Virtudes tais como estas são peculiarmente cristãs, e virtudes cristãs que merecem distinção e eminência, e à luz disto é que eu indago se você as tem em especial estima, tendo como fonte o seu Salvador e porque estão providas com seu espírito. Se você, em seu espírito, é essencialmente distinguido e diferenciado do mero moralista, ou do judicioso pagão ou filósofo, você terá um espírito de especial estima por tais virtudes e se deleitará nelas, pois elas pertencem especialmente ao evangelho.

Quinto, você nutre fome e sede por uma santa prática? Você anela viver uma vida santa, conformar-se a Deus, ter sua conduta, dia após dia, mais bem regulada e mais espiritual para a glória de Deus, como convém a um cristão? É a isto que você ama, é por isto que você ora, anela e vive? Isto é mencionado por Cristo como pertinente ao caráter dos verdadeiros cristãos, os quais "têm fome e sede de justiça". Esta característica lhe pertence?

Sexto, você se propõe a lutar por viver santamente, como Deus quer que você viva, em todos os aspectos? Pode-se dizer que você não somente luta pela santidade, mas que faz disto uma atividade constante? É uma questão da máxima importância para sua mente? Um cristão genuíno e fiel não faz do santo viver algo meramente acidental, mas é sua grande preocupação. Como a atividade do soldado é lutar, assim a atividade do cristão é assemelhar-se a Cristo, ser santo como ele é santo. A prática cristã é a grande tarefa em que ele se acha engajado, justamente como a corrida era a grande tarefa dos corredores. Isto acontece com você? Sua grande meta e amor é guardar *todos* os mandamentos de Deus, e não negligenciar nenhum deles à medida que os conhece? "Então, não terei de que me envergonhar, quando considerar em todos os teus mandamentos" (Sl 119.6). É este seu sério e constante alvo, um motivo de oração, para que você seja fiel em cada dever conhecido? E, uma vez mais,

Sétimo, você deseja profundamente saber que tudo isso constitui seu dever? E deseja saber que pode realizá-lo? Você pode e deve orar ao Onipotente, com as palavras de Jó: "Escuta-me, pois, havias dito, e eu falarei; eu te perguntarei, e tu me ensinarás". Adicionando, como ele adicionou, ante os olhos do grande Perscrutador dos corações: "Eu te conhecia só de ouvir, mas agora meus olhos te veem. Por isso, me abomino e me arrependo no pó e na cinza" (Jó 42.4-6).

Se você pode, honestamente, responder a estes testes, então possui a evidência de que sua graça é do tipo que tende à prática santa e ao crescimento nela. E muito embora você falhe, pela mercê divina você se erguerá outra vez. "Aquele que começou boa obra em vós há de completá-la até ao dia de Cristo Jesus." Ainda que às vezes você se desanime, contudo, se seguir em frente, então prosseguirá de força em força e será sustentado pelo poder de Deus mediante a fé para a salvação.

MENSAGEM 12

A CARIDADE SE DISPÕE A ENFRENTAR TODOS OS SOFRIMENTOS NO CAMINHO DO DEVER

O amor "tudo sofre" (1Co 13.7).

Havendo já declarado, nos versículos anteriores, aqueles frutos da caridade que consistem em *ação*, o apóstolo segue agora falando daqueles que têm referência ao *sofrimento*; e aqui ele declara que a caridade, ou amor cristão, tende a dispor os homens, e a fazê-los desejar suportar todos os sofrimentos por amor a Cristo e no caminho do dever. Presumo ser este o significado da expressão "tudo sofre". Bem sei que alguns preferem entender estas palavras como apenas uma referência à mansa tolerância das injúrias provenientes de nossos semelhantes. No entanto, parece-me que devem ser antes entendidas no sentido aqui dado, a saber, de sofrimento na causa de Cristo e da religião; e isso pelas seguintes razões:

Primeira, no tocante à tolerância das injúrias dos homens, visto que o apóstolo já mencionou, ao dizer que "não se ressente do mal", ou que ele tende a resistir o fogo da ira; e, portanto, não há necessidade de supor-se que ele usaria uma tautologia, ou seja, mencionar repetidamente a mesma coisa pela terceira vez.

Segunda, é como se o apóstolo evidentemente houvesse tomado os frutos da caridade de uma natureza mais ativa e os houvesse enfeixado todos na expressão do versículo anterior, "não se alegra com a injustiça, mas regozija-se com a verdade". Ele estivera enumerando os vários pontos da boa conduta em relação ao semelhante no que tende à caridade, e, havendo sumariado estes na expressão acima, parece passar agora aos traços de outra natureza, e não está a repetir as mesmas coisas em outros termos.

Terceira, é um procedimento frequente no apóstolo Paulo mencionar o sofrimento na causa de Cristo como fruto do amor cristão; por isso é improvável que neste lugar ele esteja omitindo tão grande fruto do amor ou caridade. É comum no apóstolo, em outras partes, mencionar o sofrimento na causa da religião como fruto do amor ou caridade. Ele faz isso em 2 Coríntios 5.14, onde, após falar do que enfrentara na causa de Cristo, em virtude da qual outros estavam prontos a dizer que ele estava fora de si, ele dá como a razão disto que o amor de Cristo o constrangia. E assim, outra vez, em Romanos 5.3, 5, ele dá como razão, que o amor de Deus fora derramado amplamente em seu coração pelo Espírito Santo. E, mais uma vez, ele declara que nem "tribulação, ou angústia, ou perseguição, ou fome, ou nudez, ou perigo, ou espada", poderiam separá-lo do amor de Cristo (Rm 8.35). Ora, visto que o sofrimento na causa de Cristo é um tão imenso fruto da caridade, e o apóstolo, em outros lugares, fala sobre isso com tanta frequência, não é provável que ele o omitisse aqui, onde francamente fala dos vários frutos da caridade.

Quarta, as seguintes palavras, "tudo crê, tudo espera, tudo suporta", mostram o que o apóstolo disse sobre aqueles frutos da caridade que têm primordial referência aos nossos semelhantes, como veremos mais adiante, quando estas expressões serão mais plenamente consideradas. A doutrina, pois, que eu gostaria de extrair deste texto é que

A CARIDADE, OU O ESPÍRITO REALMENTE CRISTÃO, NOS FARÁ DISPOSTOS, POR AMOR A CRISTO, A ENFRENTAR TODOS OS SOFRIMENTOS QUE, PORVENTURA, ENFRENTARMOS NO CAMINHO DO DEVER.

E, no esclarecimento desta doutrina, gostaria de, primeiramente e em termos breves, explicá-la, e, então, apresentar alguma razão ou prova de sua veracidade.

1. *Gostaria de explicar a doutrina.* E, ao fazer isso, observo

1.1. *Que ela implica que, os que possuem o verdadeiro espírito de caridade, ou amor cristão, se dispõem não só a fazer, mas também a sofrer por Cristo.* Os hipócritas podem fazer, e algumas vezes fazem, uma grande ostentação verbal de religião, com palavras que não custam nada, e com ações que não envolvem grande dificuldade ou sofrimento. Eles, porém, não possuem um espírito sofredor, ou um espírito que os incline a espontaneamente sofrer por amor a Cristo. Quando recorrem à religião, não fazem isso com vistas ao sofrimento, ou com algum propósito ou expectativa de serem prejudicados por ela em seus interesses temporais. Concordam com Cristo, até onde possam, só para terem um trunfo, em favor de si mesmos. Tudo o que fazem nas coisas religiosas visa a um espírito egoísta, e comumente o quanto valha a seus interesses pessoais, como se deu com os antigos fariseus; e, portanto, estão longe da disposição de enfrentar o sofrimento, quer em sua pessoa, quer em seus interesses. Mas os que realmente são cristãos possuem um espírito pronto a sofrer por Cristo; e se dispõem a segui-lo sob aquela condição que ele mesmo impôs: "E qualquer que não tomar sua cruz e vier após mim não pode ser meu discípulo" (Lc 14.27). E não só se dispõem a sofrer por Cristo, mas

1.2. *Em nossa doutrina está implícito também que eles possuem a disposição de enfrentar todos os sofrimentos a que seu dever para com Cristo os expõe.* E, aqui,

Primeiro, se dispõem a enfrentar todos os sofrimentos *de todos os tipos* que se acham no caminho do dever. Possuem o espírito de espontaneamente sofrer até em prejuízo de seu bom nome; sofrer por amor a Cristo tanto opróbrio quanto menosprezo; e preferir a honra de Cristo à sua própria. Tais pessoas podem afirmar com o apóstolo: "Pelo que sinto prazer nas fraquezas, nas injúrias, nas necessidades, nas perseguições, nas angústias, por amor de Cristo" (2Co 12.10). Possuem o espírito de enfrentar o ódio e a má vontade dos homens, como foi previsto por Cristo, quando disse: "Sereis odiados de todos por causa do meu nome; aquele, porém, que perseverar até ao fim, esse será salvo" (Mt 10.22). Possuem o espírito de sofrer a perda de suas posses externas; no dizer do apóstolo: "Sim, deveras considero tudo como perda, por causa da sublimidade do conhecimento de Cristo Jesus, meu Senhor; por amor do qual perdi todas as coisas e as considero como refugo, para ganhar a Cristo" (Fp 3.8). Possuem o espírito de perder a tranquilidade e o conforto e de suportar as dificuldades e as fadigas; imitando a Paulo, para provar que são fiéis: "Em tudo recomendando-nos a nós mesmos como ministros de Deus: na muita paciência, nas aflições, nas privações, nas angústias, nos açoites, nas prisões, nos tumultos, nos trabalhos, nas vigílias, nos jejuns" (2Co 6.4, 5). Possuem o espírito de enfrentar sofrimento corporal, como aqueles que têm sido "torturados, não aceitando seu resgate,... outros, por sua vez, passaram pela prova de escárnios e açoites, sim, até de algemas e prisões" (Hb 11.35, 36). Possuem o espírito até mesmo de enfrentar a própria morte. "Quem acha sua vida, perdê-la-á; quem, todavia, perde a vida por minha causa, achá-la-á" (Mt 10.39). Eles se dispõem a enfrentar, por amor a Cristo, estes e todos os demais sofrimentos concebíveis, com paciência e no caminho do dever.

Segundo, se dispõem a enfrentar todos os sofrimentos, *de todos os graus*, que se acham no caminho do dever. Assemelham-se ao ouro puro que suporta a prova da mais ardente fornalha. Possuem o coração de abandonar tudo e seguir a Cristo e, comparativamente, de inclusive aborrecer a "seu pai, e mãe, e mulher, e filhos, e irmãos, e irmãs e ainda sua própria vida", por amor a Cristo (Lc 14.26). Possuem o espírito de sofrer os mais intensos graus de opróbrio e desdém; e de enfrentar a prova não só de zombarias, mas de zombarias cruéis; e de suportar não só a perda, mas a perda de *tudo*. Possuem o espírito de enfrentar a morte; e não só isso, mas as mais cruéis e torturantes formas de morte, tais como "apedrejados, provados, serrados pelo meio, mortos a fio de espada; andaram peregrinos, vestidos de peles de ovelhas e de cabras, necessitados, afligidos e maltratados" (Hb 11.37). Por Cristo estão dispostos a enfrentar os mais ferozes e mais cruéis graus de sofrimentos. Prossigo

2. *Dando alguma razão ou prova da doutrina*, a saber: que os que possuem o espírito realmente gracioso, e se dispõem a enfrentar todos os sofrimentos, expondo-se no caminho do dever, transparecerá das seguintes considerações:

2.1. *Se não possuímos esse espírito, então é uma evidência de que nunca nos entregamos sem reserva a Cristo*. Para sermos cristãos ou seguidores de Cristo é necessário que nos entreguemos a ele sem reserva, para sermos totalmente dele, e tão-somente dele, e para sempre dele. E, portanto, nas Escrituras a intimidade dos crentes com Cristo é com frequência comparada ao ato de uma noiva que no casamento se entrega a seu noivo; por exemplo, quando Deus diz a seu povo: "Desposar-te-ei comigo para sempre; desposar-te-ei comigo em justiça, e em juízo, e em benignidade, e em misericórdias; desposar-te-ei comigo em fidelidade, e conhecerás ao Senhor" (Os 2.19, 20). Mas, no casamento, uma mulher se entrega a seu esposo para que seja sua, somente sua. Os verdadeiros crentes não se pertencem, pois foram comprados por preço, e consentem que Cristo tenha direito pleno sobre eles e o reconhecem por seu próprio ato, entregando-se a ele como um sacrifício voluntário e vivo, devotados totalmente a ele. Mas os que não têm o espírito de sofrer todas as coisas por Cristo demonstram que não se entregaram totalmente a ele, porque fazem uma reserva no tocante ao sofrimento, não se dispondo a suportá-lo por amor a Cristo. Nesses casos, desejam ser isentados de viver para Cristo e sua glória, e preferem antes que a causa de Cristo seja posta de lado em benefício de sua própria comodidade e interesse, embora gostariam de render-se totalmente a Cristo. Mas, a restrição ao sofrimento é certamente inconsistente com o total devotamento a Deus. Assemelha-se mais a Ananias e Safira, os quais deram apenas uma parte e retiveram parte daquilo que declararam doar ao Senhor. Doar-se completamente a Cristo implica em sacrificar-lhe totalmente nosso próprio interesse temporal. Aquele que sacrifica totalmente a Cristo seu interesse temporal está pronto a sofrer por ele todas as coisas, mesmo contra seus interesses mundanos. Se Deus é realmente amado, ele precisa ser amado como *Deus*; e, amá-lo como Deus equivale a amá-lo como o *bem supremo*. E aquele que ama a Deus como o bem supremo está pronto a fazer com que todos os demais bens cedam lugar a esse bem; ou, o que é a mesma coisa, ele se dispõe a sofrer tudo por amor a esse bem.

2.2. *Os que são realmente cristãos, de tal modo temem a Deus, que o desprazer dele é muito mais terrível do que todas as aflições e sofrimentos terrenos.* Quando Cristo declara a seus discípulos que viveriam expostos por amor a ele, ele lhes informa: "Digo-vos, pois, amigos meus: não temais os que matam o corpo e, depois disso, nada mais podem fazer. Eu, porém, vos mostrarei a quem deveis temer: temei aquele que, depois de matar, tem poder para lançar no inferno. Sim, digo-vos, a esse deveis temer" (Lc 12.4, 5). E assim, outra vez, o profeta declara: "Ao Senhor dos Exércitos, a ele santificai; seja ele vosso temor, seja ele vosso espanto" (Is 8.13). Ora, os que são realmente cristãos veem e conhecem aquele que é um Deus tão grande e tremendo; e sabem que seu desprazer e ira são muito mais terríveis do que todos os sofrimentos temporais que podem pôr-se no caminho de seu dever; e mais terríveis do que a ira e crueldade dos homens, ou os piores tormentos que, porventura, lhes sejam infligidos. E, portanto, possuem o alento de sofrer tudo o que lhes seja infligido, em vez de abandonarem a Deus e pecarem contra aquele que pode infligir-lhes a eterna ira.

2.3. *Os que são realmente cristãos possuem aquela fé pela qual veem aquilo que é mais do que suficiente para compensar os maiores sofrimentos, que possam suportar por amor a Cristo.* Contemplam em Deus e em Cristo, a quem escolheram por sua porção, aquela excelência que excede infinitamente a todos os sofrimentos possíveis. E veem ainda aquela glória que Deus prometeu aos que sofrem por amor a ele – aquele peso de glória muito mais excelente e eterno para o qual seus sofrimentos os preparam por amor a Cristo, e, e que as mais profundas tristezas e as provações mais duradouras não passam de "leve e momentânea tribulação" (2Co 4.17). A fé exercida por Moisés é dada como razão de sua disposição em sofrer aflição com o povo de Deus e em suportar opróbrio por amor a Cristo, porque, no exercício dessa fé, ele via algo superior ao trono e riquezas do Egito, depositado para ele no céu (Hb 11.24-26).

2.4. *Se não estivermos dispostos a aceitar a religião, em razão de todas as dificuldades que a acompanham, no fim seremos esmagados pela vergonha.* Assim Cristo nos ensina expressamente. Eis seu discurso: "Pois qual de vós, pretendendo construir uma torre, não se assenta primeiro para calcular a despesa e verificar se tem os meios para a concluir? Para não suceder que, tendo lançado os alicerces e não a podendo acabar, todos os que a virem zombem dele, dizendo: Este homem começou a construir e não pôde acabar. Ou qual é o rei que, indo para combater outro rei, não se assenta primeiro para calcular se com dez mil homens poderá enfrentar o que vem contra ele com vinte mil? Caso contrário, estando o outro ainda longe, envia-lhe uma embaixada, pedindo condições de paz. Assim, pois, todo aquele que dentre vós não renuncia a tudo quanto tem não pode ser meu discípulo" (Lc 14.28-33). Os sofrimentos que se põem no caminho do dever se encontram entre as dificuldades que acompanham a religião. Eles são parte do custo de ser religioso. Aquele, pois, que não se dispõe a assumir tal custo nunca se compromete com os termos da religião. Assemelha-se a um homem que deseja construir sua casa, porém não se dispõe a assumir os custos de sua construção; e assim, com efeito, se recusa a construí-la. Aquele que não recebe o evangelho com todas as suas dificuldades, não o recebe como ele se lhe propõe. Aquele que não recebe a Cristo com sua cruz, bem como com sua coroa, realmente não o recebe de modo algum. É verdade que Cristo nos convida a ir a ele para que achemos descanso (Mt 11.28-30), e a comprar vinho e leite (Is 55.1); da mesma forma ele nos convida a tomar a cruz, e isso diariamente, para que possamos segui-lo; e se formos apenas a fim de receber a primeira oferta, na verdade não aceitamos a oferta do evangelho, pois ambas as ofertas vão juntas – o descanso e o jugo, a cruz e a coroa; e de nada valerá se, ao aceitarmos apenas uma, aceitamos o que Deus nunca nos ofereceu. Aqueles que recebem apenas a parte fácil do cristianismo, na melhor das hipóteses são apenas quase cristãos; enquanto que, aqueles que são plenamente cristãos, recebem o cristianismo em sua integridade, e assim serão aceitos e honrados, e no último dia não serão expostos à vergonha.

2.5. *Sem esta disposição que o texto implica, não se pode dizer que abandonamos tudo por Cristo.* Se há algum tipo ou grau de sofrimento temporal para o qual não temos índole para suportar por amor a Cristo, então também não há nada para abandonarmos por ele. Por exemplo, se não nos dispusermos a sofrer opróbrio por Cristo, então não nos dispomos a abandonar honras por ele. E, assim, se não nos dispusermos a sofrer pobreza, dor e morte por amor a ele, então não nos dispomos a abandonar por ele riqueza, tranquilidade e vida. Mas Cristo nos ensina sobejamente que devemos estar prontos a abandonar por ele tudo o que temos, caso o dever o requeira, ou não podemos ser seus discípulos (Lc 14.26-33).

1.6. *Sem esta disposição, não se pode dizer que negamos a nós mesmos, no sentido em que as Escrituras demandam que o façamos*. As Escrituras nos ensinam ser absolutamente necessário que neguemos a nós mesmos, a fim de podermos ser discípulos de Cristo. "Então, disse Jesus a seus discípulos: Se alguém quer vir após mim, a si mesmo se negue, tome sua cruz e siga-me. Porquanto, quem quiser salvar sua vida, perdê-la-á; e quem perder a vida por minha causa, achá-la-á" (Mt 16.24, 25). Estas expressões, como aqui usadas, significam o quanto um homem renuncia a si próprio. E o homem que age em conformidade com elas, em sua vida prática, vive como se repudiasse a si próprio por amor a Cristo. Ele se expõe à dificuldade ou ao sofrimento, como se ele mesmo não existisse. Como lemos que os filhos de Levi não conheceram nem reconheceram seus próprios pais e amigos (Êx 32.28) quando os passavam ao fio da espada, em razão de seu pecado em fabricar o bezerro de ouro; assim lemos que os cristãos não se reconhecem, mas se negam, quando crucificam a carne e suportam grandes sofrimentos por amor a Cristo, como se não usassem de misericórdia para consigo mesmos (Hb11). Os que, ao contrário, não fizeram a vontade de Cristo e de sua glória, procurando evitar o sofrimento, negam a Cristo em vez de negarem a si próprios. Os que não ousam confessar a Cristo diante dos perseguidores, de fato o negam diante dos homens, e pertencem ao número daqueles de quem Cristo diz que os negará diante de seu Pai celeste (Mt 10.33); é por isso que o apóstolo afirma: "Se perseveramos, também com ele reinaremos; se o negamos, ele, por sua vez, nos negará" (2Tm 2.12).

2.7. *O caráter de todos os verdadeiros seguidores de Cristo consiste em que o seguem em todas as coisas.* "São estes", diz o discípulo amado, aludindo aos que se acham perto do trono de Deus, "que não se macularam com mulheres, porque são castos. São eles os seguidores do Cordeiro por onde quer que vá. São os que foram redimidos dentre os homens, primícias para Deus e para o Cordeiro" (Ap 14.4). Os que se dispõem a seguir a Cristo somente na *prosperidade*, e não na *adversidade*, ou somente em *alguns* sofrimentos, e não em *todos*, não se pode dizer que o seguem por onde quer que ele vá. Lemos de alguém que disse a Cristo, enquanto estava na terra: "Mestre, seguir-te-ei para onde quer que fores"; e Cristo lhe disse: "As raposas têm seus covis, e as aves do céu, ninhos; mas o Filho do homem não tem onde reclinar a cabeça" (Mt 8.19, 20). E por isto ele tem em mente que, se o seguisse aonde ele fosse, então o seguiria através de grandes dificuldades e sofrimentos. Os que são verdadeiros seguidores de Cristo, são para com Cristo como Itai, o geteu, para com Davi, apegando-se a ele não só na prosperidade, mas também em sua adversidade, ainda que Davi o dispensasse de ir com ele. Então disse: "Tão certo como vive o Senhor, e como vive o rei, meu senhor, no lugar em que estiver o rei, meu senhor, seja para morte seja para vida, lá estará também o teu servo" (2Sm 15.21). Os verdadeiros cristãos possuem este espírito para com Cristo, o Davi espiritual.

2.8. *O caráter dos verdadeiros cristãos consiste em que vencem o mundo.* "Todo o que é nascido de Deus vence o mundo" (1Jo 5.4). Mas, vencer o mundo implica que vencemos igualmente suas lisonjas e suas desaprovações, seus sofrimentos e suas dificuldades. Estas são as armas do mundo, pelas quais ele busca vencer-nos; e se houver alguma delas contra a qual não tivermos a disposição de combater em nome de Cristo, então com tais armas o mundo nos manterá em sujeição, e também terá vitória sobre nós. Cristo, porém, dá aos seus servos a vitória sobre o mundo em todas as suas formas. São vencedores, e mais que vencedores, por aquele que os amou. Reiterando,

2.9. *Os sofrimentos, no caminho do dever, são na Bíblia frequentemente chamados de tentações ou provações, porque por eles Deus testa a sinceridade de nosso caráter como cristãos.* Ao colocar tais sofrimentos em nosso caminho, Deus nos testa se de fato possuímos a disposição de suportar o sofrimento, e assim, mediante o sofrimento, ele testa nossa sinceridade, como o ouro é provado pelo fogo, para saber se ele é ou não ouro puro. E, como pelo fogo se pode conhecer o ouro entre todos os metais inferiores, e entre todas as imitações dele, assim, pela observação se nos dispomos a suportar as provações e sofrimentos pela causa de Cristo, Deus mostra se realmente somos seu povo, ou se estamos prontos a abandonar, a ele e a seu serviço, quando se põe no caminho alguma dificuldade ou perigo. Tudo indica que é com isto em vista que o apóstolo Pedro diz àqueles a quem escreveu: "Nisso exultais, embora, no presente, por breve tempo, se necessário, sejais contristados por várias provações, para que, uma vez confirmado o valor de vossa fé, muito mais preciosa do que o ouro perecível, mesmo apurado por fogo, redunde em louvor, glória e honra na revelação de Jesus Cristo" (1Pe 1.6, 7). E, outra vez, "Amados, não estranheis o fogo ardente que surge no meio de vós, destinado a provar-vos, como se alguma coisa extraordinária vos estivesse acontecendo; pelo contrário, alegrai-vos na medida em que sois coparticipantes dos sofrimentos de Cristo, para que também, na revelação de sua glória, vos alegreis exultando" (1Pe 4.12, 13). E assim Deus, pelos lábios de seu profeta, declara: "Farei passar a terceira parte pelo fogo, e a purificarei como se purifica a prata, e a provarei como se prova o ouro; ela invocará meu nome, e eu a ouvirei; direi: é meu povo, e ela dirá: o Senhor é meu Deus" (Zc 13.9).

Na aplicação deste tema,

1. *Examinem-se os que pensam ser cristãos, se possuem ou não a disposição de suportar por Cristo todos os sofrimentos.* Convém que todas as pessoas se examinem detidamente, se, porventura, possuem ou não a disposição ao sofrimento, uma vez que nas Escrituras é de grande importância estar unido a essa disposição. Mesmo que você nunca tenha tido a provação de ter no caminho do seu dever cristão sofrimentos tão imensos e extremos, tantos outros os têm enfrentado; no entanto, no curso da providência de Deus, você tem tido o suficiente para mostrar quem você é, e se você possui a disposição de sofrer e de renunciar a seu próprio conforto, bem-estar e interesse, em vez de abandonar a Cristo. No curso de sua providência, Deus costuma exercitar todos os que professam a religião, especialmente os que podem viver em tempos de provação, com provações deste porte, pondo em seu

caminho dificuldades tais que se faça manifesto de que disposição são eles, e se tal disposição é ou não de autorrenúncia. Este é com frequência o caso de cristãos expostos a perseguições: quando se apegam a Cristo e lhe são fiéis, então sofrem em seu bom nome, e na perda da boa vontade de outros, ou de sua tranquilidade e conveniência externas, vendo-se expostos a muitas tribulações; ou na perda de seus bens, vendo seus negócios em bancarrota; ou a fazer muitas coisas que lhes são excessivamente adversas, e que, inclusive, lhes são terríveis. Ao enfrentar tais provações, você tem descoberto em si a índole de suportar todas as coisas que lhe sobrevêm, e em tudo se mostra fiel ao seu grande Senhor e Redentor? Você tem a máxima necessidade de examinar-se com respeito a este ponto, pois bem sabe que antes de morrer é possível que enfrente a provação de perseguições que sobrevieram a outros cristãos. Todo genuíno cristão deve estar disposto a ser um mártir. E se você não possui um espírito sofredor nas mínimas provações ou sofrimentos, os quais Deus pode enviar-lhe, o que será se ele o expuser às mais amargas perseguições, como aquelas às quais os santos de outrora, algumas vezes, foram chamados a enfrentar? Se você não pode suportar provações nas pequenas coisas, como é possível que possua aquela caridade que a *tudo* suporta? Como o profeta diz em outro caso: "Se te fatigas correndo com homens que vão a pé, como poderás competir com os que vão a cavalo? Se em terra de paz não te sentes seguro, que farás na floresta do Jordão?" (Jr 12.5). Nosso tema

2. *Exorta a todos os que professam a religião a que cultivem um espírito disposto, por amor a Cristo, para que suporte todos os sofrimentos que, porventura, se ponham no caminho do dever.* E aqui consideramos

A CARIDADE SE DISPÕE A ENFRENTAR
TODOS OS SOFRIMENTOS NO CAMINHO DO DEVER

2.1. *Quão felizes são as pessoas representadas nas Escrituras, que possuem o espírito de sofrer, e realmente sofrem, por Cristo.* "Bem-aventurados", disse Cristo, "os perseguidos por causa da justiça, porque deles é o reino dos céus. Bem-aventurados sois quando, por minha causa, vos injuriarem, e vos perseguirem, e, mentindo, disserem todo mal contra vós. Regozijai-vos e exultai, porque é grande vosso galardão nos céus; pois assim perseguiram aos profetas que viveram antes de vós" (Mt 5.10-12). E, outra vez, "Bem-aventurados vós, os que agora chorais, porque haveis de rir. Bem-aventurados sois quando os homens vos odiarem e quando vos expulsarem da sua companhia, vos injuriarem e rejeitarem o vosso nome como indigno, por causa do Filho do homem. Regozijai-vos naquele dia e exultai, porque grande é vosso galardão no céu; pois dessa forma procederam seus pais com os profetas" (Lc 6.21-23). E, outra vez: "Porque vos foi concedida a graça de padecerdes por Cristo e não somente de crerdes nele" (Fp 1.29). E, outra vez: "Bem-aventurado o homem que suporta, com perseverança, a provação; porque, depois de haver sido aprovado, receberá a coroa da vida, a qual o Senhor prometeu aos que o amam" (Tg 1.12). E, outra vez: "Mas, ainda que venhais a sofrer por causa da justiça, bem-aventurados sois" (1Pe 3.14). O Novo Testamento está repleto de expressões similares, todas elas visando a encorajar-nos no caminho do sofrimento por Cristo. Consideremos ainda,

2.2. *Quão gloriosos galardões Deus prometeu outorgar no porvir aos que de bom grado sofrem por Cristo.* Lemos que eles receberão a "coroa da vida"; e Cristo promete que os que abandonarem casas, irmãos, irmãs, pai, mãe, esposa, filhos, terra, por causa de seu nome, receberão o cêntuplo, e herdarão a vida eterna (Mt 19.29). E uma vez mais lemos dos que sofrem por causa de Cristo: serão considerados "dignos do reino de Deus" (2Ts 1.5); e, outra vez: "Fiel é esta palavra: se já morremos com ele, também viveremos com ele; se perseveramos, também com ele reinaremos; se o negamos, ele, por sua vez, nos negará" (2Tm 2.11, 12); e, ainda outra vez: "Se com ele sofremos, também com ele seremos glorificados" (Rm 8.17). E temos ainda as mais gloriosas promessas feitas aos que vencem e conquistam a vitória sobre o mundo. Cristo afirma: "Ao vencedor, dar-lhe-ei que se alimente da árvore da vida que se encontra no paraíso de Deus"; e: "O vencedor de nenhum modo sofrerá dano da segunda morte"; e: "Ao vencedor, dar-lhe-ei do maná escondido, bem como lhe darei uma pedrinha branca, e sobre essa pedrinha escrito um nome novo, o qual ninguém conhece, exceto aquele que o recebe"; e: "Ao vencedor, que guardar até ao fim as minhas obras, eu lhe darei autoridade sobre as nações, e com cetro de ferro as regerá e as reduzirá a pedaços como se fossem objetos de barro; assim como também eu recebi de meu Pai, dar-lhe-ei ainda a estrela da manhã"; "O vencedor será assim vestido de vestiduras brancas, e de modo nenhum apagarei o seu nome do Livro da Vida; pelo contrário, confessarei seu nome diante de meu Pai e diante dos seus anjos"; "Ao vencedor, fá-lo-ei coluna no santuário do meu Deus, e daí jamais sairá"; "Ao vencedor, dar-lhe-ei sentar-se comigo no meu trono, assim como também eu venci, e me sentei com meu Pai no seu trono" (Ap 2.7, 11, 17, 26, 27, 28; 3.5, 12, 21). Seguramente, promessas tão ricas e abundantes como estas nos predispõem a enfrentar todos os sofrimentos por causa de Cristo, o qual tão gloriosamente nos galardoará por todos eles. Uma vez mais, consideremos

2.3. *Como as Escrituras estão saturadas de benditos exemplos da parte daqueles que têm sofrido por causa de Cristo.* O salmista, falando do opróbrio e blasfêmia que sofrera da parte do inimigo e vingador, declara: "Tudo isso nos sobreveio; entretanto, não nos esquecemos de ti, nem fomos infiéis à tua aliança. Não tornou atrás o nosso coração, nem se desviaram os nossos passos dos teus caminhos" (Sl 44.17, 18); e, outra vez: "Os soberbos zombam continuamente de mim; todavia, não me afasto da tua lei. São muitos os meus perseguidores e os meus adversários; não me desvio, porém, dos teus testemunhos. Príncipes me perseguem sem causa, porém o que o meu coração teme é a tua palavra" (Sl 119.51, 157, 161). E o profeta Jeremias falava ousadamente pela causa de Deus, muito embora fosse ameaçado de morte ao agir assim (Jr 26.11, 15). E Sadraque, Mesaque e Abede-Nego se recusaram a curvar-se e adorar a imagem de ouro que o rei de Babilônia estabelecera, mesmo quando bem sabiam que seriam lançados na fornalha ardente (Dn 3); e o próprio Daniel orou fielmente a seu Deus, muito embora esperasse ser encerrado na cova dos leões (Dn 6). Contudo, me faltaria tempo para falar dos apóstolos, dos profetas, dos mártires, dos santos e do próprio Cristo, os quais foram igualmente fiéis ante as boas e más notícias, nos sofrimentos e provações, e que não tinham sua vida por preciosa, para que fossem fiéis até o fim. "Portanto, também nós, visto que temos a rodear-nos tão grande nuvem de testemunhas, desembaraçando-nos de todo peso e do pecado que tenazmente nos assedia, corramos, com perseverança, a carreira que nos está proposta, olhando firmemente para o Autor e Consumador da fé, Jesus, o qual, em troca da alegria que lhe estava proposta, suportou a cruz, não fazendo caso da ignomínia, e está assentado à desta do trono de Deus" (Hb 12.1, 2). "Não temas as coisas que tens de sofrer... Sê fiel até à morte, e dar-te-ei a coroa da vida" (Ap 2.10).

MENSAGEM 13

TODAS AS GRAÇAS DO CRISTIANISMO ESTÃO CONECTADAS

O amor "tudo crê, tudo espera" (1Co 13.7).

Nestas palavras, comumente se entende que, o apóstolo tem em vista que a caridade nos dispõe a crer no melhor e a esperar o melhor no que diz respeito aos nossos semelhantes, em todos os casos. Mas, quanto a mim, parece-me que este não é seu sentido neste lugar; mas, ao contrário, sua intenção é dizer que a caridade é uma graça que fomenta e promove o exercício de todas as demais graças, como, particularmente, das graças da fé e da esperança. Mencionando as graças de *crer* e *esperar*, ou da *fé* e *esperança*, o apóstolo, aqui, mostra como o exercício destas é promovido pela caridade. Minhas razões para entender o apóstolo neste sentido são as seguintes:

Primeira, ele acabara de mencionar aquele fruto da caridade pelo qual ela nos leva a pensar o melhor de nossos semelhantes, ao dizer que ela "não se ressente do mal"; e não temos razão de pensar que ele reiteraria a mesma coisa nestas palavras.

Segunda, parece claro que o apóstolo terminara de falar dos frutos da caridade em favor de nossos semelhantes, quando sumariou a todos eles, como já vimos, ao dizer: "não se alegra com a injustiça, mas regozija-se com a verdade"; isto é, que ela tende a prevenir todo mau comportamento e a promover todo bom comportamento. De modo que, neste versículo, podemos esperar que ele continue a fazer menção de alguns frutos da caridade de outro gênero, tais como, por exemplo, sua tendência em promover as graças da fé e esperança, que são graças tão imensas do evangelho.

Terceira, descobrimos que o apóstolo, neste capítulo, menciona mais de uma vez as três graças: *fé, esperança* e *amor*, juntos. É razoável presumir que, cada vez que ele age assim, tem em vista as mesmas três graças. No último versículo do capítulo, encontramos estas três mencionadas juntas e comparadas; e ali, por "fé" e "esperança", o apóstolo evidentemente não tem em vista crer ou esperar o melhor no tocante a nossos semelhantes, mas tem em vista aquelas grandes graças do evangelho que têm Deus e Cristo por seu principal e imediato objeto. E assim quando, neste lugar, ele menciona as mesmas três graças, como no último versículo do capítulo, por que não haveríamos de crer que ele tem em vista as mesmas três coisas no primeiro lugar, como teve no último, visto que está no mesmo capítulo e no mesmo discurso, bem como no mesmo conteúdo do mesmo argumento? E, novamente,

Quarta, este ponto de vista concorda com a intenção e alvo do apóstolo em todo o capítulo, que é mostrar a relação da caridade com as demais graças, e particularmente com a fé e a esperança. Isto é o que o apóstolo está almejando em tudo o que diz; e, portanto, quando chega na conclusão da matéria, no último versículo, e diz que, da fé, da esperança e da caridade, a última é a maior, parece fazer referência ao que dissera nas palavras do texto, a saber, que a caridade "tudo crê, tudo espera", significando que a caridade é maior que as outras duas, como exerce uma influência mais eficaz em produzi-las, e é aquela pela qual são fomentadas e promovidas na alma.

Por estas razões, esta é a doutrina que eu gostaria de extrair do texto:

QUE AS GRAÇAS DO CRISTIANISMO ESTÃO TODAS CONTECTADAS E SÃO MUTUAMENTE INTERDEPENDENTES.

Isto é, estão todas interligadas, e unidas umas nas outras e dentro das outras, como os elos de uma corrente; e uma, por assim dizer, depende da outra, de um extremo ao outro da corrente, de modo que, se um elo partir-se, todos caem por terra, e o todo cessa de ter qualquer efeito. E, ao apresentar este pensamento, eu gostaria, antes de tudo, de explicar brevemente como as graças do cristianismo estão todas interligadas, e, então, apresentar algumas razões por que elas são assim. Deste modo, eu gostaria de

1. *Explicar sucintamente o modo como as graças do cristianismo estão interligadas.* E pode-se mostrar isto em três coisas.

1.1. *Todas as graças do cristianismo estão sempre enfeixadas.* Elas vão de tal modo juntas que onde uma está, todas estão; e, onde uma está ausente, também todas estão. Onde a fé está presente, também está o amor, a esperança e a humildade; e onde o amor está presente, também está presente a confiança; e onde está presente a santa confiança em Deus, também está o amor para com Deus; e onde está presente a graciosa esperança, também está o santo temor de Deus. "Agrada-se o Senhor dos que o temem e dos que esperam em sua misericórdia" (Sl 147.11). Onde há amor para com Deus, também há o gracioso amor para com o homem; e onde há amor cristão para com o homem, também há amor para com Deus. Daí descobrirmos que o apóstolo João a um só tempo apresenta o amor para com os irmãos como sinal do amor para com Deus, dizendo: "Se alguém disser: Amo a Deus, e odiar a seu irmão, é mentiroso; pois aquele que não ama a seu irmão, a quem vê, não pode amar a Deus, a quem não vê" (1Jo 4.20); e então, reiterando, ele fala do amor para com Deus como um sinal do amor para com os irmãos, dizendo: "Nisto conhecemos que amamos os filhos de Deus: quando amamos a Deus e praticamos seus mandamentos" (1Jo 5.2). É também verdadeiro

1.2. *Que as graças do cristianismo dependem umas das outras.* Há não só uma conexão, pela qual estão sempre enfeixadas, mas há também entre elas uma dependência mútua, de modo que uma não pode existir sem as outras, e assim por diante; justamente como negar a causa equivaleria negar o efeito, ou negar o efeito equivaleria negar a causa. A fé promove o amor, e o amor é o mais eficaz ingrediente numa fé viva. O amor depende da fé; pois não pode ser realmente amado, e especialmente amado acima de todos os demais seres, quem não é considerado um ser real. Então o amor, reiterando, amplia e promove a fé, porque somos mais aptos a crer e a dar crédito, e mais dispostos a confiar naqueles a quem amamos do que naqueles a quem não amamos. Assim a fé gera a esperança, pois a fé vê e confia na suficiência de Deus em outorgar bênçãos, e em sua fidelidade às suas promessas, de que ele fará o que disse. Toda esperança graciosa é esperança que repousa na fé; e a esperança encoraja e produz atos de fé. Assim o amor tende à esperança, pois a disposição de amar é a disposição de um filho, e quanto mais alguém sente em si esta disposição para com Deus, mais natural lhe será olhar para Deus e ir a ele como seu Pai. Este espírito filial lança fora o espírito de servidão e temor, e alimenta o espírito de adoção, que inspira a confiança e a convicção. "Porque não recebestes o espírito de escravidão, para viverdes, outra vez, atemorizados, mas recebestes o espírito de adoção, baseados no qual clamamos: Aba, Pai" (Rm 8.15); e o apóstolo João nos informa: "No amor não existe medo; antes, o perfeito amor lança fora o medo. Ora, o medo produz tormento; logo, aquele que teme não é aperfeiçoado no amor" (1Jo 4.18). E assim, reiterando, a verdadeira e genuína esperança tende grandemente à promoção do amor. Quando um cristão tem uma esperança definida mais no favor de Deus do que em seus interesses, isto tende a produzir o exercício do amor, conforme o dizer do apóstolo Paulo: "Sabendo que a tribulação produz perseverança; e a perseverança, experiência; e a experiência, esperança. Ora, a esperança não confunde, porque o amor de Deus é derramado em nosso coração pelo Espírito Santo, que nos foi outorgado" (Rm 5.3-5).

A fé também promove a humildade; pois quanto mais alguém depende inteiramente da suficiência de Deus, mais ele tenderá a um senso inferior de sua própria suficiência. E assim a humildade tende a promover a fé; pois quanto mais alguém nutre um senso humilde de sua própria insuficiência, mais seu coração se disporá a confiar somente em Deus e a depender inteiramente de Cristo. Assim o amor promove a humildade; pois quanto mais o coração se transborda com a beleza de Deus, mais ele sentirá aversão de si mesmo, e se avilta e se humilha por sua própria fealdade e vileza. A humildade promove o amor; pois quanto mais alguém possui um humilde senso de sua própria indignidade, mais ele admirará a bondade de Deus para com ele, e mais seu coração se expandirá de amor para com ele, por sua gloriosa graça. O amor tende ao arrependimento; pois aquele que realmente se arrepende do pecado, se arrepende dele porque ele é cometido contra um Ser a quem ama. E o arrependimento tende à humildade; pois ninguém pode realmente sentir pesar pelo pecado, e se autocondenar à vista dele, sem ser por ele humilhado em seu coração. Assim o arrependimento, a fé e o amor, todos, tendem à gratidão. Aquele que, movido pela fé, confia em Cristo para a salvação, lhe será grato pela salvação. Aquele que ama a Deus se disporá, com coração agradecido, a reconhecer sua bondade. E aquele que se arrepende de seus pecados se disporá, com sinceridade, a render graças a Deus pela graça que é suficiente para livrá-lo de sua culpa e do poder do pecado. Um amor genuíno para com Deus tende a amar os homens que portam a imagem de Deus; e um espírito de amor e paz para com os homens fomenta um espírito de amor para com Deus, como o amor pela imagem fomenta o amor pelo original. E assim, é possível mostrar como todas as graças dependem umas das outras, sem mencionar muitos outros particulares. A humildade fomenta todas as demais graças, e todas as demais graças promovem a humildade; e, assim, a fé promove as demais graças, e todas as demais graças fomentam e promovem a fé. E o mesmo é verdade de cada uma das graças do evangelho.

1.3. *As diferentes graças do cristianismo estão, em alguns aspectos, implícitas umas nas outras.* São não só mutuamente conectadas e interdependentes, e cada uma promove as demais, mas também estão, em alguns aspectos, implícitas na natureza umas das outras. Com respeito a várias delas, é verdade que uma é essencial à outra, ou pertence à sua própria essência. Assim, por exemplo, a humildade está implícita na natureza de uma fé genuína, que é uma fé humilde; sendo essencial a uma confiança genuína, que é uma confiança humilde. Assim, a humildade pertence à natureza e essência de muitas outras graças genuínas. É essencial ao amor cristão, que é um amor humilde; à submissão, que é uma submissão humilde; ao arrependimento, que é um arrependimento humilde; à gratidão, que é uma gratidão humilde; e à reverência, que é uma reverência humilde.

Assim, o amor está implícito numa fé graciosa. É um ingrediente nela e pertence a sua essência, e é, por assim dizer, a própria alma dela, ou seu *modus operandi*, e sua natureza operativa. Como o *modus operandi* e natureza operativa do homem são sua alma, assim, o *modus operandi* e natureza operativa da fé são o amor; pois o apóstolo Paulo nos informa que "a fé que atua pelo amor" (Gl 5.6); e o apóstolo Tiago nos diz que a fé, sem sua natureza operativa, está morta, como um corpo sem espírito (Tg 2.26). Então, a fé está, em alguns aspectos, implícita no amor; pois ela é essencial ao verdadeiro amor cristão, que é um amor crente. Assim, o arrependimento salvífico e a fé estão implícitos um no outro. São ambos uma e a mesma conversão da alma do pecado para Deus, por intermédio de Cristo. O ato da alma em voltar-se do pecado para Deus, por intermédio de Cristo, quando esta volta se refere ao assunto de pecado, chama-se arrependimento; e quando esta volta se refere à mediação pela qual a volta acontece, chama-se fé. Mas é o mesmo impulso da alma; justamente como, quando alguém se converte, ou foge das trevas para a luz, é o mesmo ato e impulso, ainda que possa ser chamado por diferentes nomes, quando diz respeito às trevas das quais foge, ou a luz para a qual foge; em um caso, sendo chamado, se esquiva ou se desvia; e, no outro, recebe ou abraça.

Então, há o amor implícito na gratidão. A genuína gratidão outra coisa não é senão o exercício do amor para com Deus, ocasionado por sua bondade para conosco. Existe amor em um verdadeiro e filial temor de Deus; pois um temor filial difere de uma servidão; pois um temor servil não possui amor em si. Estas três graças, amor, humildade e arrependimento, estão implícitas na graciosa submissão filial à vontade de Deus. Assim, o afastamento do mundo e o afeto celestial consistem principalmente nas três graças: fé, esperança e amor. E, portanto, o amor cristão para com o homem é um tipo de amor mediato ou indireto para com Cristo; e a justiça e verdade para com os homens, que são realmente graças cristãs, possuem amor nelas e essencial a elas. Amor e humildade, reiterando, são as graças das quais consiste a mansidão para com os homens. Portanto, o amor para com Deus, a fé e a humildade são os ingredientes da paciência cristã; bem como do contentamento com nossa condição e com as distribuições da providência para conosco. Portanto, é como se todas as graças do cristianismo fossem ligadas e enfeixadas, de modo a serem mutuamente conectadas e mutuamente dependentes. Diante disso, sigo em frente, como me propus a

2. *Fornecer algumas razões de serem assim conectadas e dependentes.*

2.1. *Todas elas procedem da mesma fonte.* Todas as graças do cristianismo procedem do mesmo Espírito; como nos informa o apóstolo: "Ora, os dons são diversos, mas o Espírito é o mesmo. E há diversidade nas realizações, mas o mesmo Deus é quem opera tudo em todos" (1Co 12.4, 6). As graças do cristianismo procedem todas do mesmo Espírito de Cristo enviado ao coração, residindo ali como uma natureza santa, poderosa e divina; e, portanto, todas as graças são apenas diferentes meios de agir da parte da mesma natureza santa; como pode haver diferentes reflexos da luz do sol, e, no entanto, todos eles originam o mesmo tipo de luz, porque todos provêm da mesma fonte ou corpo de luz. A graça na alma é o Espírito Santo agindo na alma, e assim comunicando sua própria natureza santa. Como se dá com a água na fonte, assim neste assunto tudo constitui uma e a mesma natureza santa, só diversificada pela variedade de corrente enviada dela. Essas correntes devem ser todas da mesma natureza, visto que todas procedem assim da mesma fonte; e a diferença de muitas delas, das quais têm diferentes nomes, é principalmente relativa e proveniente mais da referência aos seus vários objetos e modos de exercício do que de uma diferença real em sua natureza abstrata. Portanto, também

2.2. *São todas elas comunicadas na mesma obra do Espírito, a saber, na conversão.* Não há uma conversão da alma à fé e outra conversão ao amor para com Deus, e outra à humildade, e outra ao arrependimento, e ainda outra ao amor para com o homem; mas todas são produzidas por uma e a mesma obra do Espírito, e são o resultado de uma e a mesma conversão, ou mudança do coração. Isto prova que todas as graças são unidas e encadeadas, como estando contida naquela única e mesma nova natureza que nos é dada na regeneração. Aqui ela é dada como ocorre na primeira geração – a do corpo, na qual as várias faculdades são comunicadas em uma e mesma geração; os sentidos de visão, audição, emoção, tato e olfato, bem como os poderes de ação, respiração etc. todos são dados concomitantemente, e todos são somente uma natureza humana, e uma vida humana somente, ainda que diversificados em seus modos e formas. No tocante às graças cristãs, isso é ainda mais real.

2.3. *Que todas elas têm a mesma raiz e fundamento, a saber, o conhecimento da excelência de Deus.* A mesma visão ou senso da excelência de Deus gera a fé, o amor, o arrependimento e todas as demais graças. Uma só visão desta excelência gerará todas estas graças, porque ela mostra a base e razão de todas as santas disposições, bem como de todo o santo comportamento para com Deus. Aqueles que realmente conhecem a natureza de Deus o amarão, confiarão nele, possuirão o espírito de submissão a ele, o servirão e lhe obedecerão. "Em ti, pois, confiam os que conhecem o teu nome, porque tu, Senhor, não desamparas os que te buscam" (Sl 9.10). "Todo aquele que permanece nele não vive pecando; todo aquele que vive pecando não o viu, nem o conheceu" (1Jo 3.6). "Amados, amemo-nos uns aos outros, porque o amor procede de Deus; e todo aquele que ama é nascido de Deus e conhece a Deus" (1Jo 4.7). O mesmo procede também no tocante às graças cristãs:

2.4. *Que todas elas têm a mesma norma, a saber, a lei de Deus.* E, portanto, devem estar encadeadas; porque, visto que todas elas dizem respeito a esta norma, todas tendem a confirmar a totalidade da norma, e a conformar a ela o coração e a vida. Aquele que mantém um genuíno respeito para com um dos mandamentos de Deus, manterá verdadeiro respeito para com todos eles; porquanto estão todos estabelecidos pela mesma autoridade, e são todos eles uma só expressão da mesma santa natureza de Deus. "Pois, qualquer que guarda toda a lei, mas tropeça em um só ponto, se torna culpado de todos. Porquanto aquele que disse: Não adulterarás, também ordenou: Não matarás. Ora, se não adulteras, porém matas, vens a ser transgressor da lei" (Tg 2.10, 11).

2.5. *Todas as graças cristãs têm o mesmo fim, a saber, Deus.* Ele é o seu fim, porquanto todas elas tendem para ele. Como todas elas provêm do mesmo manancial, nascendo da mesma fonte; e todas elas repousam no mesmo fundamento, crescendo da mesma raiz, sendo todas dirigidas pela mesma norma, a lei de Deus; assim todas elas são direcionadas ao mesmo fim, a saber, Deus e sua glória, bem como nossa felicidade nele. Isto mostra que elas devem estar intimamente relacionadas e inseparavelmente encadeadas. E, uma vez mais, é verdade

2.6. *Que todas as graças cristãs são igualmente relacionadas com uma e a mesma graça, a saber, a caridade, ou o amor divino, como a soma de todas elas.* Como já vimos, a caridade, ou amor, é a soma de todas as genuínas graças cristãs, não importa quantos nomes lhes demos. E, por mais diferentes que sejam os modos de seu exercício, ou os caminhos de sua manifestação, se apenas as examinarmos detidamente, descobriremos que todas elas estão fundidas numa só. O amor, ou caridade, é o cumprimento de todas elas, e são apenas tantas diversificações, ou diferentes ramos, relações e modos de exercício da mesma coisa. Uma graça, com efeito, contém todas elas, justamente como um princípio de vida compreende todas as suas manifestações. E, daí, não admira que estejam sempre juntas e sejam interdependentes e implícitas umas nas outras.

Na aplicação deste tema,

1. *Pode ser-nos útil entender em que sentido lermos que as coisas antigas já passaram, e que na conversão todas as coisas se fizeram novas*. "E assim, se alguém está em Cristo, é nova criatura: as coisas antigas já passaram; eis que se fizeram novas" (2Co 5.17). Ora, a doutrina do texto, e o que se tem dito sobre ele, em alguma medida podem nos mostrar como é isto; porque, por isto aprendemos que todas as graças do cristianismo são imediatamente comunicadas na conversão, visto que estão todas elas encadeadas, de modo que, quando uma é outorgada, todas são outorgadas, e não meramente uma. Um verdadeiro convertido, no momento em que ele se converte, passa a possuir não um ou dois, e sim *todos* os santos princípios e todas as graciosas disposições. Podem ser frágeis, como as faculdades e poderes de uma criancinha, mas na verdade estão todos ali, e serão vistos fluindo progressivamente em cada tipo de santa emoção e comportamento para com Deus e para com o homem, respectivamente. Em cada verdadeiro convertido há tantas graças quantas havia no próprio Jesus Cristo, exatamente o que o evangelista João tinha em vista, quando afirma: "E o Verbo se fez carne e habitou entre nós, cheio de graça e de verdade, e vimos a sua glória, glória como do unigênito do Pai. Porque todos nós temos recebido da sua plenitude, e graça sobre graça" (Jo 1.14, 16). E, de fato, não pode ser diferente, pois todos os que se convertem genuinamente são renovados à ima-

gem de Cristo, no dizer do apóstolo: "E vos revestistes do novo homem que se refaz para o pleno conhecimento, segundo a imagem daquele que o criou" (Cl 3.10). Mas, não é uma verdadeira imagem ou quadro de outro, quando tem algumas partes ou traços faltando. A imagem exata tem uma parte que corresponde a cada parte naquilo de que ela é uma imagem. A cópia corresponde a todo o original, e a todas as suas partes e traços; embora possa ser obscura em alguns aspectos, e não represente perfeitamente alguma parte, a graça corresponde à graça. Graça na alma é um reflexo da glória de Cristo, como transparece de 2 Coríntios 3.18. É um reflexo de sua glória, como a imagem de uma pessoa se reflete em um espelho que exibe parte a parte.

Ela está no novo nascimento como está no nascimento de uma criancinha. Ele tem todas as partes de uma pessoa, muito embora sejam ainda num estado de imperfeição. Nem sequer uma parte está faltando, mas há tantos membros quantos possui uma pessoa de plena estatura e força. E, portanto, o que se opera na regeneração chama-se "novo homem"; não apenas novos olhos, ou novos ouvidos, ou novas mãos, e, sim, um novo homem, possuindo todas as faculdades e membros. Mas todas as graças do cristão são novas. Todas elas são membros do indivíduo após a conversão, e nenhuma delas eram membros antes da conversão. E porque há, por assim dizer, um novo homem, com todos os seus membros, gerados na conversão, por isso se diz que os cristãos são totalmente santificados: na alma, no corpo e no espírito, como lemos em 1 Tessalonicenses 5.23. Assim, as coisas antigas já passaram, e todas as coisas vieram a ser novas, porque, quando o novo homem se veste, o velho homem se despe, assim o homem, em certo sentido, se torna plenamente novo.

E se todas as graças vivas estão presentes neste novo homem, se seguirá que todas as corrupções se acham mortificadas; pois aí não há sequer uma corrupção que não tenha uma graça oposta ou que se lhe corresponda; e a outorga da graça mortifica a corrupção oposta. Assim a fé tende a mortificar a incredulidade; o amor, a mortificar a inimizade; a humildade, a mortificar o orgulho; a mansidão, a mortificar a vingança; a gratidão, a mortificar um espírito ingrato etc. E quando uma destas graças toma seu lugar no coração, o oposto cede, justamente como as trevas numa sala se desvanecem, quando se introduz uma lâmpada. Assim, as coisas antigas já passaram. Todas as coisas antigas, em certa medida, passam, ainda que nenhuma seja perfeita na terra; e assim todas as coisas se tornam novas, ainda que de modo também imperfeito. Isto mostra que a conversão, sempre e onde quer que se opere, é uma grande obra e uma grande mudança. Ainda que a graça possa ser muito imperfeita, necessitava de uma grande mudança quem antes não tinha a corrupção mortificada; mas, após a conversão, esta pessoa tem todas elas mortificadas; e quem antes não possuía sequer uma graça, agora possui todas elas. Essa pessoa bem que pode ser chamada de uma nova criatura, ou, como no original, uma nova criação em Jesus Cristo.

2. *Daí também, aqueles que esperam ter graça em seus corações, podem experimentar uma graça mediante a outra; pois todas as graças vão juntas.* Se alguém crê possuir a fé, e, pela fé, crê que já foi a Cristo, então deve perguntar-se se a sua fé foi acompanhada de arrependimento; se foi a Cristo quebrantado, cônscio de sua própria e total indignidade e vileza, em razão do pecado; ou, se foi com um espírito presunçoso e farisaico, tomando

alento em sua suposta bondade pessoal. Esses devem testar sua fé, inquirindo se ela foi acompanhada de humildade; se confiaram ou não em Cristo com um coração compungido e humilde, deleitando-se em renunciar a si próprio e em render-lhe toda a glória de sua salvação. Então, devem testar sua fé por seu amor; e se sua fé tem em si apenas luz, porém não fervor, então, ela não possui a verdadeira luz; tampouco é fé genuína, se não opera pelo amor.

Portanto, as pessoas devem examinar seu amor mediante a sua fé. Se parecem ter um amor terno para com e Deus e Cristo, devem inquirir se este é ou não acompanhado de uma alma realmente convicta da realidade de Cristo e da veracidade do evangelho que o revela, e da plena convicção de que ele é o Filho de Deus – o único, glorioso e todo-suficiente Salvador. Aqui está uma grande diferença entre as falsas e as verdadeiras afeições: as falsas não são acompanhadas desta convicção, e também não percebem a veracidade e a realidade das coisas divinas. E, portanto, tais afeições são bem fracas para sermos dependentes delas. Assemelham-se muito à afeição que podemos ter para com uma pessoa de quem lemos num romance, e a quem presumimos ser uma pessoa fictícia. As afeições que não são acompanhadas de convicção nunca levarão os homens a uma longa permanência no dever, e não os influenciarão em grande medida, seja na ação, seja no sofrimento.

Assim, reiterando, as pessoas devem perguntar a si mesmas, se o que existe nelas parece ser a graça da esperança. Devem inquirir se sua esperança é acompanhada de fé e se origina da fé em Jesus Cristo e de uma confiança na dignidade dele, e tão-somente dele. Sua esperança está edificada sobre esta rocha, ou antes, está fundada numa elevada opinião de que existe algo de bom em si mesma? E assim devem examinar de que modo sua esperança opera e que influência ela exerce sobre elas, e se é ou não acompanhada de humildade. A verdadeira esperança leva seu possuidor a perceber sua própria indignidade e, diante de seus pecados, a refletir sobre si mesmo com vergonha e quebrantamento de coração. Tal pessoa jaz no pó diante de Deus, e o conforto que provém disto é uma modéstia, humildade, alegria e paz. Ao contrário, uma falsa esperança costuma estimular seu possuidor com um elevado conceito de si próprio e de sua própria experiência e ações.

Devemos ainda inquirir se nossa esperança é acompanhada de outras graças, às quais está ligada e das quais depende; enquanto que uma falsa esperança é destituída delas. Uma falsa esperança não engaja o coração na obediência, mas a estimula e a arrefece na desobediência. Não mortifica os apetites carnais e não se desapega do mundo, porém fomenta os apetites e paixões que são pecaminosos, e os prefere, e torna os homens ociosos, enquanto subsiste neles.

Assim, reiterando, as pessoas devem examinar seu desapego do mundo, inquirindo se isso é acompanhado daquele princípio de amor que afasta seus corações das coisas do mundo, em direção àqueles objetos espirituais e celestiais, que um verdadeiro amor divino leva a alma a valorizar, mais do que às coisas do mundo. Devem não somente indagar se possuem algo que se assemelhe ao verdadeiro amor, mas também devem ouvir Cristo indagando delas, como fez a Pedro: "Simão, filho de João, amas-me mais do que estes outros?" (Jo 21.15). Aqui, um genuíno afastamento do mundo difere de um falso afastamento. O falso afastamento não procede do amor para com Deus e para com as coisas celestiais, mas comumente ou do temor e angústia da consciência; ou, quem sabe, por alguma aflição, pela qual a pessoa tem sua mente afastada do mundo e, por algum tempo, direcionada para algo que sente ser melhor, ainda que não seja realmente bom para ela; tais pessoas são apenas arrastadas, ou separadas, do mundo, enquanto seus corações ainda estariam presos a ele mais do que nunca, ao mesmo tempo em que gostariam de desfrutá-lo isentas dos terrores e aflições. Mas, em contrapartida, os que realmente se apartaram do mundo não estão comprometidos com as coisas profanas, mesmo em suas melhores e mais convidativas formas, porque seus corações, movidos pelo amor, foram afastados para algo superior. Portanto, estão com Deus em amor, e com as coisas espirituais; por isso, suas afeições não podem aferrar-se às coisas do mundo.

Da mesma maneira, as pessoas devem testar seu amor para com Deus, mediante o seu amor para com o povo de Deus; e também seu amor para com seus irmãos cristãos, mediante o seu amor para com Deus. A falsa graça se assemelha a um quadro, ou imagem defeituosa ou monstruosa, na qual alguma parte essencial está faltando. Aparentemente, pode-se dizer, há alguma boa disposição para com Deus, enquanto que, ao mesmo tempo, há uma destituição das disposições cristãs para com os homens. Ou, se aí houver a aparência de uma bondosa, justa, generosa e sincera disposição para com o homem, há a ausência de sentimento correto para com Deus. Por essa conta, encontramos Deus se queixando de Efraim, dizendo que ele "é um pão que não foi virado" (Os 7.8); isto é, a sua bondade é parcial e inconsistente; ele é bondoso em uma coisa e mau em outra, como um pão que não foi virado, que geralmente se queima de um lado e fica cru do outro; portanto, em ambos os lados bom para nada. Deveríamos fazer de tudo para evitar tal caráter, e nos esforçarmos para que cada graça que tenhamos testifique da genuinidade de todas as nossas demais graças, de modo que sejamos cristãos bem proporcionados, crescendo na unidade da fé e do conhecimento do Filho de Deus, em direção ao homem perfeito, à medida da estatura da plenitude de Cristo.

MENSAGEM 14

A CARIDADE, OU A VERDADEIRA GRAÇA, NÃO SERÁ DESTRUÍDA PELA OPOSIÇÃO

O amor "tudo suporta" (1Co 13.7).

Nestas palavras, e no dito anterior de que o amor "tudo sofre", e também que ele "tudo espera", comumente se entende que o apóstolo está fazendo afirmações substancialmente da mesma significação como se as três expressões (sofre, espera e suporta) fossem sinônimas, e todas elas expressando as mesmas coisas em diferentes palavras.

Esta ideia, porém, sem dúvida é proveniente de uma incompreensão de seu significado. Pois se considerarmos detidamente estas várias expressões, e o modo como são usadas, descobriremos que cada uma delas significa ou aponta para um fruto distinto da caridade. Duas destas expressões já foram consideradas, a saber, que o amor "tudo sofre"; que ele "tudo espera"; e já se mostrou que a primeira tem referência à postura de se suportarem as injúrias recebidas dos homens; e a segunda, à disposição que deve conduzir-nos a enfrentar todos os sofrimentos aos quais podemos ser chamados por amor a Cristo, em vez de abandonar a Cristo ou ao nosso dever. E esta expressão do texto, de que a caridade "tudo suporta", significa algo diferente das demais afirmações. Ela expressa *a natureza duradoura e permanente do princípio da caridade, ou a verdadeira graça na alma*, e declara que ela não falhará, mas continuará e durará, a despeito de toda a oposição que, porventura, enfrente, ou que seja contra ela. As duas expressões, "tudo espera" e "tudo suporta", como se acham em nossa tradução, e são comumente usadas, em grande medida têm a mesma significação. Mas a expressão "tudo suporta" no original, se traduzida literalmente, seria: "a caridade permanece sob todas as coisas"; isto é, ela ainda permanece, ou ainda permanece constante e perseverante sob toda e qualquer oposição que porventura surja contra ela. Seja o que for que a assalte, mesmo assim permanece e suporta, e não cessa, mas tolera com constância, perseverança e paciência, a despeito de tudo.

Em conformidade com a explanação que se deu das quatro expressões deste versículo, "tudo sofre", "tudo crê", "tudo espera" e "tudo suporta", a intenção do apóstolo parece fácil, natural e coerente com o contexto. Ele está se esforçando em realçar o benefício universal da caridade, ou do amor cristão. E para mostrar como ela é a suma de todo o bem no coração, ele primeiro mostra como ela dispõe todos ao bom comportamento para com os homens, e sumaria essa matéria dizendo que a caridade "não se alegra com a injustiça, mas regozija-se com a verdade". Então, segue em frente e declara que a caridade não somente dispõe o cristão a fazer e a sofrer na causa de Cristo, mas que ela inclui um espírito sofredor ("tudo sofre"), de modo que "tudo espera"; e que ela faz isso promovendo as duas graças da fé e da esperança, as quais se ocupam principalmente dos sofrimentos na causa de Cristo; pois tais sofrimentos são as provas de nossa fé; e o que mantém o cristão sob elas é a esperança de um muito mais excelente e eterno peso de glória, que no fim será dado aos fiéis; e a caridade promove esta fé e esperança, e, como o fruto desta fé e esperança, "tudo suporta", e persevera, e persiste, e não pode ser vencida por toda a oposição que lhe é feita; pois a fé vence o mundo, e a esperança em Deus sempre capacita o cristão a triunfar em Jesus Cristo.

A doutrina, pois, que eu derivaria do texto é

QUE A CARIDADE, OU A VERDADEIRA GRAÇA CRISTÃ, NÃO SERÁ DESTRUÍDA POR ALGO QUE, PORVENTURA, SE LHE OPONHA.

Ao falar desta doutrina, eu gostaria de, em primeiro lugar, notar o fato de que muitas coisas fazem oposição à graça no coração do cristão; em segundo lugar, chamo a atenção para a grande verdade de que ela não será destruída; e, em terceiro lugar, expresso algumas razões por que ela não pode ser abalada, porém permanece sólida sob toda oposição.

1. Há muitas coisas que fazem forte oposição à graça que habita o coração do cristão. Este santo princípio conta com inumeráveis inimigos que o observam e guerreiam contra ele. O filho de Deus se acha cercado por inimigos de todos os lados. Ele é um peregrino e estrangeiro de passagem pelo país do inimigo e se expõe ao ataque de um momento para o outro. Há milhares de demônios astutos, inteligentes, ativos, poderosos e implacáveis, os quais são amargos inimigos da graça que reside no coração do cristão, e fazem tudo o que

podem contra ela. O mundo é um inimigo desta graça, porque ele está saturado de pessoas e coisas que lhe fazem oposição, e usa diversas formas de sedução e tentação para vencer-nos ou afastar-nos da vereda do dever. E o cristão tem não somente muitos inimigos externos, mas também multidões deles nos recessos de seu próprio coração, os quais ele leva consigo, e dos quais não consegue livrar-se. Maus pensamentos e inclinações pecaminosas lhe aderem; e muitas corrupções que ainda se mantêm calcando seu coração são os piores inimigos que a graça tem, e têm maior vantagem do que qualquer outro em sua guerra contra ela. E esses inimigos são não somente muitos, mas excessivamente fortes e poderosos, e mui amargos em sua animosidade – inimigos implacáveis, irreconciliáveis e mortais, e buscam nada menos que a completa ruína e subversão da graça. São incansáveis em sua oposição, de modo que o cristão, enquanto permanece neste mundo, é representado como vivendo em condição de guerra, e sua ocupação é a do soldado, visto que ele é sempre referido como um soldado da cruz e como alguém cujo grande dever é lutar varonilmente o bom combate da fé.

Muitos são os poderosos e violentos assaltos que os inimigos da graça promovem contra ela. Estão não apenas constantemente sitiando-a, mas a assaltam com frequência como a uma cidade tomada por uma tempestade. Estão sempre de tocaia e vigilância à espera de uma oportunidade de tomá-la, e algumas vezes se erguem com terrível fúria e tentam tomá-la com assalto de surpresa. Algumas vezes, um inimigo, e, algumas vezes, outro, e, outras vezes, todos juntos, com um só objetivo; fustigando-a de todos os lados, e vindo sobre ela à semelhança

A CARIDADE, OU A VERDADEIRA GRAÇA,
NÃO SERÁ DESTRUÍDA PELA OPOSIÇÃO

de um dilúvio, prontos a submergi-la e, assim, tragá-la de uma vez por todas. Algumas vezes, a graça, em meio a mais violenta oposição de seus inimigos, os quais lutam contra ela com sua conjugada sutileza e força, é como uma fagulha de fogo tendo a encerrá-la imensos vagalhões e furiosas ondas, como se a tragassem e a extinguissem num instante. Ou como um floco de neve descendo sobre um vulcão em erupção; ou, melhor, como uma rica jóia de ouro no meio de uma fornalha ardente, cujo intenso calor fosse bastante para consumir tudo, com a exceção do ouro purificado, o qual é de tal natureza que não pode ser consumido pelo fogo.

Isto acontece com a graça no coração de um cristão, tanto quanto com a igreja de Deus no mundo. Ela é a coluna de Deus; mesmo quando é tão pequena, inumeráveis inimigos lhe fazem tão grande e acirrada oposição. Os poderes da terra e o inferno estão engajados contra ela, para, se possível, destruí-la; e com frequência se erguem com tal violência, e vêm com tão grande força contra ela, que, se fôssemos julgar apenas na aparência, concluiríamos que ela seria tomada e destruída imediatamente. Ela está com a igreja como esteve com os filhos de Israel no Egito, contra os quais faraó e os egípcios uniram toda sua astúcia e poder, e se puseram a lutar para extirpá-los como povo. Está com a igreja e estava com Davi no deserto, enquanto era caçado como perdiz nos montes, e expulso por aqueles que buscavam sua vida de um deserto para o outro, ou de uma caverna para a outra, e, diversas vezes, perseguido numa terra estranha. Mas, está com a igreja hoje como esteve com a igreja cristã sob as perseguições pagãs e anticristãs, quando o mundo inteiro, por assim dizer, uniu suas forças e engenhos para exterminá-la da terra, destruindo milhares e milhões com a máxima crueldade e pelas perseguições sangrentas, sem excluir sexo ou idade. Mas,

2. *Toda a oposição que existe ou se pode fazer contra a verdadeira graça no coração não pode subvertê-la.* Os inimigos da graça podem, em muitos aspectos, lograr grandes vantagens contra ela. Podem oprimi-la e reduzi-la excessivamente, e mantê-la em tais circunstâncias, que aparentemente seria como se ela estivesse à beira da total ruína. Mesmo assim, ela subsistirá. A ruína que aparentava como certa será revertida. Ainda quando o leão, rugindo, algumas vezes surge com boca escancarada, e não se divise nenhum refúgio aparente, contudo o cordeiro escapará e se porá em segurança. Sim, ainda quando ela estiver nas próprias garras do leão ou do urso, contudo será resgatada, e não será devorada. E ainda quando ela inclusive parecer realmente engolida, como Jonas o foi pela baleia, contudo será devolvida e viverá. A verdadeira graça está no coração, neste sentido, como esteve com a arca sobre as águas – por mais terrível que seja a tempestade, sim, ainda quando seja um dilúvio tal que trague todas as demais coisas, contudo ela não será tragada. Ainda que os dilúvios se elevem a grande altura, contudo ela se manterá acima das águas; e ainda que as poderosas ondas alcancem os cumes dos mais elevados montes, contudo não serão capazes de subir acima desta arca, mas ela ainda flutuará em segurança. Ou, a verdadeira graça no coração do cristão permanece como permaneceu com o barco em que Cristo esteve quando prorrompeu uma forte tempestade, e as ondas correram soltas, conquanto era como se o barco pudesse afundar instantaneamente; e, no entanto, ele não afundou, muito embora se visse realmente coberto de água, porquanto Cristo estava nele.

A CARIDADE, OU A VERDADEIRA GRAÇA, NÃO SERÁ DESTRUÍDA PELA OPOSIÇÃO

E assim, reiterando, a graça no coração se assemelha aos filhos de Israel no Egito, no Mar Vermelho e no deserto. Ainda que faraó se esforçara como nunca para destruí-los, contudo cresciam e prosperavam. E quando, por fim, ele os perseguiu com todo seu exército, e com carros e cavaleiros, e se viram cercados pelo Mar Vermelho, e não viam nenhuma via de escape, mas lhes parecia como se estivessem à beira da ruína, não obstante escaparam e não foram entregues como presas a seus inimigos. Sim, foram preservados passando ilesos pelo próprio mar, pois as águas se abriram diante deles e, quando atravessaram em segurança, elas voltaram ao seu lugar e submergiram seus inimigos. E foram preservados por muito tempo na solidão do deserto, em meio às armadilhas, secura e serpentes ferozes e voadoras. Assim, como os portões do inferno nunca poderão prevalecer contra a igreja de Cristo, assim jamais poderão prevalecer contra a graça no coração do cristão. A semente permanece, e ninguém poderá arrancá-la. O fogo é mantido vivo mesmo em meio aos dilúvios de água; e ainda que frequentemente ela pareça ofuscada, ou como se estivesse apagando, de modo que já não se vê nenhuma chama, mas apenas uma pequena fumaça, contudo o pavio fumegante não se apagará.

E a graça não somente permanecerá, mas por fim será vitoriosa. Ainda que ela enfrente uma longa temporada de dolorosos conflitos, e venha a sofrer muitas desvantagens e privações, contudo viverá; e não apenas viverá, mas finalmente prosperará e prevalecerá e triunfará, e todos os seus inimigos serão subjugados sob seus pés. Como Davi no deserto, ainda que fosse mantido por muito tempo em circunstâncias mui humildes e angustiantes, perseguido por seus potentes inimigos, e muitas vezes aparentemente à beira da ruína, como se houvesse apenas um passo entre ele e a morte, contudo foi preservado através de tudo isso e, por fim, exaltado ao trono de Israel e ao uso da coroa régia, em grande prosperidade e com glória; assim vemos que o mesmo se dá com a graça, a qual jamais poderá ser destruída; e suas privações simplesmente lhe preparam o caminho para sua exaltação. Onde ela realmente existe no coração, todos os seus inimigos não podem destruí-la, e toda a oposição que feita contra ela não a pode esmagar. Ela suporta todas as coisas e resiste a todos os choques, e permanece a despeito de todos os opositores. É possível ver a razão disto nestas duas coisas:

2.1. *Que há muito mais na natureza da verdadeira graça que tende à perseverança do que na falsa graça.* A falsa graça é algo superficial, consistindo na mera exibição externa, ou nos afetos superficiais, e não em alguma mudança da natureza. Mas a verdadeira graça alcança o recôndito mais profundo do coração. Ela consiste numa nova natureza, e por isso é duradoura e resistente. Onde nada há senão uma graça fictícia, a corrupção não é mortificada; e quaisquer que sejam as feridas que porventura pareçam ser-lhe desferidas, são apenas feridas leves, que de modo algum atingem sua vida, nem diminuem a força de seu princípio, de modo a deixar o pecado em sua plena força na alma, e assim não surpreende que ela finalmente prevaleça e lance por terra a todos diante de si. Mas a verdadeira graça realmente mortifica o pecado no coração. Ela atinge suas partes vitais e lhe causa uma ferida mortal, desferindo seu golpe no próprio coração. Quando primeiro penetra a alma, ela começa um conflito com o pecado que jamais cessa, e, portanto, não surpreende que ela mantenha a posse e finalmente prevaleça sobre seu inimigo. A graça fictícia nunca destrona o pecado de seu domínio na alma, não destrói seu poder reinante ali, e, portanto, não surpreende que seu domínio não seja permanente. Mas a verdadeira graça é de tal natureza, que é inconsistente com o poder reinante do pecado, e destrói sua posse no coração quando aí penetra e assume seu trono, e, portanto, é mais provável manter aí sua sede e finalmente prevalecer inteiramente contra ele. A graça fictícia, ainda que venha afetar o coração, contudo não se funda em qualquer convicção real da alma. Mas a verdadeira graça começa na convicção que é real e consumada; e, tendo tal fundamento, tem uma tendência muito mais acentuada para a perseverança. A graça fictícia não é diligente na oração; em contrapartida, a graça genuína tende à oração e, assim, se firma na força divina que a sustenta, e, desta forma, ela mesma se torna divina, de modo que a vida de Deus lhe é, por assim dizer, comunicada. A graça fictícia é displicente, quer persevere ou não até o fim; mas a graça genuína naturalmente causa ardentes desejos pela perseverança, e conduz à fome e à sede pela permanência. Também sensibiliza os homens no tocante aos perigos que os cercam, e exerce forte tendência a exercitá-los à vigilância, ao cuidado e diligência, a fim de que perseverem e busquem em Deus seu auxílio, e confiem nele para a preservação entre tantos inimigos que se lhe opõem. E

2.2. *Deus sustentará a verdadeira graça contra toda e qualquer oposição, quando uma vez for implantada no coração.* Ele jamais permitirá que ela seja subvertida por qualquer força que, possivelmente, se manifeste contra ela. Ainda quando haja muito mais na verdadeira graça que tende à perseverança do que há na graça fictícia, contudo nada que haja na natureza da graça, considerada em si mesma e à parte do propósito divino de sustentá-la, seria suficiente para tornar seguro seu prosseguimento, ou efetivamente guardá-la de derrota final. Somos guardados de cair, não pelo poder inerente da própria graça, como nos informa o apóstolo Pedro: "Sois guardados pelo poder de Deus, mediante a fé" (1Pe 1.5). O princípio de santidade nos corações de nossos primeiros pais, nos quais não havia qualquer corrupção contra a qual lutar, foi vencido; e muito mais poderíamos esperar que a semente da graça no coração de homens caídos, em meio a tanta corrupção, e expostos a uma oposição tão ativa e constante, fosse subvertida, se Deus não a sustentasse. Ele determinou defendê-la de todos os seus inimigos e por fim dar-lhes a vitória, e, portanto, jamais será subvertida. E aqui, eu gostaria de mostrar de forma resumida quão evidente é que Deus sustentará a verdadeira graça, e não permitirá que ela seja destruída, e, então, mostrar algumas razões por que ele não permitirá tal coisa.

Primeiro, eu gostaria de mostrar *quão evidente é que Deus sustentará a verdadeira graça no coração*. E, numa palavra, isso se faz evidente à luz de sua promessa. Deus tem explícita e frequentemente prometido que a verdadeira graça jamais será destruída. Esta promessa tem por base a declaração concernente ao homem bom que, "se cair, não ficará prostrado, porque o Senhor o segura pela mão" (Sl 37.24); e, outra vez, nas palavras de Jeremias: "Farei com eles aliança eterna, segundo a qual não deixarei de lhes fazer o bem; e porei meu temor em seu coração, para que nunca se apartem de mim" (Jr 32.40); e, outra vez, nas palavras de Cristo: "Assim, pois, não é da vontade de vosso Pai celeste que pereça um só destes pequeninos" (Mt 18.14). E, em concordância com estas várias declarações, Cristo prometeu acerca da graça, que ela estará na alma: "A água que eu lhe der será nele uma fonte a jorrar para a vida eterna" (Jo 4.14). E, outra vez, ele diz que "a vontade de quem me enviou é esta: que nenhum eu perca de todos os que me deu; pelo contrário, eu o ressuscitarei no último dia" (Jo 6.39). E, em outro lugar, lemos que Cristo disse que as suas ovelhas "jamais perecerão e ninguém as arrebatara da minha mão (Jo 10.28); e, aqueles a quem Deus, "de antemão conheceu, também os predestinou...", "aos que predestinou, a esses também chamou; e aos que chamou, a esses também justificou; e aos justificou, a esses também glorificou"; e que nada "separará" os cristãos "do amor de Cristo (Rm 8.29, 30, 35); e, outra vez, que "aquele que começou boa obra em vós há de completá-la até ao dia de Cristo Jesus" (Fp 1.6); e, outra vez, que Cristo "confirmará" seu povo "até ao fim, para serdes irrepreensíveis no dia de nosso Senhor Jesus Cristo" (1Co 1.8); e ainda mais, que Jesus é "aquele que é poderoso para vos guardar de tropeços e para vos apresentar com exultação, imaculados diante de sua glória (Jd 24). E se poderia mencionar muitas outras promessas similares, todas elas declarando que Deus sustenta a graça no coração onde uma vez a implantou, e que guardará até o fim aos que depositam nele sua confiança. Mas,

Segundo, eu gostaria de mostrar sucintamente *algumas razões por que Deus sustentará o princípio da graça, e a guardará de ser subvertida*. E, em *primeiro* lugar, se a redenção provida por Cristo não garantisse nossa perseverança através de toda oposição, então ela não seria uma redenção completa. Cristo morreu para redimir-nos do mal, ao qual estávamos sujeitos sob a lei, e para conduzir-nos à glória. Mas se ele não nos conduzisse para além do estado em o qual a princípio vivíamos, e nos deixasse sujeitos à queda como antes, então toda a sua redenção poderia ser vã e transformar-se em nada. O homem, antes da queda, sendo deixado à liberdade de sua própria vontade, caiu de sua firmeza e perdeu sua graça, quando, comparativamente, era forte e ainda não exposto aos inimigos que ora o cercam. O que, pois, poderia ele fazer em seu atual estado apostatado, e com uma graça tão imperfeita, cercado por seus poderosos e múltiplos inimigos, se sua perseverança dependesse tão-somente dele próprio? Ele cairia e pereceria completamente; e a redenção provida por Cristo, se não o guardasse de assim cair, seria uma redenção imperfeita.

Em *segundo* lugar, a aliança da graça foi introduzida para suprir o que era deficitário na primeira aliança, e o principal elemento que lhe faltava era uma base sólida de perseverança. A primeira aliança não tinha nenhum defeito da parte de Deus que a elaborou; nesse aspecto, ela era mui santa e justa, sábia e perfeita. Mas o resultado provou que de nossa parte ela era deficitária e necessitava de algo mais a fim de ser eficaz para nossa felicidade; e do que ela necessitava era de algo que fosse a base segura de nossa perseverança. Tudo o que tínhamos sob a primeira aliança era a liberdade de nossa própria vontade; e descobriu-se que a vontade não poderia depender da liberdade; e, por isso, Deus fez outra aliança. A primeira era passível de falha, e por isso ordenou-se outra que fosse mais duradoura que a primeira, e que não pudesse fracassar, e que, por isso, é chamada de "uma aliança eterna". As coisas que podiam ser abaladas são removidas para abrir uma via às que não podem ser abaladas. A primeira aliança tinha uma cabeça e fiador que era passível de falha, sim, o pai de nossa raça; e por isso Deus proveu, como cabeça e fiador da nova aliança, um que não pode falhar, sim, Cristo, com quem, como cabeça e representante de todo seu povo, é feita uma nova aliança, ordenada e firme em todas as coisas.

Em *terceiro* lugar, não é próprio que, numa aliança de misericórdia e graça salvífica, o galardão da vida dependesse da perseverança do homem, e da força e firmeza de sua própria vontade. Esta é uma aliança com base em obras, e não uma aliança com base na graça; ela sustenta a vida eterna com o fruto da força do próprio homem, e leva-o a cair. Se tudo provém da graça que é livre e soberana, então a livre graça tem empreendido a questão de completá-la e concluí-la, e não a deixou aos próprios homens e ao poder de sua própria vontade, como fora sob a primeira aliança. Como a graça divina começou a obra, ela a concluirá; e, por isso, seremos guardados até o fim.

Em *quarto* lugar, nosso segundo fiador já perseverou e já fez o que nosso primeiro fiador não conseguiu fazer; e, por isso, perseveraremos com segurança. Adão, nosso primeiro fiador, não perseverou, e assim todos caíram com ele. Mas, se ele perseverasse, todos teriam ficado em pé com ele e jamais teriam caído. Nosso segundo fiador, porém, perseverou, e, por isso, todos os que o têm como seu fiador perseverarão com ele. Quando Adão caiu, foi condenado, e toda sua posteridade foi condenada com ele e caiu com ele. Mas, se tivesse ficado de pé, teria sido justificado e, então, teria participado da árvore da vida e seria confirmado numa condição de vida, e toda sua posteridade teria sido confirmada. E, por paridade de razão, agora que Cristo, o segundo Adão, ficou de pé e perseverou, é justificado e confirmado na vida, todos os que estão em Cristo e são representados por ele também são aceitos, justificados e confirmados nele. O fato de que ele, como cabeça pactual de seu povo, já cumpriu os termos dessa aliança, fez com que eles perseverassem com certeza.

Em *quinto* lugar, o crente realmente já está justificado, e assim já qualificado, através da promessa de misericórdia, à vida eterna, e, por isso, Deus não permitirá que ele falhe e a perca. Justificação é a absolvição concreta do pecador. É a plena absolvição do culpado, e a isenção da condenação, e o livramento do inferno, e a aceitação de um pleno título para a vida eterna. E tudo isto é claramente inconsistente com a ideia de que o livramento do inferno e a obtenção da vida eterna são ainda dependentes de uma perseverança incerta.

Em *sexto* lugar, as Escrituras ensinam que a graça e a vida espiritual dos crentes constituem a participação da vida de Cristo em sua ressurreição, que é uma vida imortal que não se desvanece. Isto é claramente ensinado pelo apóstolo, quando ele diz: "Vos deu vida juntamente com ele" (Cl 2.13), isto é, com Cristo; e, outra vez: "Mas Deus, sendo rico em misericórdia, por causa do grande amor com que nos amou, e estando nós mortos em nossos delitos, nos deu vida juntamente com Cristo – pela graça sois salvos –, e juntamente com ele, nos ressuscitou, e nos fez assentar nos lugares celestiais em Cristo Jesus" (Ef 2.4-6); e, ainda outra vez: "Já não sou eu quem vive, mas Cristo vive em mim; e esse viver que, agora, tenho na carne, vivo pela fé no Filho de Deus, que me amou e a si mesmo se entregou por mim" (Gl 2.20). Essas expressões mostram que a vida espiritual dos crentes não pode desvanecer; pois Cristo diz: "Estive morto, mas eis que estou vivo pelos séculos dos séculos" (Ap 1.18); e o apóstolo declara: "Sabedores de que, havendo Cristo ressuscitado dentre os mortos, já não morre; a morte já não tem domínio sobre ele" (Rm 6.9). Nossa vida espiritual, sendo sua vida, tão realmente como a vida do ramo é a vida da árvore, outra coisa não pode fazer senão continuar.

Em *sétimo* lugar, a graça é aquilo que Deus implantou no coração contra a grande oposição dos inimigos, e, por isso, sem dúvida a manterá ali contra os contínuos e combinados esforços destes para erradicá-la. Os inimigos de Deus e da alma usaram seus esforços máximos para que a graça não fosse implantada no coração que a possui. Deus, porém, manifestou seu invencível e glorioso poder para colocá-la ali, a despeito de todos eles. E, portanto, por fim ele não permitirá ser vencido, repelindo aquilo que por sua poderosa ação colocou de modo tão triunfante. De tudo isso fica claro que Deus sustentará o princípio da graça no coração do cristão, de modo que jamais seja destruída nem falhe.

Na aplicação deste tema,

1. *Aprendamos a razão por que o diabo se opõe tão obstinadamente à conversão dos pecadores*. É porque, uma vez convertidos, serão para sempre convertidos, e assim se porão para sempre além de seu alcance, de modo que ele jamais poderá destruí-los e arruiná-los. Se, por acaso, existisse aquilo a que chamam de "cair da graça", sem dúvida, o diabo se oporia a que tomássemos posse da graça; porém, mais especialmente lhe faz oposição, visto que bem sabe que, uma vez que tenhamos a posse dela,

jamais poderá nutrir a esperança de subvertê-la, senão que, por meio da graça, finalmente ele nos perderá e estaremos para sempre fora do alcance de seu poder destruidor. Isto pode mostrar-nos um pouco do motivo daquela violenta oposição que experimentam, os que estão sob os efeitos do despertamento e convicção, e que estão buscando a conversão, diante de muitas e grandes tentações que os assaltam por parte do adversário. Ele está sempre ativo e grandemente atarefado em subvertê-los e amontoar montões em seu caminho para, se fosse possível, obstruir a obra salvífica do Espírito Santo e impedir que experimentem a conversão. Ele faz o máximo esforço para apagar as convicções de pecado e, se possível, levar as pessoas que as experimentam a se volverem para o caminho da displicência e indolência e assim vivam em transgressão. Algumas vezes ele lança mão de lisonjas, e outras vezes os encoraja, tentando emaranhar suas mentes e deixá-las perplexas, estimulando-as o máximo possível aos exercícios da corrupção, sugerindo pensamentos blasfemos e guiando-as a questionarem contra Deus. Pelo uso de muitas tentações sutis, ele tenta levá-los a pensar que é perda de tempo buscar a salvação. Ele os tenta a negarem a doutrina dos decretos de Deus, seja por sua própria impotência e desamparo, seja informando-lhes que tudo o que fazem redunda em pecado, seja tentando persuadi-los de que seu dia da graça já passou, seja terrificando-os com a ideia de que já cometeram o pecado imperdoável. Ou, quem sabe, ele lhes informa que seus sofrimentos e tribulação são desnecessários, e que há tempo suficiente no futuro; ou, se possível, ele os enganará com falsas esperanças, e os lisonjeará dizendo que ora vivem num estado de segurança, enquanto ainda vivem sem

Cristo. Desta forma, e de outras inumeráveis formas, Satanás tudo faz para impedir a conversão dos homens, pois ele bem conhece a veracidade da doutrina sobre a qual temos insistido, a saber, que, uma vez sendo implantada a graça na alma, ele jamais poderá subvertê-la, e que as portas do inferno não podem prevalecer contra ela. Reiterando,

2. Podemos *visualizar deste tema que, aqueles para quem parece que a graça falha, e é destruída, podem concluir que jamais tiveram a verdadeira graça*. Não é genuína graça aquela que se assemelha a uma nuvem ou ao orvalho matutino, que logo passa. Quando alguém, por algum tempo, parece despertar-se e sentir-se impressionado, e mais ou menos, experimenta o senso de sua pecaminosidade e vileza, e, então, logo demonstra sentir-se muito afetado pela misericórdia de Deus, e como se tivesse encontrado conforto nele, e, no entanto, por fim, quando a novidade passa, suas impressões se declinam e se vão, de modo que já não há uma permanente mudança no coração e na vida, então esse é um sinal de que tal pessoa não possui a verdadeira graça. Em tal caso, nada há que corresponda à declaração do apóstolo: "Se alguém está em Cristo, é nova criatura: as coisas antigas já passaram; eis que se fizeram novas" (2Co 5.17). Se o indivíduo, após uma aparente conversão, recua de Deus e de Cristo, bem como das coisas espirituais, e o coração outra vez segue a vaidade e o mundo, e os notórios deveres da religião são negligenciados, e a pessoa se volve outra vez aos caminhos do pecado e vai após a gratificação da carne ou dos apetites sensuais, e passa a viver uma vida carnal e displicente, então toda a promessa de sua aparente conversão é enganosa. Assemelha-se à promessa das flores nas árvores na primavera ou no início do

outono, muitas das quais caem sem que jamais produzam fruto. O resultado prova que todas essas fictícias aparências da graça não passam de aparências, e os que confiam nelas são desditosamente iludidos. A graça que não dura e não persevera, na verdade não é graça. Reiterando,

3. *O tema propicia motivo de grande alegria e conforto a todos quantos possuem boa evidência de que realmente estão de posse da verdadeira graça em seu coração.* Aqueles que possuem a verdadeira graça em seu coração estão de posse de uma joia inestimável, a qual é de mais valor do que todas as joias e pedras preciosas, e todas as coroas e riquíssimos tesouros do universo. E este pode ser-lhes um motivo de grande conforto: que jamais perderão esta joia, pois aquele que lhas deu a guardará para eles; e que, como ele os introduziu num estado mui ditoso, assim os sustentará nele; e que sua onipotência, pela qual ele pode subjugar a si todas as coisas, está a seu lado e garantirá sua proteção, de modo que nenhum de seus inimigos poderá destruí-los. Podem regozijar-se de que possuem uma cidade bem fundamentada, à qual Deus designou para a salvação com seus muros e baluartes. E seja qual for a amargura que seus inimigos demonstrem para com eles, e por mais que sejam sutis e violentos em seus ataques contra eles, contudo eles permanecem nos lugares altos, com seus refúgios nas rochas sobre as quais Deus os colocou, rindo e escarnecendo de seus inimigos, e se gloriando no Altíssimo como seu seguro refúgio e defesa. Os braços eternos estão sob eles. O Senhor, que cavalga as nuvens, é seu auxílio. E põe todos os seus inimigos debaixo de seus pés; de modo que poderão regozijar-se no Senhor e alegrar-se na rocha de sua salvação. Finalmente,

4. *O tema propicia ainda motivo de grande encorajamento aos santos que deflagram guerra contra os inimigos de suas almas*. Para um soldado, a pior de todas as desvantagens é ter que ir à batalha sem a esperança de poder vencer, mas com a convincente expectativa de ser vencido. A esperança, no primeiro caso, pode ser metade da vitória; e, no outro, o desespero, sem dúvida, seria a derrota certa. O desespero debilitaria e enfraqueceria, enquanto a esperança cooperaria com a força e a aumentaria. Você que tem boa evidência de que possui a graça em seu coração, então possui tudo de que necessita para sentir-se animado. O Capitão de sua salvação seguramente o conduzirá à vitória até o fim. Aquele que é capaz de sustentá-lo já prometeu que você vencerá, e sua promessa jamais falhará. Repousando nessa promessa, de sua parte seja fiel, antes que você anele que o cântico de vitória seja seu, e a coroa de vitória seja posta, com as próprias mãos dele, em sua cabeça.

MENSAGEM 15

O ESPÍRITO SANTO SERÁ COMUNICADO PARA SEMPRE AOS SANTOS, NA GRAÇA DA CARIDADE, OU NO DIVINO AMOR

"O amor jamais acaba; mas, havendo profecias, desaparecerão; havendo línguas, cessarão; havendo ciência, passará" (1Co 13.8).

Em todo o contexto, a motivação do apóstolo é mostrar a superioridade da caridade sobre todas as demais graças do Espírito. E, neste capítulo, ele apresenta sua excelência lançando mão de três coisas: *primeira*, mostrando que ela é a coisa mais essencial, e que todos os demais dons nada são sem ela; *segunda*, mostrando que dela se originam todas as boas disposições e comportamento; e, *terceira*, mostrando que ela é o mais durável de todos os dons, e permanecerá quando a igreja de Deus estiver em seu mais perfeito estado, e quando os demais dons do Espírito já não mais existirão. Podem-se observar no texto duas coisas:

Primeira, que uma propriedade da caridade, pela qual se mostra sua excelência, é que ela é infalível e eterna: "O amor jamais acaba". Naturalmente, isto segue as últimas palavras do versículo precedente, a saber, que "o amor tudo suporta". Ali o apóstolo declara a durabilidade da caridade, como transparece no fato de que ela suporta o choque de toda a oposição que se insurja contra ela neste mundo. Agora, o apóstolo avança mais e declara que a caridade não só dura até o fim dos tempos, mas também percorre a eternidade – "o amor jamais acaba". Quando todas as coisas temporais houverem acabado, esta ainda persistirá, e persistirá para sempre. Neste texto, podemos observar ainda:

Segunda, que aqui a caridade é distinguida de todos os demais dons do Espírito, tais como profecia e o dom de línguas, o dom do conhecimento, e daí por diante. "Havendo profecias, desaparecerão; havendo línguas, cessarão; havendo ciência, passará"; mas, "o amor jamais acaba". O conhecimento aqui mencionado, não significa o conhecimento espiritual e divino, em geral; pois, seguramente, no futuro celestial haverá tal conhecimento, precisamente como o há agora na terra, e mais amplamente do que há na terra, como o apóstolo declara expressamente nos versículos seguintes. O conhecimento que os cristãos têm de Deus e de Cristo, e das coisas espirituais e, de fato, todo seu conhecimento, como essa palavra comumente subentende, não se desvanecerá, mas se aperfeiçoará e aumentará gloriosamente no céu, o qual é um mundo de luz tanto quanto de amor. Mas, no conhecimento que o apóstolo diz que se desvanecerá está implícito um dom particularmente miraculoso que subsistia na igreja de Deus naqueles dias. Pois o apóstolo, como já vimos, está aqui comparando a caridade com os dons miraculosos do Espírito – aqueles dons extraordinários que eram comuns na igreja daqueles dias; um desses dons era o dom de profecia, e outro, o dom de línguas, ou o poder de falar em idiomas que nunca tinham sido aprendidos. Ambos esses dons são mencionados no texto; e o apóstolo diz que acabariam e cessariam. E, outro era o conhecimento ou a ciência, ou a *palavra* do conhecimento, como este dom é chamado no oitavo versículo do capítulo doze, sendo assim mencionado para mostrar que era algo diferente, tanto daquele conhecimento especulativo que se obtém da razão e do estudo, como também daquele conhecimento espiritual ou divino que provém da influência salvífica do Espírito Santo na alma. Era um dom particular do Espírito com que algumas pessoas eram dotadas, com o qual eram capacitadas por inspiração imediata para compreenderem mistérios, ou profecias e passagens das Escrituras, do que o apóstolo fala no segundo versículo deste capítulo, dizendo: "Ainda que eu tenha o dom de profetizar e conheça todos os mistérios e toda a ciência" etc. É este dom miraculoso que o apóstolo afirma aqui que desapareceria, juntamente com os demais dons miraculosos dos quais ele fala, tais como profecia e o dom de línguas etc. Todos esses foram dons extraordinários outorgados por certo tempo para a introdução e estabelecimento do cristianismo no mundo; e, quando se atingiu seu propósito, todos eles desapareceram e cessaram. Mas a caridade jamais cessará. Assim, o apóstolo ensina claramente, como a doutrina do texto:

QUE A CARIDADE OU AMOR DIVINO É AQUELE GRANDE FRUTO DO ESPÍRITO, NO QUAL O ESPÍRITO SANTO, NÃO APENAS POR CERTO TEMPO, MAS PERENEMENTE, SERÁ COMUNICADO À IGREJA DE CRISTO.

Para que o significado e veracidade desta doutrina sejam compreendidos mais plenamente, eu gostaria de falar deles nas quatro seguintes proposições: *primeira*, o Espírito de Cristo será perenemente dado a sua igreja e povo, na influência e no habitar neles; *segunda*, há outros frutos do Espírito além do amor divino, pelos quais o Espírito de Deus é comunicado à sua igreja; *terceira*, esses outros frutos duram apenas certo tempo, e, ou já cessaram, ou dentro de algum tempo cessarão; *quarta*, que a caridade, ou amor divino, é aquele grande e infalível fruto do Espírito, no qual transparecerá sua perene influência e habitação nos santos, ou em sua igreja.

1. *O Espírito de Cristo é perenemente dado a sua igreja e povo na influência e no habitar neles.* O Espírito Santo é a grande aquisição, ou o dom adquirido, de Cristo. O Espírito Santo é a principal e suma de todas as boas dádivas nesta vida e na vida por vir, as quais são oferecidas para a igreja. E visto ser ele a grande aquisição, assim é a grande promessa, ou o grande elemento prometido por Deus e Cristo à igreja; como disse o apóstolo Pedro, no dia de Pentecostes: "A este Jesus Deus ressuscitou, do que todos nós somos testemunhas. Exaltado, pois, à destra de Deus, tendo recebido do Pai a promessa do Espírito Santo, derramou isto que vedes e ouvis" (At 2.32, 33). E esta grande aquisição e promessa de Cristo são perenemente dadas a sua igreja. Ele prometeu que sua igreja continuaria, e declarou expressamente que as portas do inferno jamais prevaleceriam contra ela. E pode-se observar que ele deu seu Espírito Santo a todo genuíno membro dela, e prometeu que o Espírito Santo continuaria nela para sempre. Eis sua linguagem: "E, eu rogarei ao Pai, e ele vos dará outro Consolador, a fim de que esteja

para sempre convosco, o Espírito da verdade, que o mundo não pode receber, porque não o vê, nem o conhece: vós o conheceis, porque ele habita convosco e estará em vós" (Jo 14.16, 17).

O homem, em seu primeiro estado no Éden, possuía o Espírito Santo; porém, mediante sua desobediência, o perdeu. Foi-lhe, porém, provido um caminho pelo qual fosse restaurado, e agora ele é dado pela segunda vez, jamais se apartando dos santos. O Espírito de Deus é de tal modo outorgado a seu povo que este se torna realmente seu herdeiro. Na verdade, ele foi dado aos nossos primeiros pais, em seu estado de inocência, e habitou com eles, porém não no mesmo sentido em que ele é dado e habita nos crentes em Cristo. Eles não tiveram o devido direito ou uma parcela segura ao Espírito Santo, e este não lhes foi dado perene e finalmente, como o é aos crentes em Cristo; pois se lhes fora dado assim, jamais o teriam perdido. Mas o Espírito de Cristo é não só comunicado àqueles que se convertem, mas ele lhes é comunicado por uma aliança infalível, de modo que ele se torna deles. Cristo se torna deles, e por isso é também deles sua plenitude; e, portanto, é também deles seu Espírito – é uma possessão adquirida, e prometida, e infalível. No entanto,

2. *Há outros frutos do Espírito além daquele que sumariamente consiste na caridade, ou amor divino, pelo qual o Espírito de Deus é comunicado a sua igreja.* Por exemplo,

2.1. *O Espírito de Deus foi comunicado a sua igreja nos dons extraordinários, tais como o dom de milagres, o dom de inspiração, e daí por diante.* Tudo indica que o Espírito de Deus foi comunicado à igreja nesses dons, antigamente aos profetas sob o Antigo Testamento; e, sob o Novo Testamento, aos apóstolos, evangelistas e profetas, e em termos gerais aos antigos ministros do evangelho, bem como às multidões de cristãos comuns. Foram-lhes dados dons tais como profecia, línguas e o dom chamado *ciência* ou conhecimento, e outros mencionados no contexto e no capítulo precedente. E, além desses,

2.2. *Há os dons comuns e ordinários do Espírito de Deus.* Estes, em todos os tempos, têm sido mais ou menos outorgados a muitas pessoas naturais e não convertidas, em convicções comuns de pecado, iluminações comuns e afetos religiosos também comuns, os quais, ainda que não tivessem em si nada da natureza do amor divino, ou da graça genuína e salvífica, contudo são os frutos do Espírito, no sentido em que constituem o efeito de suas influências no coração dos homens. E, assim também a fé e a esperança, se não houver nelas nada do amor divino, não podem ter em si mais do Espírito de Deus do que é comum aos homens naturais e não regenerados. Isto está claramente implícito no texto do apóstolo, quando afirma, no segundo verso deste capítulo: "Ainda que eu tenha tamanha fé, a ponto de transportar montes, se não tiver amor, nada serei". Toda a fé e a esperança têm em si o amor como ingredientes e como sua essência; e se este ingrediente for extinto, nada fica senão o corpo sem o espírito. Nada é salvífico; mas, na melhor das hipóteses, apenas um fruto comum do Espírito. Mas,

3. *Todos esses outros frutos do Espírito duram apenas por certo tempo, e, ou já cessaram, ou em algum momento cessarão.* Quanto aos dons miraculosos de profecia e línguas etc., são apenas de uso temporário e não podem ter sequência no céu. Eles foram dados simplesmente como um meio extraordinário de graça, que a Deus uma vez aprouve outorgar à sua igreja no mundo. Mas

quando os santos que uma vez desfrutaram o uso desses meios partiram para o céu, tais meios de graça cessaram, pois já não eram necessários. Não há ocasião para quaisquer dons da graça no céu, sejam ordinários, tais como os meios expressos e comuns da casa de Deus, ou extraordinários, tais como os dons de línguas, de ciência e de profecia. Digo que não há ocasião para a continuidade de qualquer desses dons de graça no céu, porque lá o fim de todos os meios de graça já terá sido obtido plenamente na perfeita santificação e felicidade do povo de Deus. O apóstolo, no quarto capítulo de Efésios, falando dos vários dons da graça, declara que eles são dados "com vistas ao aperfeiçoamento dos santos, para o desempenho do seu serviço, para a edificação do corpo de Cristo, até que todos cheguemos à unidade da fé e do pleno conhecimento do Filho de Deus, à perfeita varonilidade, à medida da estatura da plenitude de Cristo" (Ef 4.12, 13). Mas quando isto passar, e os santos forem aperfeiçoados, e já tiverem alcançado a medida da estatura da plenitude de Cristo, então já não haverá ocasião para qualquer desses meios, sejam ordinários, sejam extraordinários. É neste aspecto que cabe uma comparação com os frutos do campo, os quais necessitam sempre de cultivo, de chuva e de sol, até que sejam colhidos e armazenados, e então já não necessitam desses meios.

E, como esses dons miraculosos do Espírito foram apenas temporários no que diz respeito às pessoas particulares que os desfrutaram, assim duraram somente por certo tempo, na igreja de Deus, vista como um corpo coletivo. Esses dons são frutos do Espírito, porém não foram dados para serem contínuos na igreja por todos os séculos. Continuaram na igreja, ou pelo menos foram outorgados de tempo em tempo, ainda que não sem algumas consideráveis interrupções, desde o princípio do mundo até que se completasse o cânon das Escrituras. Foram outorgados à igreja antes que o cânon sagrado tivesse início, isto é, antes que o livro de Jó e os cinco livros de Moisés fossem escritos. O povo de então possuía a palavra de Deus de outra maneira, a saber, por revelação imediata, de tempo em tempo, dada a homens eminentes que foram, por assim dizer, pais da igreja de Deus; e esta revelação lhes foi entregue por tradição oral com vistas a outros. Ela era então uma coisa comum, pois o Espírito de Deus se comunicava em sonhos e visões, como transparecem de várias passagens no livro de Jó. Antes do dilúvio, eles tiveram dons extraordinários do Espírito. Deus, imediata e miraculosamente, se revelou a Adão e a Eva, e assim se deu com Abel e com Enoque, dos quais, somos informados (Jd 14), que possuíam o dom de profecia. E assim Noé recebeu revelações imediatas, e da parte de Deus advertiu o mundo de então; e Cristo, por seu Espírito falando através dele, foi e pregou aos espíritos que agora se acham em prisão, os quais outrora foram desobedientes, quando uma vez a longanimidade de Deus aguardava enquanto se preparava a arca (1Pe 3.19, 20). E assim Abraão, Isaque e Jacó foram favorecidos com revelações imediatas; e José possuía dons extraordinários do Espírito, bem como Jó e seus amigos. Tudo indica que, desde esse tempo, houve uma interrupção dos dons extraordinários do Espírito até o tempo de Moisés; e a partir de seu tempo eles tiveram sequência numa sucessão de profetas, e continuaram, ainda quando outra vez não sem algumas interrupções, até o tempo de Malaquias. Depois disso, parece ter havido uma longa interrupção de vários séculos, até que raiou a aurora do evangelho, quando o Espírito começou outra vez a ser dado em seus dons extraordinários, como a Ana, a Simeão, a Zacarias, a Isabel, a Maria, a José e a João Batista.

Essas comunicações do Espírito foram dadas para que se abrisse uma via de acesso àquele que possui o Espírito sem medida, o grande profeta de Deus, por meio de quem o Espírito é comunicado a todos os demais profetas. E, nos dias de sua carne, seus discípulos tinham uma medida dos dons miraculosos do Espírito, e assim foram capacitados a ensinar e a operar milagres. Mas, após a ressurreição e ascensão, houve a mais plena e extraordinária efusão do Espírito, em seus dons miraculosos, que já ocorreu até então, começando com o dia de Pentecostes, depois que Cristo ressuscitou e ascendeu ao céu. E, em consequência disso, não só aqui e ali havia uma pessoa extraordinária dotada com esses dons extraordinários, mas eram comuns na igreja, e assim continuou durante o tempo dos apóstolos, ou até a morte do último deles, incluindo o apóstolo João, o que ocorreu cerca de cem anos desde o nascimento de Cristo; de modo que os primeiros cem anos da era cristã, o primeiro século, se tornou a era dos milagres. Mas, logo depois disso, o cânon da Escritura, sendo completado quando o apóstolo João escreveu o livro do Apocalipse, o qual ele escreveu não muito antes de sua morte, tais dons miraculosos já não tiveram continuidade na igreja. Pois então já estava completada a revelação escrita da mente e vontade de Deus, na qual este registrou plenamente uma norma permanente e autossuficiente para sua igreja de todos os tempos. E, sendo ultrapassada a igreja judaica e a nação, e sendo estabelecida a igreja cristã e a última dispensação da igreja de Deus, os dons miraculosos do Espírito já não eram necessários, e, portanto, cessaram; pois ainda que tivessem continuidade na igreja por tantos séculos, se desvaneceram e Deus os fez cessar, porquanto já não mais havia ocasião para eles. E assim se cumpriu o dito do texto: "Havendo profecias, desaparecerão; havendo línguas, cessarão; havendo ciência, passará". Tudo indica que agora chegou o fim de todos os dons do Espírito como estes, e já não temos razão para esperar por eles. E, quanto aos frutos do Espírito que são comuns, tais como convicção, iluminação, fé etc., que são comuns tanto aos santos quanto aos ímpios, estes são dados à igreja no mundo em todas as eras; e, no entanto, com respeito às pessoas que possuem esses dons comuns, eles cessarão quando morrerem; e, com respeito à igreja de Deus considerada coletivamente, eles cessarão e já não haverá nenhum deles depois do dia do juízo. Então, passo a mostrar como me propus:

4. *Que a caridade, ou amor divino, é aquele grande fruto do Espírito que jamais acaba, e sua influência e permanência contínuas e perenes em sua igreja aparecerão e se manifestarão.* Já vimos que o Espírito de Cristo é dado à igreja para sempre, e é dado para que habite perenemente em seus santos, com influências que jamais cessarão. E, portanto, por mais que os muitos frutos do Espírito sejam apenas temporários, e tenham seus limites onde cessarem; contudo, de algum modo, a influência do Espírito, e algum fruto dessa influência, são infalíveis e eternos. E a caridade, ou amor divino, é aquele fruto que comunica, nutre e exercita, no qual aparecem as infalíveis e eternas influências do Espírito. Este é um fruto do Espírito que jamais falha ou cessa na igreja de Cristo, tanto em consideração a seus membros particulares, quanto a seu corpo coletivo.

O ESPÍRITO SANTO SERÁ COMUNICADO PARA SEMPRE AOS SANTOS, NA GRAÇA DA CARIDADE, OU NO DIVINO AMOR

4.1. *Podemos considerar a igreja de Cristo quanto aos membros particulares dos quais ela consiste.* E aqui transparecerá que a caridade, ou amor cristão, é um fruto infalível do Espírito. Cada um dos verdadeiros membros da igreja invisível de Cristo possui no coração este fruto do Espírito. O amor divino ou cristão é implantado, e permanece e reina ali, como um perene fruto do Espírito, e um fruto que jamais cessa. Ele jamais cessa neste mundo, porém permanece através de todas as provações e oposições, porquanto o apóstolo nos informa que nada "poderá separar-nos do amor de Deus que está em Cristo Jesus nosso Senhor" (Rm 8.38, 39). E, quando os santos morrerem, ele ainda não cessa. Quando os apóstolos e outros de seus dias morreram e foram para o céu, deixaram para trás os seus corpos todos e os seus dons miraculosos. No entanto, não deixaram atrás de si o amor que estava em seu coração, mas o levaram consigo para o céu, onde foi gloriosamente aperfeiçoado. Quando os ímpios morrerem, os quais têm possuído as influências comuns do Espírito, seus dons cessarão para todo o sempre; contudo, a morte jamais destruirá o amor cristão, esse grande fruto do Espírito, em todo aquele que o possui. Aqueles que o possuem podem deixar, e deixarão para trás de si, muitos outros frutos do Espírito que possuíram em comum com os ímpios. E ainda que deixem tudo o que era comum em sua fé e esperança, tudo o que não pertencia a este divino e santo amor, contudo não deixarão para trás este amor; porém, ele os seguirá para a eternidade, e será aperfeiçoado ali, e subsistirá e reinará com perfeito e glorioso domínio em suas almas, para todo o sempre. E assim, reiterando,

4.2. *Podemos considerar a igreja de Cristo coletivamente, ou como um corpo*. E aqui transparecerá outra vez que a caridade, ou amor cristão, jamais falhará. Ainda que outros frutos do Espírito falhem na igreja, este jamais falhará. Desde a antiguidade, quando havia na igreja interrupções dos dons miraculosos do Espírito, e quando havia ocasiões em que não se manifestava nenhum profeta ou pessoa inspirada que tinha a posse de tais dons, contudo jamais houve qualquer interrupção total deste excelente fruto ou influência do Espírito. Os dons miraculosos estiveram suspensos por muito tempo, desde Malaquias até bem próximo ao nascimento de Cristo; mas, em todo esse tempo, a influência do Espírito, que mantém o amor divino na igreja, jamais foi suspensa. Como Deus sempre teve no mundo uma igreja de santos, desde a primeira criação da igreja após a queda, assim esta influência e fruto de seu Espírito jamais cessou nela. E quando, após a completação do cânon das Escrituras, os dons miraculosos do Espírito pareciam finalmente haver cessado ou falhado na igreja, esta influência do Espírito, que é a causa do amor divino no coração de seus santos, não cessou, mas foi mantida através de todos os tempos, desde aquele tempo até hoje, e assim será até o fim do mundo. E, no fim do mundo, quando a igreja de Cristo for estabelecida em seu último, mui completo e eterno estado, e todos os dons comuns, tais como as convicções e iluminações, e todos os dons miraculosos, chegarem eternamente ao fim, ainda ali o amor divino não falhará, porém será conduzido à sua mais gloriosa perfeição, em cada membro individual da igreja resgatada no céu. Então, em cada coração, aquele amor que agora parece ser apenas uma fagulha, se acenderá numa chama radiante e intensa, e cada alma resgatada será, por assim dizer, um esplendor do divino e santo amor, e permanecerá e crescerá nesta gloriosa perfeição e bem-aventurança, por toda a eternidade!

Darei apenas uma única razão da veracidade da doutrina que tem sido apresentada. A grande razão por que é assim, que outros frutos do Espírito cessam, e o grande fruto do amor permanece, é que o amor é o grande fim de todos os demais frutos e dons do Espírito. O princípio e os exercícios do divino amor no coração, e os frutos dele na conduta, e a felicidade que consiste e flui dele – essas coisas constituem o grande fim de todos os frutos do Espírito que cessam. A caridade ou amor divino é o fim para o qual toda a inspiração e todos os dons miraculosos que já existiram no mundo são apenas os meios. Eram apenas os meios de graça, mas a caridade ou amor divino é a própria graça; e não só isso, mas também a suma de toda a graça. A revelação e os milagres nunca foram dados para qualquer outro fim, senão para a promoção da santidade e a edificação do reino de Cristo no coração dos homens; o amor cristão, porém, é a suma de toda santidade, e seu desenvolvimento é apenas o progresso do reino de Cristo na alma. Os frutos extraordinários do Espírito foram dados para revelar e confirmar a palavra e a vontade de Deus, para que os homens, crendo, se conformem a essa vontade; e foram valiosos e proveitosos somente na medida em que tendiam a este fim. E daí, quando esse fim foi alcançado, e quando o cânon das Escrituras, o grande e poderoso meio de graça, foi completado, e as ordenanças neotestamentárias e da última dispensação foram plenamente estabelecidas, os dons extraordinários cessaram, e chegaram ao fim, como já não sendo mais úteis. Os dons miraculosos, sendo meios para um fim adicional, já não são úteis quando já não tendem a esse fim. Mas o amor divino é esse próprio fim e, portanto, permanece quando cessa o meio para ele. O fim é não só um bem, mas em si mesmo o mais elevado tipo de bem; portanto, permanece para sempre. Assim é no que diz respeito aos dons comuns do Espírito, os quais são dados em todos os tempos, tais como iluminação, convicção etc. Em si mesmos não possuem bem nenhum, e não são melhores do que quando tendem à promoção daquela graça e santidade que radical e sumariamente consiste no amor divino; e, portanto, quando este fim for plenamente satisfeito, haverá para sempre um cessar destes dons comuns, enquanto que o amor divino, que é o alvo de todos eles, permanecerá para todo o sempre.

Na aplicação deste tema, eu gostaria de observar

1. *Que parece não haver razão para se pensar, como fazem alguns, que os dons extraordinários do Espírito serão restaurados na igreja, nos tempos futuros e gloriosos de sua final prosperidade e bem-aventurança.* Muitos doutores têm adotado a opinião de que, quando a glória final da igreja chegar, a glória mencionada na Palavra de Deus, haverá outra vez profetas e homens dotados com os dons de línguas e de operação de milagres, como se deu nos tempos dos apóstolos; e alguns que agora vivem parecem ser da mesma mentalidade.

Mas, do que o apóstolo diz no texto e contexto, não temos razão para imaginar algo do tipo, no que as Escrituras afirmam sobre a glória daqueles tempos, ou porque ela fala do estado da igreja do futuro, como sendo mais glorioso do que outrora, e como se o Espírito de Deus então fosse derramado em medida mais abundante do que nos tempos de outrora. Mesmo que todas essas coisas sejam assim, contudo não haverá esses dons extraordinários outorgados à igreja. Quando o Espírito de Deus é derramado com o propósito de produzir e promover o amor divino, ele é derramado de uma maneira mais excelente do que quando se manifestou nos dons miraculosos. O apóstolo ensina isto expressamente na última parte do capítulo precedente, onde, ao enumerar os muitos dons miraculosos, adverte os cristãos a que busquem ou desejem os melhores dentre eles, e adiciona: "E eu passo a mostrar-vos ainda um caminho sobremodo excelente" (1Co 12.31), a saber, a busca da influência do Espírito de Deus, operando a caridade ou amor divino no coração. Seguramente, as Escrituras, ao falarem do glorioso estado futuro da igreja, como sendo um estado mais excelente, não nos dão razão para concluirmos que o Espírito de Deus será então derramado de alguma outra maneira, senão de um modo mais excelente. E, sem dúvida, o modo mais excelente do Espírito é em favor do mais excelente estado da igreja.

O futuro estado da igreja, sendo muito mais perfeito do que nos tempos de outrora, não tende a provar que então haverá dons miraculosos, e sim ao contrário. Pois o próprio apóstolo, no texto e contexto, fala desses dons extraordinários que cessam e se desvanecem para dar lugar a um tipo de frutos ou influências do Espírito que são perfeitas. Se você ler simplesmente o texto em conexão com os dois versículos seguintes, então verá que a razão implícita por que profecia e línguas cessam, e a caridade permanece, é esta: o imperfeito cede lugar ao perfeito, e o menos excelente ao mais excelente; e ele declara que o mais excelente é a caridade ou o amor. Profecia e milagres atestam a imperfeição do estado da igreja, mais que sua perfeição. Pois são meios designados por Deus como uma coluna ou suporte, ou como um fio-condutor, se posso usar tal linguagem, da igreja em sua infância, e não como meio adaptado a ela em seu pleno crescimento; e é nesses termos que o apóstolo parece falar dos dons. Quando a igreja cristã teve início, após a ascensão de Cristo, ela viveu em sua infância, e então carecia de milagres, etc., para que fosse estabelecida; mas, uma vez sendo estabelecida a igreja, e sendo completado o cânon das Escrituras, os dons cessaram, o que, segundo o argumento do apóstolo, mostra sua imperfeição, e quão aqueles dons são inferiores àquele fruto ou influência do Espírito Santo que é visualizado no amor divino. Por que, pois, haveríamos de esperar que sejam restaurados os dons, quando a igreja estiver em seu estado perfeitíssimo? Tudo indica que o apóstolo denomina todos esses dons miraculosos de "coisas de menino", em comparação com o mais nobre fruto do amor cristão. São adaptados ao infante estado da igreja, enquanto o santo amor deva ser esperado em seu estado plenamente desenvolvido e primordial; e, em si mesmos, são infantis em comparação com aquele santo amor que então se proliferará na igreja, quando ela atingir sua perfeita estatura em Jesus Cristo.

Tampouco a glória dos tempos futuros da igreja constitui algum argumento em favor da continuidade, naqueles tempos, dos dons miraculosos do Espírito. Pois, seguramente, o estado da igreja, então, não será mais glorioso do que o estado celestial; e, no entanto, o apóstolo ensina que, no estado celestial, todos esses dons já terão expirado, e permanecerá somente a influência do Espírito a produzir o amor divino. Tampouco é como se houvesse alguma necessidade de dons miraculosos a fim de ocasionar os gloriosos tempos futuros da igreja; pois Deus é capaz de ocasioná-los sem a instrumentalidade desses dons. Se o Espírito de Deus for derramado somente em suas graciosas influências na conversão das almas, e em acender o amor divino neles em tal medida que ele possa e queira, isto será suficiente, sem novas revelações ou milagres, para produzir todos os efeitos de que se necessita que sejam produzidos, a fim de se introduzirem os gloriosos tempos futuros de que estamos falando; como todos nós podemos convencer-nos pelo pouco que já vimos no último derramamento do Espírito nesta e nas outras cidades vizinhas. Se precisássemos de alguma nova norma de orientação, e as influências comuns do Espírito, juntamente com a Palavra de Deus, fossem insuficientes, então poderia haver alguma necessidade para a restauração dos milagres. Mas não há qualquer necessidade que se façam novas Escrituras, ou que se façam quaisquer adições àquelas que já possuímos, pois em si mesmas são a perfeita norma para nossa fé e prática; e como não há necessidade de um novo cânon da Escritura, assim não há necessidade daqueles dons miraculosos, cujo grande objetivo era ou confirmar as Escrituras, ou preencher a ausência delas, quando ainda não haviam sido dadas pela inspiração do Espírito.

2. *O tema que estamos considerando deveria fazer as pessoas excessivamente cautelosas no sentido de prestarem a máxima atenção a tudo o que tenha a aparência de uma nova revelação, ou que reivindique ser algum dom extraordinário do Espírito.* É possível que algumas vezes uma pessoa tenha em sua mente a impressão de que algo lhe foi revelado imediatamente, acerca de si mesma ou de algum de seus parentes ou amigos; ou de algo

que está oculto, e que ainda não lhe fora revelado e que deve permanecer em secreto; ou, quem sabe, crê que lhe foi revelado algo sobre o estado espiritual de alguma outra pessoa, ou de sua própria alma, de alguma outra maneira além das marcas e evidências bíblicas da graça no coração. Às vezes, as pessoas imaginam que recebem uma diretriz imediatamente do céu, a saber, vá e faça isto, aquilo ou outra coisa, por meio de impressões imediatamente feitas em suas mentes, ou de alguma outra maneira além da leitura da Escritura ou além daquilo que é o seu dever. E, algumas vezes, pessoas imaginam que Deus lhes revela hoje, por meio de sonhos, qual será o futuro. Mas todas essas coisas, se viessem do Espírito de Deus, seriam da natureza daqueles dons extraordinários do Espírito, os quais o apóstolo afirma que cessariam e passariam, e que, já havendo cessado, não há razão para presumir-se que Deus os restaurará outra vez. E se não veem do Espírito de Deus, não passam de grosseiras ilusões. E, uma vez mais,

3. *O tema ensina quão grandemente devemos valorizar as influências e frutos do Espírito que são evidências da verdadeira graça na alma, e que estão todas sumariamente inclusas na caridade ou amor divino.* Este é o fim e desígnio do apóstolo no texto e contexto: ensinar-nos a valorizar esta caridade ou amor, mostrando que ela jamais acaba, ainda que todos os dons miraculosos do Espírito falhem e cheguem ao fim. Esta graça, este amor, é o mais excelente fruto do Espírito, sem o qual os dons mais extraordinários e miraculosos nada são. Este é o grande *fim* do qual os dons são apenas os *meios*; e o qual, sem dúvida, é mais excelente do que todos esses meios. Portanto, que todos nós busquemos, com uma mente solícita, este bendito fruto do Es-

pírito, e o busquemos para que se prolifere em nossas almas; para que o amor de Deus seja mais e mais derramado em nosso coração; e para que amemos ao Senhor Jesus Cristo com sinceridade, e amemos uns aos outros como Cristo nos amou. Assim, possuiremos o mais rico de todos os tesouros, e a mais sublime e mais excelente de todas as graças. Tendo em nosso íntimo aquele amor que é imortal em sua natureza, teremos a mais infalível evidência de que nossa imortalidade será bem-aventurada, e que nossa esperança da vida eterna é aquela boa esperança que jamais nos frustrará. O amor nutrido na alma, enquanto na terra, nos será o antegozo e a preparação para aquele mundo que é um universo de amor, e onde o Espírito de amor reina e abençoa para todo o sempre.

MENSAGEM 16

O CÉU: UNIVERSO DE CARIDADE OU AMOR

"O amor jamais acaba; mas, havendo profecias, desaparecerão; havendo línguas, cessarão; havendo ciência, passará; porque, em parte conhecemos, e, em parte, profetizamos. Quando, porém, vier o que é perfeito, então, o que é em parte será aniquilado" (1Co 13.8-10).

Partindo do primeiro destes versículos (v. 8), eu já expus a doutrina de que aquele grande fruto do Espírito, o qual o Espírito Santo, não somente por algum tempo, mas perenemente, comunicará à igreja de Cristo, é a caridade ou amor divino. Agora eu gostaria de considerar o mesmo versículo em conexão com os dois que o seguem (vs. 9 e 10), e gostaria de fazer duas observações sobre os três versículos.

Primeira, que se menciona, como uma grande excelência da caridade, que ela permanecerá quando todos os demais frutos do Espírito houverem cessado. E

Segunda, que isto sucederá no perfeito estado da igreja, quando o que é em parte cessar, e o que é perfeito se concretizar.

Há um duplo estado *imperfeito*, e assim um duplo estado *perfeito* da igreja cristã. A igreja em seus primórdios, ou em seu primeiro estágio, antes que fosse solidamente estabelecida no mundo, e fixada em seu estado neotestamentário, e antes que o cânon da Escritura fosse completado, subsistia em um estado imperfeito – um estado, por assim dizer, infantil, em comparação com o que haveria de ser em suas eras de maturidade e perenidade, quando houver alcançado seu estado de estatura perfeita, ou de comparativa perfeição terrena. E assim, reiterando, esta igreja de Cristo comparativamente perfeita, enquanto permanecer em seu estado militante, isto é, até o fim dos tempos, ainda subsistirá em um estado imperfeito e, por assim dizer, infantil, em comparação com o que será em seu estado celestial, no qual por fim ela subsiste comparativamente em seu estado de maturidade ou perfeição.

E assim há um duplo cessar destes dons miraculosos do Espírito aqui mencionados. Um foi no fim do primeiro tempo ou tempo infantil da igreja, quando o cânon da Escritura foi completado, e assim já não haveria necessidade de tais dons para a igreja em seus tempos finais, quando ela se desvencilhasse das coisas infantis e atingisse o estado de maturidade antes do fim do mundo, e quando o Espírito de Deus fosse mui gloriosamente derramado e manifestado nesse amor ou caridade, que é seu maior e perene fruto. E o outro será quando todos os frutos comuns do Espírito tiverem cessado, com respeito às pessoas particulares na morte, e com respeito a toda a igreja no fim do mundo, enquanto a caridade permanecerá no céu e lá o Espírito de Deus será derramado e manifestado em perfeito amor, em cada coração, para toda a eternidade.

O apóstolo, no contexto, parece focalizar ambos esses estados da igreja, mas especialmente o último. Pois ainda que o glorioso estado da igreja em sua última etapa na terra será perfeito em comparação com seu primeiro estado, contudo seu estado no céu é o da igreja à qual as expressões do apóstolo parecem mais condizentes, quando diz: "Quando vier o que é perfeito" etc., e: "agora vemos como em espelho, obscuramente; então, veremos face a face; agora conheço em parte; então conhecerei como também sou conhecido" (v. 12). A doutrina, pois, que eu gostaria de extrair deste texto é que

O CÉU É UM UNIVERSO DE CARIDADE OU AMOR.

No texto, o apóstolo fala de um estado da igreja quando ela for perfeita, no céu; e, portanto, um estado em que o Espírito Santo será mais perfeita e profundamente dado à igreja do que ele é dado, agora, na terra. Mas o modo como ele lhe será dado, quando for profundamente derramado, será naquele grande fruto do Espírito, o santo e divino amor, no coração de todos os bem-aventurados habitantes daquele universo. De modo que o estado celestial da igreja será distinto do estado terreno, como aquele que Deus designou especialmente para tal comunicação de seu Espírito Santo e no qual ele será dado perfeitamente, enquanto que, no presente estado da igreja, ele é dado com grande imperfeição. É também um estado em que este santo amor ou caridade será, por assim dizer, o único dom ou fruto do Espírito, como sendo o mais perfeito e glorioso de todos, e o qual, sendo levado à perfeição, torna desnecessários todos os demais dons que Deus costumava outorgar à sua igreja na terra. Para que vejamos mais claramente como o céu é o universo do santo amor, gostaria de considerar, *primeiramente*, a grande causa e fonte do amor que está no céu; *segundo*, os objetos do amor que o céu contém; *terceiro*, os sujeitos desse amor; *quarto*, seu princípio, ou o próprio amor; *quinto*, as circunstâncias excelentes em que ele é ali exercido, expresso e desfrutado; e, *sexto*, os ditosos efeitos e frutos de tudo isto.

1. *A causa e fonte do amor no céu.* Aqui, observo que o próprio Deus de amor habita o céu. O céu é o palácio ou salão de recepção do Santo dos Santos, cujo nome é amor, e que tanto é a causa como a fonte de todo santo amor. Deus, considerado com respeito à sua essência, está em toda parte – ele enche tanto o céu como a terra. No entanto, lemos que, em alguns aspectos, ele está mais especialmente em alguns lugares do que noutros. Lemos que outrora ele habitava a terra de Israel, mais do que em todas as demais terras; em Jerusalém, mais do que em todas as demais cidades da terra; e no templo, mais do que em todos os demais edifícios da cidade; e no Santo dos Santos, mais do que em todas as demais dependências do templo; e no propiciatório, sobre a arca da aliança, mais do que em todos os demais lugares do Santo dos Santos. Mas o céu é sua habitação mais do que todos os demais lugares do universo; e todos esses lugares em que lemos que ele outrora habitava eram apenas tipos deste. O céu é uma parte da criação que Deus edificou para este fim: ser o lugar de sua gloriosa presença, e ele é sua habitação para sempre; ali ele habitará e gloriosamente se manifestará por toda a eternidade.

E isto faz do céu um universo de amor; pois Deus é a fonte do amor, como o sol é a fonte da luz. E, portanto, a gloriosa presença de Deus no céu o enche de amor, como o sol, colocado no meio dos céus visíveis num claro dia, enche o mundo de luz. O apóstolo nos informa que "Deus é amor"; e, portanto, visto que ele é um Ser infinito, segue-se que ele é uma infinita fonte de amor. Visto que ele é um Ser autossuficiente, segue-se que ele é a plena, transbordante e inexaurível fonte de amor. E, pelo fato de ser imutável e eterno, ele é a imutável e eterna fonte de amor.

Ali, sim, no céu, habita o Deus de quem procede todo fluxo de santo amor; sim, toda gota de amor que existe, ou que já existiu. Ali habita Deus Pai, Deus Filho e Deus Espírito, unidos como um só Ser, em amor infinitamente terno, incompreensível, mútuo e eterno. Ali habita Deus Pai, que é o Pai de misericórdias; o Pai de amor, que amou o mundo de tal maneira que deu seu Filho unigênito para morrer por ele. Ali habita Cristo, o Cordeiro de Deus, o Príncipe de paz e de amor, que amou o mundo de tal maneira que derramou seu sangue e derramou sua alma na morte pelos homens. Ali habita o grande Mediador, por meio de quem todo o amor divino é expresso em favor dos homens, e por meio de quem os frutos desse amor foram adquiridos, e através de quem são comunicados, e através de quem o amor é introduzido no coração de todo o povo de Deus. Ali habita Cristo em ambas as naturezas, a humana e a divina, assentado no mesmo trono com o Pai. E ali habita o Espírito Santo – o Espírito de divino amor, em quem a própria essência de Deus, por assim dizer, flui e é transmitida em amor e por cuja imediata influência todo o santo amor é amplamente derramado no coração de todos os santos, na terra e no céu. Ali, no céu, esta a infinita fonte de amor – este eterno Três em

Um – jorra sem qualquer obstáculo que venha a impedir seu acesso, e flui para todo o sempre. Ali este glorioso Deus se manifesta, resplandece, em plena glória, em raios de amor. E ali este glorioso manancial flui para sempre em correntes, sim, em rios de amor e deleite, e esses rios se dilatam, por assim dizer, num oceano de amor, no qual as almas dos redimidos podem aspirar o mais suave desfrute, e os corações, por assim dizer, são inundados com amor! Reiterando, eu gostaria de considerar o céu, com respeito

2. *Aos objetos do amor que ele contém*. E aqui eu gostaria de observar três coisas:

2.1. *No céu nada existe senão objetos amoráveis*. Ali não se verá nenhuma pessoa que odeie, que não ame ou que seja corrompida, ou coisa desse gênero. Ali nada há que seja mau ou ímpio. Nele "nunca jamais penetrará coisa alguma contaminada, nem o que pratica abominação e mentira, mas somente os inscritos no livro da vida do Cordeiro" (Ap 21.27). Nada há no céu que seja deformado, que possua qualquer deformidade natural ou moral; mas tudo é em si mesmo belo à vista, aprazível e excelente. O Deus que ali habita e se manifesta gloriosamente é infinitamente amorável; gloriosamente amorável como um Pai celestial, como um Redentor divino e como um Santificador santo.

Todas as pessoas que pertencem à bendita sociedade celestial são amoráveis. O Pai da família é amorável, e assim também todos os seus filhos; a cabeça do corpo é amorável, e assim também todos os seus membros. Entre os anjos não há sequer um que não seja amorável – pois todos eles são santos; e não se permite que anjos maus infestem o céu como o fazem neste mundo, mas são para sempre mantidos à distância por um imenso abismo que jaz entre eles e o glorioso universo de amor. Dentre toda a comunidade dos santos não existe sequer uma pessoa que não seja amorável. Ali não existe falso crente ou hipócrita; nenhum que pretenda ser santo e, no entanto, seja de um espírito ou comportamento anticristão e detestável, como sucede neste mundo; nenhum cujo ouro não tenha sido purificado de sua escória; nenhum que não seja amorável para si e para os demais. Ali não há nenhum objeto que cause escândalo, ou em algum momento dê ocasião de sentimento ou ímpeto de ódio ou desgosto, mas cada objeto ali será para sempre causa de amor.

E todos os objetos no céu não só serão amoráveis, mas

2.2. *Serão perfeitamente amoráveis.* Há neste mundo muitas coisas que, em geral, são amoráveis, no entanto, não são perfeitamente isentas daquilo que é o oposto. Há manchas no sol; e assim há muitos homens que são afáveis e dignos de ser amados, os quais, no entanto, não são isentos de algumas coisas que são desagradáveis e feias. Com frequência, há em pessoas boas algum defeito de temperamento, ou de caráter, ou de conduta, que desfigura a excelência do que de outro modo pareceria bastante afável; e mesmo os melhores dentre os homens são, aqui na terra, imperfeitos. No céu, porém, não é assim. Ali não se verá em alguém ou em alguma coisa qualquer poluição, ou deformidade, ou algum tipo de defeito repulsivo; no céu cada um será perfeitamente puro e perfeitamente amorável. Aquele bendito universo será perfeitamente radiante, sem qualquer obscuridade; perfeitamente belo, sem qualquer mancha; perfeitamente claro, sem qualquer nuvem. Jamais penetrará ali qualquer defeito moral ou natural; e ali nada se verá que seja pecaminoso ou fraco ou ridículo; nada cuja natureza ou aspecto seja vulgar ou desagradável, ou que ofenda o mais refinado paladar ou a mais delicada visão. Nenhuma corda vibrará fora do tom, causando qualquer ruído na harmonia da música celestial; e nenhuma nota causará desarmonia nas antífonas dos santos e anjos.

O grande Deus que tão plenamente se manifesta ali é perfeito, com uma perfeição absoluta e infinita. O Filho de Deus, que é o esplendor da glória do Pai, aparecerá ali na plenitude de sua glória, sem aquele traço de simplicidade, na qual ele se manifestou neste mundo. O Espírito Santo será ali derramado com perfeita riqueza e suavidade, como um rio puro da água da vida, claro e cristalino, procedente do trono de Deus e do Cordeiro. Cada membro daquela santa e bendita sociedade será sem qualquer mancha de pecado, ou imperfeição, ou fraqueza, ou impureza, ou mácula de qualquer gênero. Toda a igreja, resgatada e purificada, será ali apresentada a Cristo como noiva, vestida de linho fino, puro e branco, sem mancha, nem ruga, ou algo desse gênero. Para onde quer que os habitantes daquele bendito universo voltem seus olhos, nada visualizarão senão dignidade, beleza e glória. As cidades mais célebres sobre a terra, por mais magnificentes que sejam seus edifícios, contudo têm seus fundamentos no pó e suas ruas sujas e poluídas, e construídas para serem pisadas pelos pés; mas as próprias ruas desta cidade celestial são de ouro puro, como o vidro transparente, e seus fundamentos são de pedras preciosas, e seus portões são pérolas. E tudo isso constitui apenas emblemas da pureza e perfeição daqueles que nela habitam. E, no céu,

O CÉU:
UNIVERSO DE CARIDADE OU AMOR

2.3. Estarão todos aqueles objetos nos quais os santos têm depositado seu coração, e aos quais têm amado acima de todas as coisas, enquanto vivem neste mundo. Ali acharão aquelas coisas que lhes pareciam muito preciosas, enquanto viviam sobre a terra; as coisas que tiveram a aprovação de seus julgamentos, e cativaram seus afetos, e lhes afastaram a alma dos tão queridos e prazenteiros objetos terrenos. Ali acharão aquelas coisas nas quais se deleitavam em meditar, em cuja doce contemplação suas mentes se entretiveram; e também ali estarão coisas que escolheram por sua porção e as quais lhes eram tão queridas que estavam prontos, por causa delas, a enfrentar os sofrimentos mais severos e a abandonar inclusive pai, mãe, parentes, amigos, esposa, filhos e a própria vida. Tudo o que é realmente grande e bom, tudo o que é puro, santo e excelente neste mundo, e pode vir de toda parte do universo, estão constantemente apontando para o céu. Como as correntes correm para o oceano, assim tudo isso está correndo para o grande oceano de infinita pureza e bênção. O avanço do tempo apenas se relaciona com sua bem-aventurança; e nós, se somos santos, ali estaremos unidos a ela. Cada gema que a morte rudemente nos arrebata aqui é uma gloriosa jóia a brilhar perenemente ali; cada amigo cristão que segue adiante de nós, partindo deste mundo, é um espírito resgatado esperando nos receber no céu. Ali estará a nascente dos dias que perdemos aqui, pela graça de nos encontrarmos no céu; ali, estarão o pai, a mãe, a esposa, o filho e o amigo cristão, com quem nós renovaremos a santa comunhão dos santos, a qual foi interrompida pela morte, mas que começará outra vez no supremo santuário, e, então, jamais findará. Ali desfrutaremos da companhia dos patriarcas, pais e santos do Antigo e Novo Testamentos, e aqueles de quem o mundo não era digno, com quem na terra apenas nos relacionamos pela fé. E ali, acima de tudo, desfrutaremos de Deus, o Pai, e habitaremos com ele, a quem temos amado na terra, de todo o nosso coração; e com Jesus Cristo, nosso amado Salvador, o qual nos tem sido sempre o líder entre dez milhares, e plenamente amorável; e com o Espírito Santo, nosso Santificador e Guia e Consolador; e estaremos cheios de toda a plenitude da Deidade, para todo o sempre!

E desses objetos de amor no céu passo

3. *A seus sujeitos; e estes são os corações nos quais ele habita.* No céu, o amor habita e reina em cada coração. O coração de Deus é a sede original ou o sujeito do amor. O amor divino está nele, não como em alguém que o recebe de outro, mas como em sua sede original, onde ele se origina de si mesmo. O amor está em Deus, como a luz está no sol, o qual não brilha por uma luz refletida, como se dá com a lua e os planetas, mas por sua própria luz e como a grande fonte da luz. E de Deus o amor flui para todos os habitantes do céu. Ele flui, em primeiro lugar, necessária e infinitamente, para seu Filho unigênito; sendo derramado, sem mistura, como um objeto que é infinito e assim plenamente adequado para toda a plenitude de um amor infinito. E este amor infinito é infinitamente exercido para com ele. A fonte não só arremessa correntes para este objeto, mas a própria fonte por si só, totalmente e a um só tempo, corre para ele. E o Filho de Deus é não somente o infinito objeto do amor, mas é também um infinito sujeito dele. Ele é não apenas o amado do Pai, mas o ama infinitamente. O infinito amor essencial de Deus é, por assim dizer, uma infinita, eterna, mútua e santa

energia entre o Pai e o Filho; um ato puro e santo, pelo qual a Deidade se torna, por assim dizer, infinita e imutável emoção de amor procedente tanto do Pai quanto do Filho. Este divino amor tem sua sede na Deidade, como é exercido no íntimo da Deidade, ou em Deus para consigo mesmo.

Mas este amor não se confina a exercícios tais como esses. Ele flui em inumeráveis correntes para todos os habitantes criados que habitam no céu, para todos os santos e anjos que vivem ali. O amor de Deus Pai flui para Cristo, a Cabeça, e para todos os membros através dele, em quem foram amados antes da fundação do mundo, e em quem o amor do Pai foi, no tempo, expresso para com eles, mediante sua morte e sofrimentos, tal como agora se manifesta plenamente no céu. E os santos e anjos são, secundariamente, os sujeitos do santo amor, não como aqueles em quem o amor tem sua sede original, ou como a luz é no sol, e, sim, como é nos planetas, que só brilham por meio de luz refletida. E, a luz de seu amor é refletida, em primeiro lugar e principalmente, de volta à sua grande fonte. Como Deus tem dado amor aos santos e anjos, assim o amor deles é principalmente exercido para com Deus, seu manancial, como é muito razoável. Todos eles amam a Deus com amor supremo. No céu não existe inimigo de Deus; mas todos, como seus filhos, o amam como seu Pai. Todos eles vivem unidos, com uma só mente: todas as almas transbordam de amor para com Deus, seu eterno Pai, e para com Jesus Cristo, seu comum Redentor, Cabeça e Amigo.

No céu, Cristo ama a todos os seus santos. Ali seu amor flui e corre para toda a sua igreja, bem como para cada membro individual dela. E todos eles, com um só coração e com uma só alma, se unem em amor ao seu Redentor comum. Cada coração se une a este santo e espiritual esposo, e todos se regozijam nele, enquanto os anjos se associam a eles em seu amor. E os anjos e os santos, todos, se amam reciprocamente. Todos os membros da gloriosa sociedade celestial vivem sinceramente unidos. Não existe entre todos eles um único inimigo secreto ou público. Ali não há sequer um coração que não seja saturado de amor, e nem sequer um habitante solitário que não seja amado por todos os demais. E, como todos são amoráveis, assim, eles olham uns para os outros amorosamente, em plena complacência e deleite. Cada alma se achega às demais em amor; e, entre todos os benditos habitantes do céu, o amor é mútuo, pleno e eterno. Em seguida passo a falar, como me propus,

4. *Do princípio do amor no céu*. E com isso estou falando do próprio amor que enche e abençoa o universo celestial, e o qual pode ser, respectivamente, notado quanto à sua natureza e grau.

4.1. *Quanto à sua natureza*. Em sua natureza, este amor é totalmente santo e divino. A maior parte do amor que há neste mundo é de natureza profana. Mas o amor que existe no céu não é carnal, e, sim, espiritual. Não procede de princípios corruptos ou motivos egoístas, e nem se dirige a propósitos e fins promíscuos e vis. Ao contrário de tudo isso, ele é uma chama pura, orientada por motivos santos, e almeja fins consistentes com a glória de Deus e a felicidade do universo. Os santos no céu amam a Deus por causa dele mesmo, e uns aos outros por causa de Deus e por causa da relação que têm com ele e da imagem de Deus que está neles. Todo o seu amor é puro e santo. Podemos notar ainda este amor

4.2. *Quanto ao seu grau.* E, em grau, ele é perfeito. O amor que habita no coração de Deus é perfeito, com uma perfeição absolutamente infinita e divina. Portanto, é do tipo perfeito o amor dos anjos e santos para com Deus e Cristo; com uma perfeição própria à natureza de Deus e de Cristo. Ele é perfeito com uma perfeição impoluta, e perfeito no sentido em que ele é coincidente com as capacidades da natureza de Deus e de Cristo. Assim lemos no texto que "quando, porém, vier o que é perfeito, então o que é em parte será aniquilado". O amor deles será sem quaisquer resquícios de qualquer princípio contrário, não havendo orgulho ou egoísmo a interrompê-lo ou a obstruir seu exercício. O coração deles estará saturado de amor. Aquilo que ocupava o coração aqui na terra, como um mero grão de mostarda, no céu será como uma imensa árvore. A alma que neste mundo possuía em si apenas uma pequena fagulha de amor divino, no céu ela se transformará, por assim dizer, numa radiante e ardente chama, como o sol em seu brilho mais pleno, quando nenhuma mancha o empana.

No céu não haverá qualquer resquício de inimizade, ou aversão, ou indiferença, ou apatia no coração para com Deus e Cristo. Nem o menor resquício de qualquer princípio de inveja existirá a ser exercido para com os anjos ou outros seres que são superiores em glória; nem haverá algo como desdém ou leviandade da parte dos que são inferiores. Os que tiverem uma posição inferior em glória aos demais, não sentirão nenhuma diminuição de sua felicidade pessoal por verem outros acima deles em glória. Ao contrário disso, todos os membros daquela bendita sociedade se regozijarão na felicidade uns dos outros, pois o amor benevolente é perfeito em todos eles. Cada um possui não só uma sincera, mas também uma perfeita boa vontade recíproca. O amor sincero e forte é grandemente gratificado e se deleita na prosperidade do objeto amado; e, se o amor é perfeito, quanto maior é a prosperidade do ente amado, mais o que ama se agrada e se deleita; pois a prosperidade do ente amado é, por assim dizer, o alimento do amor; e, portanto, quanto maior é essa prosperidade, mais ricamente o amor se sacia. O amor benevolente se deleita em contemplar a prosperidade do outro; assim como o amor complacente, em contemplar a beleza ou perfeição do outro. De modo que a prosperidade superior dos que são mais sublimes em glória está tão longe de ser um entrave amor nutrido para com eles, que é uma adição a ele, ou uma parte dele.

Sem dúvida, existe um amor inconcebivelmente puro, doce e fervoroso entre os santos em glória; e esse amor é em proporção à perfeição e amabilidade dos objetos amados, e, portanto, necessariamente causa deleite neles quando veem que a felicidade e glória dos outros são em proporção à sua amabilidade; e, assim aumenta a proporção do seu amor para com eles. Aqueles que são mais elevados em glória são os mais elevados em santidade, e, portanto, são também os mais amados por todos os santos; pois amam mais os que são mais santos, e assim todos eles se regozijarão em serem eles os mais felizes. E não causará tristeza em qualquer dos santos em contemplar aqueles que são mais elevados do que eles, pois todos terão tanto amor quanto desejam, e tão grandes manifestações de amor quanto podem suportar; e assim todos eles serão plenamente satisfeitos; e onde houver satisfação perfeita, aí não pode haver razão para a inveja. E não haverá tentação para que alguém inveje os que se acham acima deles em glória, em razão de serem exaltados com orgulho; pois no céu não haverá qualquer orgulho. Não devemos conceber que os que são mais santos e mais felizes do que outros no céu serão ensoberbecidos e exaltados em seu espírito acima dos demais; pois aqueles que se acham acima de outros em santidade lhes serão superiores em humildade. Os santos que são mais elevados em glória serão os mais inferiores em humildade na mente, pois sua humildade superior é parte de sua santidade superior. Ainda que todos sejam perfeitamente isentos de orgulho, contudo, como alguns terão maiores graus de conhecimento divino do que outros, e maiores capacidades em ver mais das perfeições divinas, assim verão mais de sua própria pequenez e nulidade comparativas, e, portanto, serão inferiores e mais aviltados em humildade.

E, além do mais, os inferiores em glória não sofrerão a tentação de invejar os que são mais elevados que eles, pois os que são mais elevados não só serão mais amados pelos inferiores por sua santidade superior, mas também terão mais do espírito de amor para com outros, e assim amarão os que estão abaixo deles, mais do que se sua própria capacidade e elevação fossem menores. Aqueles que forem mais elevados em grau de glória, serão de capacidade mais elevada; e assim, tendo maior conhecimento, visualizarão mais da beleza de Deus, e, consequentemente, terão em seu coração amor para com Deus e amor para com os santos em maior profusão. E, por isso mesmo, os que são inferiores em glória não invejarão os que estão acima deles, porque serão mais amados por aqueles que são superiores em glória. E os superiores em glória estarão tão longe de vangloriar-se dos que são inferiores, que sentirão mais profuso amor para com eles – maiores graus de amor em proporção ao seu conhecimento e felicidade superiores. Quanto mais elevados forem em glória, mais se assemelharão a Cristo, de modo que o amor dos superiores para com os inferiores será maior que o amor equivalente dos últimos para com eles. E, o que põe além de toda dúvida, visto que a felicidade superior de outros não será desalento para a felicidade dos inferiores, é que a felicidade de seus superiores consiste no fato de que sua humildade é maior e maior seu amor para com eles, para com Deus e para com Cristo, do que os inferiores terão em si mesmos. Tal será a doce e perfeita harmonia entre os santos celestiais, e tal o perfeito amor reinante em cada coração, cada um para com os demais, sem limite, ou mistura, ou interrupção; e ali jamais entrará qualquer inveja, ou malícia, ou vingança, ou desdém, ou egoísmo, mas todos esses sentimentos serão mantidos tão longe quanto longe está o pecado da santidade, e quanto está o inferno do céu! Em seguida, consideremos

5. *As excelentes circunstâncias em que o amor será exercido, e expresso, e desfrutado no céu.*

5.1. *No céu, o amor é sempre mútuo.* O amor sempre encontra respostas correspondentes de amor – respostas que são proporcionais ao seu exercício. O amor está sempre buscando tais retribuições; e não menos em proporção que qualquer pessoa é amada, na mesma proporção o seu amor é desejado e valorizado. E, no céu, esta disposição de amar, ou esta inclinação para ser amado, jamais deixarão de ser satisfeitas. Nenhum habitante daquele bendito universo jamais se sentirá entristecido com o pensamento de que é negligenciado pelos que ele ama, ou que seu amor não seja plena e amavelmente retribuído.

O CÉU:
UNIVERSO DE CARIDADE OU AMOR

Como os santos amarão a Deus com um inconcebível ardor de coração e ao máximo de sua capacidade, assim saberão que ele os tem amado desde toda a eternidade, e os amará e continuará amando-os para todo o sempre. E Deus então se lhes manifestará gloriosamente, e eles saberão que toda aquela felicidade e glória de que estão de posse são os frutos do amor dele. E com o mesmo ardor e fervor os santos amarão ao Senhor Jesus Cristo; e o amor deles será aceito; e saberão que ele os tem amado com um amor fiel, sim, com um amor ardente. Então, serão mais sensíveis do que agora o são àquele grande amor que se manifestou em Cristo, a ponto de entregar sua própria vida por eles; e, então, Cristo abrirá ante seus olhos a grande fonte de amor em seu coração para com eles, além do que jamais viram antes. Por este meio, o amor dos santos para com Deus e Cristo é visto como sendo correspondido, e cumpriu-se aquela declaração: "Eu amo aqueles que me amam"; e ainda que o amor de Deus para com eles não possa propriamente ser chamado de uma retribuição ao amor, porquanto ele os amou primeiro, contudo, à vista de seu amor, por essa mesma conta, os enche ainda mais de alegria e admiração, e de amor para com ele.

O amor dos santos, uns para com os outros, será sempre mútuo e correspondido, ainda que não possamos supor que cada um, em todos os aspectos, será igualmente amado. Alguns dentre os santos são mais amados de Deus do que outros, inclusive enquanto na terra. O anjo disse a Daniel que ele era "um homem mui amado" (Dn 9.23); Lucas é chamado "o médico amado" (Cl 4.14); e João, "o discípulo, a quem Jesus amava" (Jo 20.2). E assim, sem dúvida, os que têm sido eminentes em fidelidade e santidade, e que são mais elevados em glória, são mais amados por Cristo no céu; e, sem dúvida, aqueles santos que são mais amados de Cristo, e que vivem mais próximos a ele em glória, são mais amados por todos os demais santos. Assim podemos concluir que, os santos tais como o apóstolo Paulo e o apóstolo João, no céu são mais amados pelos santos do que outros santos de hierarquia inferior. São mais amados pelos santos inferiores do que aqueles da mesma posição que eles. Mas então nesses casos há retribuições correspondentes de amor; pois são tão mais amados por todos os demais santos, que são mais plenos de amor para com os demais santos. O coração de Cristo, a grande Cabeça de todos os santos, é mais pleno de amor do que poderia ser o coração de qualquer santo. Ele ama a todos os santos muito mais do que qualquer deles ama os demais. Mas, quanto mais algum santo é amado por ele, mais este santo se assemelha a ele, neste aspecto: que a plenitude de seu coração é amor.

5.2. *A alegria do amor celestial jamais será interrompida, ou extinta pelo ciúme.* Os amantes celestiais não terão dúvida do amor uns dos outros. Não terão receio de que as declarações e confissões de amor sejam hipócritas; mas ficarão plenamente satisfeitos com a sinceridade e energia do afeto recíproco, como se em cada peito houvesse uma janela, de modo que tudo o que há no coração pudesse ser visualizado. Não haverá no céu aquilo que se chama bajulação ou dissimulação, mas ali reinará perfeita sinceridade para com todos e em todos. Cada um será justamente o que aparenta ser, e realmente todos terão o amor que aparentam ter. Não será como neste mundo, onde comparativamente poucas coisas são o que aparentam ser, e onde as confissões frequentemente são feitas levianamente e sem qualquer significado; lá, porém, cada expressão de amor emanará do âmago do coração, e tudo o que é declarado será real e verdadeiramente sentido.

Os santos saberão que Deus os ama, e jamais duvidarão da grandeza de seu amor, e não terão dúvida sobre o amor de todos os seus concidadãos celestiais. Não terão ciúme da constância do amor recíproco. Não nutrirão suspeita de que o amor que outros sentem por eles seja diminuído, ou em algum grau subtraído deles por razão de alguma rivalidade, ou por razão de algo em si, cuja suspeita é desagradável a outros, ou através de alguma inconstância em seu próprio coração ou no coração dos outros. Tampouco nutrirão o mínimo receio de que o amor de alguém para com eles seja reduzido. No céu não haverá o que se chama inconstância e infidelidade a molestar e a conturbar a comunhão daquela bendita sociedade. Os santos não recearão de que o amor de Deus para com eles um dia se arrefeça, ou que Cristo não continuará amando-os para sempre com imutável ternura e afeição. Não nutrirão ciúme uns dos outros, mas terão consciência de que, pela divina graça, o amor mútuo que existe entre eles jamais decairá nem mudará.

5.3. *Nada haverá no íntimo dos santos no céu a embaraçar ou a impedir os exercícios e expressões do amor.* Neste mundo, os santos se deparam com tantos empecilhos a este respeito. Possuem uma grande porção de embotamento e lentidão. Levam consigo um corpo de substância pesada – um torrão de terra –, uma massa de carne e sangue que não é própria para ser o órgão de uma alma inflamada com os sublimes exercícios do amor divino; mas que se depara com um grande empecilho e entrave para o espírito, de modo que não podem ser tão ativos e vivos nele como gostariam. Com frequência, gostariam de voar, mas são derrubados, como se tivessem um peso morto sobre suas asas. Gostariam de ser ativos e subir como uma chama de fogo, mas se encontram, por assim dizer, tolhidos e aguilhoados, de modo que não conseguem fazer o que o seu amor os inclina a fazer. O amor os dispõe a irromper-se em louvor, porém suas línguas não conseguem obedecer; precisam de palavras para expressar o ardor de suas almas, e não conseguem ordenar seu discurso por causa da escuridão (Jó 37.19); e, frequentemente, por carência de expressões, eles consolam a si mesmos com os gemidos que não podem ser exprimidos (Rm 8.26).

No céu, porém, não terão tal obstáculo. Ali, não terão qualquer empecilho e embaraço, e nem corrupção no coração a guerrear contra o amor divino e a impedir suas expressões; e, ali, nenhum corpo terreno estorvará, com sua lentidão, o fulgor celestial. No céu, os santos não terão dificuldade de expressar todo o seu amor. Suas almas, ardendo em fogo com santo amor, não serão como um fogo encoberto, mas como uma chama visível e livre. Os espíritos, sendo transportados pelo amor, não terão qualquer peso sobre eles a impedi-los de seu voo. Não lhes faltará força ou atividade, nem qualquer carência de palavras com que louvar o objeto de seu afeto. Nada os impedirá de comunicar-se com Deus e de louvá-lo e servi-lo precisamente como seu amor os inclina a fazê-lo. Naturalmente, o amor deseja expressar-se, e no céu o amor dos santos terá plena liberdade de expressar-se como ele deseja, seja para com Deus, seja para com as coisas criadas.

5.4. *No céu, o amor se expressará com perfeita decência e sabedoria.* Neste mundo, muitos que são sinceros em seu coração, e realmente possuem um princípio de verdadeiro amor para com Deus e seu semelhante, contudo não possuem discrição a guiá-los no modo e circunstâncias de expressá-lo. Suas intenções, bem como suas palavras, são boas, mas às vezes não propriamente oportunas, nem discretamente ordenadas em conformidade com as circunstâncias, mas são acompanhadas de uma indiscrição que obscurece grandemente a beleza da graça aos olhos de outros. No céu, porém, a afabilidade e excelência de seu amor não serão obscurecidas por essas coisas. Não haverá linguagens ou ações indecentes, nem insensatas, nem dissonantes – nenhuma inclinação tola e sentimental – nem intromissão desnecessária – nem propensões para paixão vulgar e pecaminosa – e nada existirá com afeições obscuras ou razão enganosa, que preceda o amor ou que seja contra ele. A sabedoria e a discrição serão tão perfeitas nos santos quanto é o amor, e cada expressão de seu amor será acompanhada da mais afável e perfeita decência, discrição e sabedoria.

5.5. *No céu nada haverá externo que possa manter os seus habitantes distantes uns dos outros, ou que possa impedir seu mais perfeito desfrute do amor recíproco.* No céu não haverá muro de separação para manter os santos afastados, nem serão impedidos, pela distância residencial, do pleno e completo desfrute do amor recíproco; pois todos estarão juntos, como uma família, na casa celestial de seu Pai. Nem haverá qualquer falta de plena familiaridade a obstruir a maior intimidade possível; e muito menos haverá entre eles qualquer desentendimento, ou má interpretação de coisas ditas ou feitas entre si. Não haverá desunião em razão da diferença de temperamento, ou de costumes, ou de circunstâncias, ou de opiniões diversas, ou de interesses, ou de sentimentos, ou de afinidades; mas todos viverão unidos nos mesmos interesses, e todos igualmente aliados ao mesmo Salvador, e todos envolvidos numa só atividade, servindo e glorificando ao mesmo Deus.

5.6. *No céu, todos estarão unidos nas mesmas relações íntimas e amorosas.* O amor busca sempre uma relação íntima com aquele que é amado; e, no céu, todos viverão entre si intimamente aliados e relacionados. Todos se relacionarão intimamente com Deus, o supremo objeto de seu amor, pois todos serão seus filhos. E todos se relacionarão intimamente com Cristo, pois ele será a Cabeça de toda a sociedade e o esposo de toda a igreja dos santos, de cuja união eles constituirão sua esposa. E todos eles se relacionarão entre si como irmãos, pois todos eles constituirão somente uma sociedade, ou, melhor, somente uma família, e todos serão membros da casa de Deus. E muito mais que isto,

5.7. *No céu, todos terão propriedade e domínio recíprocos.* O amor busca ter o ente amado como seu; e o amor divino se regozija em dizer: "Meu amado é meu, e eu sou dele" (Ct 2.16). E, no céu, não só todos se relacionarão uns com os outros, mas cada um será do outro e o outro lhe pertencerá. Os santos serão de Deus. Ele os levará para casa, para que sejam seus em glória, como aquela parte da criação à qual ele escolheu por seu tesouro peculiar. E, em contrapartida, Deus será deles, legado a eles neste mundo numa aliança eterna, e agora será deles, para sempre, em sua plena posse, como sua porção. E assim os santos serão de Cristo, pois ele os comprou por preço; e ele será deles, pois aquele que a si mesmo se deu por eles também lhes será dado; e, nos laços de amor mútuo e eterno, Cristo e os santos se doarão reciprocamente. E, como Deus e Cristo serão dos santos, assim os anjos serão seus anjos, como lemos em Mateus 18.10; e os santos serão uns dos outros, pois o apóstolo fala dos santos de seus dias, como primeiro dando-se ao Senhor, e, então, uns aos outros pela vontade de Deus (2Co 8.5); e se isto se faz na terra, então muito mais perfeitamente se fará no céu.

5.8. *No céu, desfrutarão do amor recíproco em perfeita e ininterrupta prosperidade.* O que na terra com frequência vicia o prazer e a doçura do prazer terreno é que, embora as pessoas vivam em amor, contudo vivem em pobreza, ou envolvidas em grandes dificuldades e dolorosas aflições, por isso se entristecem por sua própria causa e por causa de outros. Porque, ainda que em tais casos o amor e a amizade em alguns aspectos aliviem o peso do fardo, contudo, em outros aspectos aumentam o seu peso, porque os que amam reciprocamente se tornam, por seu próprio amor, participantes das aflições comuns, de modo que cada um não só carrega suas próprias provações, mas também as de seus amigos aflitos. No céu, porém, não haverá adversidade que propicie ocasião a uma deplorável tristeza de espírito, ou que moleste ou conturbe os que são amigos celestiais, durante o desfrute do amor recíproco na maior prosperidade, e em gloriosas riquezas e conforto, e na mais elevada honra e dignidade, reinando juntos no reino celestial – herdando todas as coisas, assentados em tronos, todos usando a coroa da vida e se tornando reis e sacerdotes para Deus, para todo o sempre.

Cristo e seus discípulos, enquanto na terra, estiveram sempre juntos na aflição e provação, e promoviam e manifestavam o mais forte e recíproco amor e amizade, enquanto em meio aos grandes e dolorosos sofrimentos. E agora, no céu, desfrutam de amor recíproco em glória imortal, tendo ficado eternamente para trás todo pesar e lamento. Tanto Cristo quanto seus santos viveram neste mundo bem familiarizados com muita aflição e tristeza, ainda que Cristo tivesse sofrido mais, sendo peculiarmente um "varão de dores". No céu, porém, se assentarão juntos nos lugares celestiais, onde dor e tristeza jamais serão conhecidas. E assim todos os santos no céu desfrutarão do amor recíproco, em glória e prosperidade tal que as riquezas e tronos dos mais eminentes príncipes terrenos não passam de sórdida pobreza e destituição. De modo que, como se amam reciprocamente, regozijam-se não apenas com sua prosperidade pessoal, mas também, mediante o amor, se tornam participantes da bem-aventurança e glória uns dos outros. Tal é o amor de cada santo para com os demais santos, que ele faz da glória que vê outros santos desfrutarem como sendo, por assim dizer, sua própria glória. Ele assim se regozija no fato de que outros santos desfrutam de tal glória, que em alguns aspectos é como se ele mesmo desfrutasse dela em sua própria experiência pessoal.

5.9. *No céu, todas as coisas contribuirão para promover o seu amor e serão vantajosas para o desfrute mútuo.* Ali ninguém haverá que tente algo desagradável e aversivo; não haverá pessoas intrometidas, nem adversários maliciosos, a fazer embustes ou a fomentar desentendimentos, ou a difundir más notícias, mas cada pessoa e cada coisa contribuirão para promover o amor e o pleno desfrute do amor. O próprio céu, lugar de habitação, é um jardim de deleites, um paraíso celestial, em todos os aspectos adaptado à morada do amor celestial; um lugar onde poderão ter uma doce sociedade e um perfeito desfrute do amor recíproco. Ninguém será antissocial ou viverá distante dos demais. As distinções triviais deste mundo não estabelecem os limites da sociedade celestial, mas todas se encontram na igualdade de santidade e de santo amor.

No céu, todas as coisas também exibem notavelmente a beleza e excelência de Deus e Cristo, e possuem em si o brilho e doçura do amor divino. A própria luz que brilha no céu e preenche aquele mundo é a luz do amor, pois ela é o esplendor da glória do Cordeiro de Deus, aquela influência tão maravilhosa da meiga mansidão e amor que enchem de luz a Jerusalém celestial. "A cidade não precisa nem do sol, nem da lua, para lhe darem claridade, pois a glória de Deus a iluminou, e o Cordeiro é sua lâmpada" (Ap 21.23). A glória que envolve aquele que reina no céu é tão radiante e suave, que se compara "a um arco-íris semelhante, no aspecto, a esmeralda" (Ap 4.3); o mesmo arco-íris tão comumente usado no Antigo Testamento como adequado emblema do amor e graça de Deus, manifestados em sua aliança. Lemos que a luz da Nova Jerusalém, que é a luz da glória de Deus, se assemelha à pedra de Jaspe, transparente como o cristal (Ap 21.11), significando assim a mais plena preciosidade e beleza; e, quanto à sua continuidade, lemos que ali não existe noite, mas tão-somente um infindável e glorioso dia. Uma vez mais, isso pressupõe que

5.10. *Os habitantes do céu terão consciência de que continuarão para sempre no perfeito desfrute do amor recíproco.* Saberão que Deus e Cristo estarão para sempre com eles como seu Deus e porção, e que seu amor se manifestará contínua, plena e perenemente, e que todos os seus amados e santos companheiros viverão para sempre com eles em glória, e possuirão no coração o amor, e o promoverão para sempre. Saberão que eles mesmos sempre viverão para amar a Deus, amar os santos e desfrutar para sempre o seu amor em toda sua plenitude e doçura. Viverão sem o temor de que esta felicidade tenha fim, ou que sua plenitude e bem-aventurança sejam diminuídas, ou que ficarão exaustos de seus exercícios e expressões, ou saturados com seus desfrutes, ou que os amados objetos do amor um dia envelheçam ou se tornem desagradáveis, de modo que seu amor por fim se desvaneça. No céu, tudo vicejará numa imortal juventude e frescor. Ali, a idade não diminuirá a beleza ou vigor de alguém; e, ali, o amor será permanente no coração de cada um, como uma fonte viva a jorrar perenemente na alma, ou como uma chama que jamais se apagará. E o santo deleite deste amor será como um rio que corre para sempre com águas límpidas e exuberantes, num crescendo contínuo. O celestial paraíso de amor será sempre mantido como uma perpétua primavera, sem outono ou inverno, onde nenhuma geada crestará ou as folhas murcharão e cairão, mas onde cada planta sempre subsistirá em perpétuo frescor, viço, fragrância e beleza, em perene floração e perene frutificação, e brotando sem cessar. A folhagem do justo jamais murchará (Sl 1.3). No meio das ruas celestiais, e de um e do outro lado do rio viceja a árvore da vida, que produz doze espécies de frutos, e a cada mês produz seu fruto (Ap 22.2). No universo celestial, tudo contribui para o júbilo dos santos, e todo esse júbilo celestial será eterno. Já não haverá noite envolvendo com sua escuridão o esplendor de seu dia eterno.

Havendo assim notado muitas das benditas circunstâncias com que o amor celestial é exercido, expresso e desfrutado, finalmente prossigo falando, como me propus,

6. *Dos benditos efeitos e frutos deste amor, sendo exercido e desfrutado nessas circunstâncias*. E dos muitos abençoados frutos dele, eu gostaria, neste momento, de mencionar apenas dois.

6.1. *O mais excelente e perfeito comportamento de todos os habitantes do céu, em relação a Deus e uns com os outros.* A caridade, ou amor divino, é a soma de todos os bons princípios, e, portanto, a fonte de onde emanam todas as ações afáveis e excelentes. E, como no céu este amor será perfeito, à perfeita exclusão de todo pecado que consiste em inimizade contra Deus e as criaturas semelhantes, assim o fruto dele será o mais perfeito comportamento em relação a todos. Daí, a vida celestial será sem o menor traço ou erro pecaminoso. Ninguém jamais falhará, nem em um mínimo grau se afastará do caminho da santidade, mas todo sentimento e ação serão perfeitos, em si mesmos e em todas as suas circunstâncias. Cada parte de seu comportamento será santa e divina em substância, forma, espírito e fim.

Não sabemos particularmente quais serão no céu as atividades dos santos; mas sabemos, em geral, que são empregados no louvor e no serviço a Deus; e farão isso de um modo perfeito, sendo influenciados por aquele amor que já estivemos considerando. E temos razão de pensar que ficarão ocupados de tal modo que serão subordinados, sob Deus, à felicidade recíproca; pois, nas Escrituras, são apresentados como unidos em somente uma sociedade, a qual, tudo indica, não pode visar a nenhum outro propósito senão a subserviência mútua, através de um excelente e perfeitamente afável comportamento de uns para com os outros, como fruto de seu perfeito amor dedicado uns aos outros. E mesmo que não fossem confinados a esta sociedade, mas se um ou todos eles, às vezes, fossem enviados em pequenas missões de dever ou misericórdia a mundos distantes, ou a serviço, como alguns supõem ser o caso, como espíritos ministrantes a amigos neste mundo, eles continuariam sendo impelidos pela influência do amor, de tal maneira que todo o seu comportamento seria do agrado de Deus, e, assim, se conduziriam à própria felicidade e à dos demais. O outro fruto do amor, como exercido em tais circunstâncias, é

6.2. *A perfeita tranquilidade e júbilo celestiais*. A caridade, ou santo e humilde amor cristão, é um princípio de maravilhoso poder para dar inefável serenidade e tranquilidade à alma. O amor bane toda perturbação e apazigua e traz repouso ao espírito, e torna todos divinamente serenos, meigos e felizes. Naquela alma em que reina o amor divino, e é nela vividamente exercido, nada pode causar tempestade, ou mesmo formar nuvens ameaçadoras.

Existem muitos princípios que são contrários ao amor, os quais transformam este mundo como um oceano tempestuoso. O egoísmo, a inveja, a vingança, o ciúme e as paixões inflamadas mantêm a vida na terra em constante tumulto, e a transformam em um cenário de confusão e comoção, onde não se pode desfrutar de qualquer sereno descanso, exceto em se renunciando a este mundo e volvendo os olhos em direção a outro. Mas, oh!, que repouso há naquele mundo que o Deus de paz e amor enche com sua própria graciosa presença, e no qual o Cordeiro de Deus vive e reina, enchendo-o com os mais radiantes e doces raios de seu amor; onde nada há que perturbe ou ofenda, e onde não se vê qualquer ser ou objeto que não esteja envolto em perfeita afabilidade e doçura; onde os santos acharão e desfrutarão de tudo o que amam e viverão perfeitamente satisfeitos; onde não existe nem inimigo nem inimizade, mas perfeito amor em cada coração e em cada ser; onde há perfeita harmonia entre todos os habitantes, nenhum deles invejando o outro, mas cada um se regozijando na felicidade do outro; onde todo o seu amor é humilde e santo, e perfeitamente cristão, sem o mínimo traço de carnalidade ou impureza; onde o amor é sempre mútuo e inteiramente recíproco; onde não existe hipocrisia ou dissimulação, mas perfeita simplicidade e sinceridade; onde não há traição, ou infidelidade, ou inconstância, ou qualquer forma de ciúme; onde não há estorvo ou obstáculo aos exercícios ou expressões do amor, nem insolência ou indecência em seu exercício, e nenhuma influência de tolice ou indiscrição em qualquer palavra ou ato; onde não há muro divisório, nem incompreensão ou estranheza, mas plena familiaridade e perfeita intimidade em todos; onde não há qualquer divisão em decorrência de opiniões ou interesses discrepantes, mas onde tudo naquela gloriosa e amorável sociedade se relaciona íntima e divinamente, e cada um pertencerá ao outro, e todos desfrutarão de reciprocidade em perfeita prosperidade e riquezas e honra, sem qualquer enfermidade, ou tristeza, ou perseguição, ou pesar, ou qualquer inimigo a molestá-los, sem qualquer intrometido a criar ciúme ou mal-entendido, ou a mesclar a perfeita, santa e bendita paz que reina no céu! E tudo isso no jardim de Deus – no paraíso de amor, onde tudo é saturado de amor, e tudo contribui para a promoção dele e o inflamar, manter sua chama e nada jamais o interromper, mas tudo ali se adequando, pela ação de um Deus sapientíssimo, para seu pleno desfrute sob as maiores vantagens, para sempre! E também onde toda beleza dos amoráveis objetos do amor jamais se desvanecerá, e o amor jamais se desgastará nem se decairá, mas a alma se regozijará, mais e mais, em amor, para todo o sempre!

Oh! que tranquilidade haverá em um mundo assim! E quem poderia expressar a plenitude e bem-aventurança dessa paz?! Que serenidade! Que doçura, que santidade, que júbilo! Que descanso desfrutaremos nesse céu, após haver enfrentado as tormentas e tempestades deste mundo, onde o orgulho, o egoísmo, a inveja, a malícia, o escárnio, o desdém, a contenda e o vício são como ondas de um oceano revolto, sempre se revolvendo, e sempre se arremessando com violência e fúria! Que Canaã de repouso está por vir, depois de enfrentar este árido e imenso deserto, cheio de armadilhas, de perigos ocultos e de serpentes peçonhentas, onde não se pode achar nenhum repouso!

Oh! que alegria haverá, jorrando no coração dos santos, após haverem enfrentado sua incômoda peregrinação, e, então, sendo conduzidos a um paraíso como este! Eis uma alegria realmente inexprimível e cheia de glória – uma alegria que é humilde, santa, extasiante e divina em sua perfeição! O amor é sempre um doce princípio; e, especialmente, o amor divino. Este, mesmo aqui na terra, constitui um manancial de doçura; no céu, porém, ele se converterá num caudal, num rio, num oceano! Todos se postarão diante do Deus da glória, que é a grande fonte de amor; cada um, por assim dizer, abrindo sua própria alma para que ela seja saturada com aquelas efusões de amor que transbordam de sua plenitude, precisamente como as flores sobre a terra, nos radiantes e alegres dias primaveris, abrem suas pétalas ao sol para que sejam saturadas de sua luz e calor, e para que vicejem em beleza e fragrância sob seus buliçosos raios.

No céu, cada santo é como uma flor no jardim de Deus, e o santo amor é a fragrância e doce odor que todos exalam, enchendo os pavilhões daquele paraíso lá do alto. Ali, cada alma é como uma nota de algum concerto de deleitosa música, onde cada nota se harmoniza suavemente com a outra, e todas juntas fundem-se nos mais extasiantes acordes em louvor a Deus e ao Cordeiro, para todo o sempre. E assim todos cooperam uns com os outros, em seu máximo, para expressar o amor de toda a sociedade para com seu glorioso Pai e Cabeça, e arremessar o amor de volta à imensa fonte de onde são supridos e saturados com amor, bem-aventurança e glória. E, assim, amarão, reinarão em amor; e, naquela divina alegria que é seu bendito fruto, uma alegria que o olho jamais viu, nem ouvido ouviu, nem jamais penetrou no coração humano, neste mundo, para que possa conceber; e, assim, na plena luz do sol do trono, extasiados com júbilos, que vão perenemente crescendo, sem jamais se esgotarem, viverão e reinarão com Deus e Cristo para todo o sempre!

Na aplicação deste tema, observo o seguinte:

1. *Se o céu é um universo como o descrito acima, então podemos ver uma razão por que a contenda e a porfia tendem a obscurecer nossa adequação para sua posse.* A experiência ensina que o efeito da contenda é quando os princípios da perversidade e indisposição prevalecem entre o povo de Deus, como às vezes lhes ocorre em razão da corrupção restante do coração, revelando um espírito contencioso; ou quando se engajam em alguma porfia, quer pública ou privada, e seus ânimos se enchem de oposição por seus semelhantes, por qualquer motivo,

e suas evidências anteriores do céu parecem tornar-se obscuras, ou se desvanecem, e seu estado espiritual os faz envolver-se em trevas e já não encontram aquela confortável e satisfatória esperança que costumavam desfrutar.

Assim, quando as pessoas convertidas envolvem suas famílias em problemas, comumente, se não universalmente, a consequência é que vivem sem muito daquele confortável senso das coisas celestiais, ou de qualquer vívida esperança do céu. Não desfrutam bastante daquela calma e doçura espirituais que desfrutam os que vivem em amor e paz. Não possuem aquele auxílio de Deus, e aquela comunhão com ele, e aquele íntimo relacionamento com o céu, em oração, que outros possuem. Tudo indica que o apóstolo está falando de contenda doméstica como tendo esta influência. Vejam sua linguagem: "Maridos, vós, igualmente" (com vossas esposas), "vivei a vida comum do lar, com discernimento; e, tendo consideração para com vossa mulher como parte mais frágil, tratai-a com dignidade, porque sois, juntamente, herdeiros da mesma graça de vida, para que não se interrompam vossas orações" (1Pe 3.7). Aqui ele notifica que as discórdias domésticas tendem a prejudicar as orações dos cristãos. E que o cristão que tem tido essa dolorosa experiência, não tem sofrido a consequência da tristeza, e a sua experiência não testifica da veracidade da exortação do apóstolo?

Isto é uma verdade, que a contenda tem este efeito de interromper os exercícios, os confortos e a esperança espirituais, e de destruir a doce esperança daquilo que é celestial. Podemos aprender esta verdade através da doutrina que temos considerado. Pois sendo o céu um universo de amor, segue-se que, quando temos menos exercício de amor, e mais de um espírito contrário ao amor, então, temos menos céu e vivemos mais distantes dele na disposição de nossa mente. Desta forma, temos menos exercício naquilo que consiste uma conformidade com o céu, e menos da preparação para ele, quando deveríamos ter mais do que tende para ele; e assim, necessariamente, teremos menos evidência de nosso direito ao céu e viveremos mais distantes do conforto que tal evidência propicia. Reiterando, podemos ver deste tema

2. *Quão felizes são aqueles que estão habilitados para a vida celestial.* Há pessoas que vivem sobre a terra com muito mais daquilo que pertence à felicidade do universo celestial, sim, muito mais do que qualquer bem terreno que um ser humano venha a possuir aqui na terra. Eles têm uma parte e interesse nesse universo de amor, e têm-lhe direito e título, pois fazem parte do número daqueles de quem está escrito: "Bem-aventurados aqueles que lavam suas vestiduras [no sangue do Cordeiro], para que lhes assista o direito à árvore da vida, e entrem na cidade pelas portas" (Ap 22.14). E, sem dúvida, essas pessoas existem entre nós. Oh!, quão felizes são todos os que desfrutam do direito e nutrem o interesse de viver em um universo como o céu! Seguramente, são os bem-aventurados da terra e não há qualquer idioma que possa descrever, e nenhuma palavra exprimir, a plenitude de sua bem-aventurança. Aqui, porém, é possível que surja alguém que se prontifique a dizer: "Sem dúvida, felizes são as pessoas que possuem um título a esse bendito universo, e tão logo entrarão na eterna posse de seus júbilos. Mas, quem são essas pessoas? Como serão conhecidas e por quais marcas poderão ser distinguidas?" Em

resposta a perguntas como estas, eu gostaria de mencionar três coisas que pertencem ao seu caráter:

Primeira, são os que têm tido o princípio ou gérmen do mesmo amor que reina no céu, implantado no coração, neste mundo, na obra da regeneração. Não são aqueles que não têm no seu coração outros princípios além dos naturais, ou seja, os princípios recebidos por seu primeiro nascimento, pois "os que nascem da carne são carne". Porém, são as pessoas que são nascidas de novo, aquelas que já nasceram do Espírito. No coração de tais pessoas se operou uma gloriosa obra do Espírito de Deus, renovando-as através de uma luz trazida do céu, por assim dizer, algo daquela luz, com a mesma santa e pura chama, que provém daquele universo de amor, dando àquelas pessoas um lugar no céu. O coração delas é o solo no qual esta semente celestial já foi semeada, e no qual ela se enraíza e se desenvolve. Assim, elas são transformadas, suas disposições terrenas se convertem em disposições celestiais. O amor do mundo é mortificado e o de Deus, implantado. Os corações são atraídos a Deus e a Cristo, e deles transborda para os santos em amor humilde e espiritual. "Pois fostes regenerados, não de semente corruptível, mas de incorruptível" (1Pe 1.23); "Os quais não nasceram do sangue, nem da vontade da carne, nem da vontade do homem, mas de Deus" (Jo 1.13).

Segunda, eles são os que escolheram espontaneamente a felicidade que flui do exercício e desfrute do amor praticado no céu, acima de toda e qualquer outra felicidade concebível. Eles veem e entendem tanto disto que bem sabem ser este o bem supremo. Eles admitem não meramente ser assim com base em argumentos racionais, os quais são oferecidos e pelos quais se convencem de que é assim; mas sabem ser assim pelo pouco que têm desfrutado dele. É a felicidade do amor e o início de uma vida naquele amor que é santo, humilde, divino e celestial. Amor para com Deus e para com Cristo, e amor para com os santos por amor a Deus e a Cristo, e o desfrute dos frutos do amor de Deus em santa comunhão com Deus, com Cristo e com as pessoas santas – é isso que lhes causa encanto; e tal é a sua natureza renovada, que essa felicidade se harmoniza com sua disposição, apetite e desejos acima de todas as demais coisas; e não apenas acima de todas as coisas que possuem, mas também acima de tudo o que podem conceber ser possível que poderiam possuir. O mundo não propicia nada semelhante. Já escolheram isto antes de todas as demais coisas, e o escolheram espontaneamente. A alma dos santos busca este amor mais do que qualquer outra coisa, e seu coração é ávido em perseguir este bem. Já o escolheram não meramente porque se depararam com a dor e vivem em circunstâncias tão humilhantes e aflitivas que não esperam muito do mundo; e, sim, porque seus corações se deixaram cativar de tal modo por este bem que o escolheram por sua própria causa, antes de todo e qualquer bem terreno, ainda que possam obter tanto do bem terreno e desfrutá-lo constantemente.

Terceira, são os que, com base no amor que está neles, vivem, no coração e na vida, em princípio e na prática, se esforçando pela santidade. O amor santo os faz aspirar pela santidade. A santidade é um princípio que aspira ardorosamente pelo crescimento. Ela subsiste em imperfeição, e num estado infantil, neste mundo, mas deseja crescer. Ela tem muito pelo que lutar. Enquanto neste mundo, no coração há muitos princípios e influências que são opostos; e ele luta por maior unidade, mais liberdade e mais livre exercício e melhor fruto. Porém, a grande busca e luta do novo homem é pela santidade. Seu coração luta por ela, pois ele tem interesse no céu e, portanto, luta contra aquele pecado que o afastaria dela. Ele é dominado por ardentes desejos, aspirações, anelos e empenhos por ser santo. Suas mãos lutam tanto quanto o seu coração. Em sua luta prática, ele se esforça. Sua vida é de sincero e ardente empenho por ser total e crescentemente santo. Ele sente que não é suficientemente santo, e ainda está longe da santidade; porém, aspira estar mais perto da perfeição e ser mais semelhante aos que já se encontram no céu. Esta é uma razão por que ele aspira estar no céu: a fim de tomar posse da santidade perfeita. E o grande princípio que o impele a lutar é o amor. Não é mero temor, mas amor para com Deus, e amor para com Cristo, e amor para com a santidade. O amor é um fogo santo em seu íntimo; e, como qualquer outra chama que em certo grau é abafada, a qual luta e lutará pela liberdade; no novo homem esta sua luta é pela santidade.

3. *O que se tem dito sobre este tema visa a despertar e a alarmar os impenitentes.*

Primeiro, fazendo-os recordar de sua miséria, a saber, que não possuem porção ou direito neste universo de amor. Você já ouviu o que já foi dito sobre o céu, que tipo de glória e bem-aventurança existe ali e quão os santos e anjos são felizes naquele universo de perfeito amor. Considere, porém, que nada disto lhe pertence. Ao ouvir falar destas coisas, você ouve daquilo que não tem nenhum interesse. Nenhuma pessoa como você, perverso inimigo de Deus e de Cristo, e que vive sob o poder de uma inimizade contra tudo quanto é bom, jamais entrará ali.

Os iguais a você não pertencem ao fiel Israel de Deus, e jamais entrarão em seu repouso celestial. De você se pode dizer, como disse Pedro a Simão: "Não tens parte nem sorte neste ministério, porque teu coração não é reto diante de Deus" (At 8.21); e como Neemias disse a Sambalate e a seus associados: "O Deus dos céus é quem nos dará bom êxito; nós, seus servos, nos disporemos e reedificaremos; vós, todavia, não tendes parte, nem direito, nem memorial em Jerusalém" (Ne 2.20). Se uma alma como a sua fosse admitida ao céu, aquele universo de amor, quão repulsiva seria ela àqueles benditos espíritos cujas almas se assemelham a uma chama de fogo! E quão desordenada seria aquela amorável e bendita sociedade, e tudo seria lançado em confusão! Se tais almas fossem admitidas ali, o céu já não seria o céu. Ele se converteria de um universo de amor em um mundo de ódio, de orgulho, de inveja, de malícia e de vingança, como é o nosso! Mas isso jamais acontecerá; e a única alternativa é que pessoas como você serão lançadas fora, onde vivem "os cães, os feiticeiros, os impuros, os assassinos, os idólatras, e todo aquele que ama e pratica a mentira" (Ap 22.15); isto é, com tudo o que é vil, impuro e profano. E tomara que este tema desperte e alarme os impenitentes.

Segundo, mostrando-lhes que correm o risco de ir para o inferno, o qual é um mundo de ódio. Existem três mundos. Um é este, o qual é um mundo intermediário – um mundo onde o bem e o mal se acham tão misturados, que constituem um seguro sinal de que este mundo não se destina a continuar para sempre. O outro é o céu, um universo de amor, sem qualquer indício de ódio. E o outro é o inferno, um mundo de ódio, onde não existe amor, que é o mundo ao qual pertencem adequadamente todos vocês, que vivem num estado anticristão. Este último é o mundo onde Deus manifesta seu desprazer e ira, tanto quanto no céu ele manifesta seu amor. Tudo no inferno é odioso. Ali, não existe um só objeto que não seja odioso e detestável, horrível e aversivo. Ali, não se vê sequer uma pessoa ou coisa que seja deleitoso ou gracioso; nada que seja puro, ou santo, ou aprazível, mas tudo ali é abominável e repelente. Ali não há seres, senão demônios e espíritos condenados que se assemelham aos demônios. O inferno é, por assim dizer, uma vasta cova de serpentes sibilantes e peçonhentas; ali vive a antiga serpente, que é o diabo e Satanás, e com ele toda a sua odiosa progênie.

Naquele escuro mundo não habita ninguém, senão aqueles a quem Deus odeia com um completo e eterno ódio. Ali, ele não exerce amor e nem estende sua mercê a nenhum objeto, mas derrama sobre eles horrores sem mistura. Todas as coisas no vasto universo que são odiosas serão enfeixadas no inferno, como num vasto receptáculo, provido para que este universo que Deus criou seja purificado de sua imundícia, lançando-o neste imenso antro de perversidade e lamento. É um mundo preparado com o propósito de expressar a ira de Deus. Ele criou o inferno para isto; e não existe para ele nenhuma outra utilidade senão para testificar ali seu perene ódio pelo pecado e pelos pecadores, onde não há qualquer emblema de amor ou de misericórdia. Ali, nada existe, senão o que exibe a indignação e ira divinas. É um mundo transbordante com um dilúvio de ira, ou, dito de outra forma, com um dilúvio de fogo líquido, porquanto é denominado de "lago que arde com fogo e enxofre, a saber, a segunda morte" (Ap 21.8).

O CÉU:
UNIVERSO DE CARIDADE OU AMOR

No inferno não há ninguém mais, além daqueles que são inimigos confessos de Deus, e assim têm fomentado contra si mesmos sua ira e ódio; e ali continuarão a odiá-lo para todo o sempre. No inferno jamais se sentirá nenhum amor para com Deus; ali, porém, cada um o odeia totalmente, e assim continuarão a odiá-lo, e sem qualquer restrição expressarão seu ódio para com ele, blasfemando e se enfurecendo contra ele, enquanto a dor os faz morder suas línguas. E ainda que todos se juntem em sua inimizade e oposição a Deus, contudo não há entre eles qualquer união ou fraternidade – não concordam em nada, senão no ódio e na expressão de ódio. Odeiam a Deus, a Cristo, aos anjos e aos santos no céu; e isso é pouco, porquanto odeiam uns aos outros, como um ninho de serpentes ou víboras, não só vomitando veneno contra Deus, mas também reciprocamente, mordendo-se, ferindo-se e atormentando-se mutuamente.

No inferno, os demônios odeiam as almas condenadas. Odeiam-nas enquanto neste mundo, e por isso foi que, com tentações tão sutis e infatigáveis, buscavam a sua ruína. Eram sedentos do sangue de suas almas, porquanto as odiavam, aspirando tê-las em seu poder, a fim de atormentá-las; vigiavam-nas como um leão que ruge por sua presa; conquanto as odiavam, por isso as caçavam como cães infernais, tão logo se apartavam de seus corpos, com toda avidez para atormentá-las. E agora que as têm em seu poder, passarão toda a eternidade atormentando-as, com a força e crueldade máximas que os demônios podem ter. Vivem, por assim dizer, contínua e eternamente dilacerando essas pobres almas condenadas, que ora jazem em suas mãos. Estas são não somente odiadas e atormentadas pelos demônios, mas também não terão amor ou compaixão umas pelas outras, mas serão como demônios umas contra as outras, e farão seu máximo para se atormentarem reciprocamente, sendo como tições no fogo, cada uma tentando queimar as outras.

No inferno, reinarão e se fomentarão todos aqueles princípios que são contrários ao amor, sem qualquer graça restringente a mantê-los dentro de limites. Ali estará o orgulho, a malícia, a inveja, a vingança e a contenda, sem qualquer restrição, em toda a sua interminável fúria, jamais conhecendo a paz. Os seus miseráveis habitantes morderão e devorarão uns aos outros, e também serão inimigos de Deus e de Cristo, e também dos santos. Os que, em sua perversidade sobre a terra, foram colegas, e tiveram um tipo de amizade carnal entre si, ali não manterão sequer uma aparência de amizade, mas existirá entre eles ódio completo, contínuo e sem dissimulação. Visto que sobre a terra promoveram pecados recíprocos, assim, agora, no inferno, promoverão punição recíproca. Na terra foram os instrumentos da ruína da alma uns dos outros – ali se ocuparam em atear uns nos outros os fogos da concupiscência, e agora, atearão o fogo eterno que os atormenta. Arruinaram uns aos outros, pecando e dando maus exemplos uns para os outros, envenenando uns aos outros com linguagem perversa, e agora, se engajarão de tal modo a atormentá-los, como fizeram antes, tentando-os e corrompendo-os.

Ali, seu ódio e inveja, bem como todas as más paixões, serão tormentos para si próprios. Deus e Cristo, a quem odiarão ainda mais, e para com quem suas almas serão tão saturadas de ódio como numa fornalha na qual o fogo está sempre vivo, estarão infinitamente fora de seu alcance, habitando em infinita bem-aventurança e glória que jamais diminuirão. Eles mais se atormentarão por sua infrutífera inveja que nutrem pelos santos e anjos celestiais, de quem não podem aproximar-se para injuriar. E não haverá qualquer piedade para com eles ou para qualquer outro dentre eles, pois o inferno apenas é imaginado com ódio, e jamais com piedade ou compaixão. E assim serão deixados ali para que passem sua eternidade juntos.

Considerem agora, todos vocês que ainda estão fora de Cristo, e que nunca renasceram, e que jamais experimentaram aquela bendita renovação que outros de vocês já tiveram no coração, renovação operada pelo Espírito Santo que lhes implantou o amor divino, e que os levou a escolherem a felicidade que consiste em santo amor, que é o seu supremo e mais doce bem, e que os faz gastar suas vidas lutando pela santidade – levem em conta os riscos que jazem diante de vocês. Pois este é o mundo ao qual vocês foram condenados; e, portanto, o mundo ao qual vocês pertencem pela sentença da lei; e o mundo onde a cada dia e a cada hora vocês correm o risco de fixarem ali sua eterna morada; e o mundo rumo ao qual, caso não se arrependam, logo partirão, em vez de irem para aquele mundo de amor do qual acabam de ouvir. Considerem; oh! considerem que, de fato, é essa sua situação. Essas coisas não são fábulas ardilosamente inventadas, e sim as grandes e terríveis realidades da Palavra de Deus. São coisas que, em pouco tempo, vocês saberão, com perene certeza, que são verdadeiras. Como é possível, pois, que vivam tranquilamente nesta situação, vivendo dia a dia tão displicentemente, de modo tão negligente e sem atentarem para suas almas tão preciosas e imortais? Considerem seriamente essas coisas e sejam sábios em seu próprio favor, antes que seja tarde demais; antes que seus pés tropecem nos montes escuros e despenquem no mundo de ira e ódio, onde há somente lamento, pranto e ranger de dentes, com rancorosa malícia e fúria contra Deus e Cristo, e uns contra os outros, e com horror e angústia de espírito, para todo o sempre. Fujam para a fortaleza enquanto são prisioneiros da esperança, antes que a porta da esperança se feche e as agonias da segunda morte deem início à sua obra, e sua condenação eterna seja selada!

4. *Que a consideração do que se disse do céu estimule a todos a que saiam em sua busca.* Se o céu é um universo tão abençoado, então que ele seja nossa pátria eleita, a herança para a qual olhamos e a qual buscamos. Direcionemos nosso curso neste rumo e nos apressemos a tomar posse desta pátria. Não é possível que este glorioso universo seja recebido por nós de outro modo. Ele nos é oferecido. Ainda que seja uma pátria tão excelente e bendita, contudo Deus está pronto a dar-nos uma herança ali, se somente ela for a pátria que desejamos, escolhemos e diligentemente buscamos. Deus nos dá o que escolhermos. Podemos ter nossa herança onde quer que a escolhamos, e podemos receber o céu, se apenas o buscarmos por uma paciente e contínua confiança em buscar este bem. Todos nós estamos, por assim dizer, assentados aqui neste mundo como num vasto deserto, com diversos países cercando-o e com vários caminhos ou veredas a nos conduzirem a esses diferentes países, e nos é deixada a escolha de qual curso tomaremos. Se sinceramente escolhermos o céu, e pusermos nosso coração inteiramente naquela bendita Canaã, aquela terra de amor, e se escolhermos e amarmos a vereda que conduz a ela, então, nós poderemos caminhar nessa vereda; e se continuarmos a caminhar nela, então, ela, por fim, nos conduzirá ao céu.

O CÉU:
UNIVERSO DE CARIDADE OU AMOR

O que temos ouvido da terra de amor, seja um estímulo a voltarmos nossa face e a direcionarmos nosso curso para lá. O que temos ouvido do ditoso estado daquela pátria, e dos muitos deleites que existem nela, não seria suficiente para a desejarmos ardentemente, e para lá nos apressarmos, com profunda solicitude e uma resoluta prontidão, e vivermos toda a nossa vida transitando essa mesma vereda que nos conduz para lá? Que jubilosas notícias nos soarão, quando ouvirmos de um universo de tão perfeita paz e santo amor, e ouvirmos ser possível, sim, que há plena oportunidade de chegarmos lá e de passarmos a eternidade em meio a seus júbilos! Não nos é suficiente ter ouvido daquele bendito universo para que nos tornemos cansados deste mundo de orgulho, de malícia, de contenda e de perpétua discordância e desarmonia, um mundo de confusão, um deserto de serpentes sibilantes, um oceano tempestuoso, onde não há um mínimo de descanso, onde todos vivem para si mesmos e o egoísmo reina e governa e todos se esforçam para exaltar-se, sem levar em conta o que convém aos demais, e todos são ávidos pelo bem terreno, que é o grande objeto do desejo e contenda, e onde os homens vivem continuamente aborrecendo, caluniando, reprovando e também injuriando e abusando uns dos outros – um mundo saturado de injustiça, opressão e crueldade – um mundo onde há tanta traição, falsidade, leviandade, hipocrisia, sofrimento e morte – onde há tão pouca confiança na humanidade e cada boa pessoa está sujeita a tantas falhas e onde há tanto para torná-lo desafeiçoado e sem conforto, e onde há tanta tristeza, culpa e pecado de todas as formas?

Na verdade, este é um mundo mau, tanto quanto possível. Para nós é inútil esperar que ele seja algo mais além de um mundo de pecado, um mundo de orgulho, inimizade e intriga e, portanto, um mundo sem descanso. E ainda que os tempos no futuro possam melhorar, contudo essas coisas serão sempre mais ou menos encontradas no mundo, enquanto ele existir. Quem, pois, se contentará com uma porção num mundo como este? Que ser humano, agindo sábia e consideradamente, se preocuparia muito em fazer um depósito num mundo como este, e, antes, não negligenciaria o mundo, e não o deixaria por herança aos que tanto gostam dele, e não aplicaria todo o seu coração e força em cumular um tesouro no céu, e não se apressaria para aquele mundo de amor? De que nos adiantaria ter grandes posses neste mundo? E como nos deleitaria o pensamento de ter aqui nossa porção, quando se nos oferece um grande interesse em um mundo tão glorioso como é o céu? Em especial quando, se pensamos em ter aqui nossa porção, neste mundo que um dia passará, é no inferno que teremos nossa porção eterna, naquele mundo de ódio e da infindável ira de Deus, onde só habitam os demônios e os espíritos condenados?

Naturalmente, todos nós desejamos descanso e tranquilidade; e se tivermos de obtê-lo, busquemos aquele mundo de paz e bendito descanso que aguarda o povo de Deus. Se tivermos interesse naquele mundo, então, quando tivermos essa consciência, deixaremos para sempre todos os nossos cuidados, problemas, fadigas, perplexidades e perturbações. No paraíso de Deus descansaremos dessas tormentas que se deflagram aqui, e de todo o tumulto e trabalho. Você que é pobre, e se sente menosprezado por seus vizinhos e pouco apreciado entre os homens, não se preocupe demasiadamente com isso. Não se preocupe demais com a amizade do mundo; mas bus-

O CÉU:
UNIVERSO DE CARIDADE OU AMOR

que o céu, onde não existe tal coisa como menosprezo, e onde ninguém é desprezado, mas todos são muitíssimo estimados e honrados e profundamente amados por todos. Você que tem sofrido com muitos abusos e tem sido maltratado por outros, não se preocupe com isso. Não os odeie por isso, mas deposite seu coração no céu, naquele mundo de amor, e se apresse para aquela pátria superior, onde tudo é bondade e santo afeto. E aqui, como uma diretriz em como buscar o céu,

Primeiro, não deixe que seu coração vá após as coisas deste mundo, como seu bem supremo. Não se entregue à possessão das coisas terrenas, como se bastassem para saciar sua alma. Isto é o reverso de buscar-se o céu; equivale a seguir uma via contrária àquela que conduz ao mundo de amor. Caso você busque o céu, então suas afeições devem ser removidas dos prazeres do mundo. Não deve permitir em si o fomento da sensualidade ou do mundanismo, ou seguir após os desfrutes ou honras do mundo, ou ocupar seus pensamentos ou tempo em acumular o pó da terra. Você deve mortificar os desejos de vanglória e tornar-se pobre de espírito e humilde de coração.

Segundo, você deve, em suas santas meditações e exercícios, engajar-se em discutir mais sobre pessoas, objetos e deleites celestiais. Você não pode estar constantemente buscando o céu, sem que em grande medida seus pensamentos estejam ali. Reverta, pois, a corrente de seus pensamentos e afetos para aquele universo de amor, e para o Deus de amor que habita nele, e para os santos e anjos que estão à destra de Cristo. Que seus pensamentos também focalizem os objetos e deleites daquele universo de amor. Aumente sua comunhão com Deus e com Cristo, em oração, e pense mais em tudo o que está no céu, nos amigos que lá estão e nos louvores e culto que ali se rendem, e de tudo o que compõe a bem-aventurança daquele universo de amor. "Que sua conversação esteja no céu."

Terceiro, viva contente em enfrentar todas as dificuldades no caminho para o céu. Ainda que a vereda esteja à sua frente, e caso queira caminhar por ela, contudo saiba que ela é uma via sempre íngreme, e que se acha saturada de muitas dificuldades e obstáculos. Aquela gloriosa cidade de luz e amor está, por assim dizer, no cume de uma alta colina ou monte, e não há via de acesso para ela, senão com passos ascendentes e árduos. Mas ainda que a subida seja difícil e a via de acesso cheia de provações, contudo vale a pena você enfrentar todas elas movido pela aspiração de chegar, e, por fim, habitar numa cidade tão gloriosa. Esteja disposto, pois, a enfrentar o labor, a arrostar a labuta e a vencer a dificuldade. O que é tudo isso em comparação com o doce descanso que o aguarda no fim da jornada? Disponha-se a crucificar a inclinação natural da carne e do sangue, a qual se encaminha para baixo, e avance para frente, para o alto, rumo ao prêmio. A cada passo se tornará mais e mais fácil subir; e quanto mais alto você subir, mais intenso será seu entusiasmo pela gloriosa expectativa que está adiante e por uma visão mais próxima daquela cidade celestial, cujo descanso em breve você fruirá para todo o sempre.

Quarto, em toda sua jornada, que seus olhos estejam fixos em Jesus, aquele que subiu ao céu como seu *Precursor*. Olhe para ele. Contemple sua glória celestial, para que sua visão o estimule a desejar mais ardentemente estar ali. Olhe para ele em seu exemplo. Considere como ele, seguindo pacientemente na prática do bem, e suportando pacientemente o grande sofrimento, foi para o céu antes de você. Olhe para ele como seu *Mediador*, e confie na expiação que ele realizou, adentrando o Santo dos Santos do santuário celestial. Olhe para ele como seu *Intercessor*, o qual pleiteia por você diante do trono de Deus. Olhe para ele como sua *Força*, para que, por seu Espírito, ele o capacite a apressar-se a vencer toda dificuldade da jornada. Confie em suas promessas de dar o céu aos que o amam e que o seguem. Ele já confirmou estas promessas ao adentrar o céu como a Cabeça e Representante, o Salvador de seu povo. E,

Quinto, se estiver caminhando rumo ao universo de amor, veja bem que você viva uma vida de amor – de amor a Deus e de amor aos homens. Todos nós esperamos no futuro ter parte no universo de amor, e, portanto, nutramos o espírito de amor e vivamos uma vida de santo amor, aqui na terra. Esta é a forma de você ser como os habitantes do céu, os quais hoje já estão confirmados em amor para todo o sempre. Somente desta forma você pode ser como um deles, em excelência e beleza; e também como eles em felicidade, descanso e alegria. Ao viver em amor neste mundo, você pode ser também como eles em doce e santa paz, e assim ter na terra a antecipação dos prazeres e deleites celestiais. Assim você pode também ter o senso da glória dos bens celestiais, como por exemplo, de Deus, de Cristo e da santidade; e seu coração se disporá e se abrirá para Deus por meio de santo amor, do espírito de paz e do amor para com os homens, ao senso da excelência e doçura de tudo o que se pode encontrar no céu. Assim as janelas do céu, por assim dizer, se abrirão para que sua gloriosa luz resplandeça em sua alma. Assim você poderá ter a evidência de sua aptidão para aquele bendito universo, e para que você realmente esteja caminhando pela via de sua posse. E, assim sendo feito, pela graça, você tome posse da herança dos santos em luz, quando mais uns poucos dias transcorrerem, você estará com eles, em sua eterna bem-aventurança. Felizes, três vezes felizes são aqueles que assim forem achados fiéis até o fim, e então serão recebidos no gozo de seu Senhor! Ali é o "tabernáculo de Deus com os homens. Deus habitará com eles. Eles serão povos de Deus e Deus mesmo estará com eles. E lhes enxugará dos olhos toda lágrima, e a morte já não existirá, já não haverá luto, nem pranto, nem dor, porque as primeiras coisas passaram... Nunca mais haverá qualquer maldição". Ali "estará o trono de Deus e do Cordeiro. Os seus servos o servirão, contemplarão sua face, e na sua fronte está o nome dele. Então, já não haverá noite, nem precisam eles de luz de candeia, nem da luz do sol, porque o Senhor Deus brilhará sobre eles, e reinarão pelos séculos dos séculos" (Ap 21.3, 4; 22.3-5).

FIEL
MINISTÉRIO

O Ministério Fiel visa apoiar a igreja de Deus, fornecendo conteúdo fiel às Escrituras através de conferências, cursos teológicos, literatura, ministério Adote um Pastor e conteúdo online gratuito.

Disponibilizamos em nosso site centenas de recursos, como vídeos de pregações e conferências, artigos, e-books, audiolivros, blog e muito mais. Lá também é possível assinar nosso informativo e se tornar parte da comunidade Fiel, recebendo acesso a esses e outros mate- riais, além de promoções exclusivas.

Visite nosso site
www.ministeriofiel.com.br

Esta obra foi composta em Arno Pro Regular 13.5, e impressa
na Promove Artes Gráficas sobre o papel Apergaminhado 75g/m²,
para Editora Fiel, em Fevereiro de 2021